STEVEN D. LEVITT & STEPHEN J. DUBNER

SUPER FREAKONOMICS
O LADO OCULTO DO DIA A DIA
CONTEÚDO TOTALMENTE NOVO

Tradução
Afonso Celso da Cunha Serra
Professor de Especialização em Tradução
PUC-Rio, CCE

Alta Cult
Editora
Rio de Janeiro, 2019

Superfreakonomics - O lado oculto do dia a dia
Copyright © 2019 da Starlin Alta Editora e Consultoria Eireli. ISBN: 978-85-508-1116-1
Translated from original Freakonomics. Copyright © 2009 by Steven D. Levitt & Stephen J. Dubner. All rights reserved. ISBN 978-0-06-088957-9. This translation is published and sold by permission of HarperCollins Publisher, the owner of all rights to publish and sell the same. PORTUGUESE language edition published by Starlin Alta Editora e Consultoria Eireli, Copyright © 2019 by Starlin Alta Editora e Consultoria Eireli.

Todos os direitos estão reservados e protegidos por Lei. Nenhuma parte deste livro, sem autorização prévia por escrito da editora, poderá ser reproduzida ou transmitida. A violação dos Direitos Autorais é crime estabelecido na Lei nº 9.610/98 e com punição de acordo com o artigo 184 do Código Penal.

A editora não se responsabiliza pelo conteúdo da obra, formulada exclusivamente pelo(s) autor(es).

Marcas Registradas: Todos os termos mencionados e reconhecidos como Marca Registrada e/ou Comercial são de responsabilidade de seus proprietários. A editora informa não estar associada a nenhum produto e/ou fornecedor apresentado no livro.

Publique seu livro com a Alta Books. Para mais informações envie um e-mail para autoria@altabooks.com.br

Obra disponível para venda corporativa e/ou personalizada. Para mais informações, fale com projetos@altabooks.com.br

Editoração Eletrônica
Estúdio Castellani

Revisão Gráfica
Jayme Teotônio Borges Luiz e Roberta Borges

Copidesque
Ana Cristina de Assis Serra

Produção Editorial
Elsevier Editora - CNPJ: 42.546.531./0001-24

Erratas e arquivos de apoio: No site da editora relatamos, com a devida correção, qualquer erro encontrado em nossos livros, bem como disponibilizamos arquivos de apoio se aplicáveis à obra em questão.
Acesse o site www.altabooks.com.br e procure pelo título do livro desejado para ter acesso às erratas, aos arquivos de apoio e/ou a outros conteúdos aplicáveis à obra.

Suporte Técnico: A obra é comercializada na forma em que está, sem direito a suporte técnico ou orientação pessoal/exclusiva ao leitor.
A editora não se responsabiliza pela manutenção, atualização e idioma dos sites referidos pelos autores nesta obra.

CIP-Brasil. Catalogação-na-fonte
Sindicato Nacional dos Editores de Livros, RJ

L647s   Levitt, Steven D.
    Superfreakonomics : o lado oculto do dia a dia / Steven Levitt, Stephen Dubner ; tradução Afonso Celso da Cunha Serra. – Rio de Janeiro : Alta Books, 2019.

    Tradução de: Superfreakonomics : global cooling, patriotic prostitutes, and why suicide bombers should buy life insurance

    ISBN 978-85-508-1116-1

    1. Economia - Aspectos psicológicos. 2. Economia – Aspectos sociológicos. I. Dubner, Stephen J. II. Título.

09-4940.
CDD: 330
CDU: 330

Rua Viúva Cláudio, 291 — Bairro Industrial do Jacaré
CEP: 20.970-031 — Rio de Janeiro (RJ)
Tels.: (21) 3278-8069 / 3278-8419
www.altabooks.com.br — altabooks@altabooks.com.br
www.facebook.com/altabooks — www.instagram.com/altabooks

AGRADECIMENTOS

Em conjunto, gostaríamos de agradecer a todas as pessoas que nos deixaram contar as histórias delas. Para cada pessoa citada no texto, em geral, há de cinco a dez outras que contribuíram de várias maneiras. Obrigado a todos vocês. Também estamos em débito com os numerosos acadêmicos e pesquisadores cujos trabalhos são citados neste livro.

Suzanne Gluck, da William Morris Endeavor, é uma agente como nenhuma outra, com quem tivemos a sorte de contar. Ela trabalha com pessoas extraordinárias, como Tracy Fisher, Raffaella De Angelis, Cathryn Summerhayes, Erin Malone, Sarah Ceglarski, Caroline Donofrio e Eric Zohn, todas de grande ajuda, como tantas outras na WME, no passado e no presente.

Na William Morrow/HarperCollins, nos divertimos muito, trabalhando com nosso maravilhoso editor Henry Ferris. Dee Dee DeBartlo é trabalhador incansável e entusiástico. Há muito mais gente a quem devemos agradecimentos – Brian Murray, Michael Morrison, Liate Stehlik, Lynn Grady, Peter Hubbard, Danny Goldstein e Frank Albanese, entre elas – assim como as que foram para outros projetos, em especial Jane Friedman e Lisa Gallagher. Pelo chá, pela simpatia e por muito mais, obrigado a Will Goodlad e Stefan McGrath, na Penguin, Reino Unido (que também nos ofereceram excelentes livros infantis ingleses, para a nossa prole).

O *The New York Times*, em suas páginas e em nosso blog, nos permitiu lançar algumas ideias deste livro. Obrigado principalmente a Gerry Marzorati, Paul Tough, Aaron Retica, Andy Rosenthal, David Shipley, Sasha Koren, Jason Kleinman, Brian Ernst e Jeremy Zilar.

Às mulheres do Number 17: Foi divertido! E ainda há mais por vir.

A Harry Walker Agency nos deu mais oportunidades do que jamais tínhamos imaginado para conhecer as pessoas mais incríveis, e é muito bom trabalhar com eles. Obrigado a Don Walker, Beth Gargano, Cynthia Rice, Kim Nisbet, Mirjana Novkovic, a todo o pessoal de lá.

Linda Jines continua a demonstrar que é inigualável quando se trata de dar nome às coisas.

E obrigado, em especial, a todos os leitores que se deram o trabalho de enviar ideias inteligentes, fascinantes, diabólicas e enlouquecedoras a serem exploradas.

AGRADECIMENTOS PESSOAIS

Somos imensamente gratos a muitos coautores e colegas, cujas ideias extraordinárias enchem este livro, assim como a todas as pessoas generosas que se deram o trabalho de me ensinar o que sei sobre economia e sobre a vida. Minha esposa, Jeannette, e nossos filhos, Amanda, Olivia, Nicholas e Sophie, são a alegria de todos os dias, apesar de toda a saudade que sentimos de Andrew. Agradeço aos meus pais, que me mostraram que era bom ser diferente. Acima de tudo, quero agradecer ao meu bom amigo e coautor, Stephen Dubner, que é escritor brilhante e gênio criativo.

S.D.L

Pessoas como Sudhir Venkatesh, Allie, Craig Feied, Ian Horsley, Joe De May Jr., John List, Nathan Myhrvold e Lowell Wood me levam a agradecer diariamente por ter me tornado escritor. Não lhes faltam insights e surpresas que surpreendem e alegram qualquer interlocutor. Steve Levitt é não só ótimo colaborador, mas também maravilhoso professor de Economia. Pela extraordinária ajuda nas pesquisas, obrigado a Rhena Tantisunthorn, Rachel Fershleiser, Nicole Tourtelot, Danielle Holtz e, em especial, a Ryan Hagen, que fez ótimo trabalho neste livro e que um dia escreverá grandes livros de sua própria autoria. A Ellen, minha sensacional esposa, e às fantásticas criaturas conhecidas como Solomon e Anya: vocês são maravilhosos.

S.J.D.

PREFÁCIO

Sou fã do freakonomista Steven Levitt e do talentoso jornalista e escritor Stephen Dubner. Tornar economia um assunto interessante para milhões de pessoas não é tarefa fácil. Sei do que estou falando. Todas as semanas, tento fazer isto no "Manhattan Connection", programa de TV a cabo do canal GNT, e em eventos e conferências de que participo.

Difícil para mim, a tarefa parece simples nas habilidosas mãos e cérebros de Levitt e Dubner. Estão aí mais de quatro milhões de livros vendidos no mundo da primeira edição de *Freakonomics* para provar.

No Brasil, onde depois de duas décadas recheadas de planos econômicos mirabolantes que abortaram ou no mínimo postergaram por pelo menos uma geração a aguardada transformação do Brasil no país do presente, o ceticismo em relação aos economistas tende a ser ainda maior. Mesmo assim, duzentos mil exemplares vendidos mostram que, o talento narrativo e as boas doses de humor de Dubner e a habilidade de questionar o senso comum munido de um belíssimo instrumental analítico de Levitt, até economia pode ser um assunto atraente e interessante.

Através de casos da vida cotidiana, Levitt e Dubner ilustram como, muitas vezes, medidas e decisões bem intencionadas têm resultados inesperados, catastróficos ou, às vezes, até diametralmente opostos a seus objetivos originais quando desconsideram incentivos criados por elas às pessoas afetadas por estas medidas e decisões.

Para isso, Levitt foge dos temas tradicionais da economia e coloca sob a lupa da "abordagem econômica" – um arsenal de instrumentos de análise com destaque para métodos estatísticos – assuntos que a maior parte dos economistas solenemente ignora.

A maior parte, mas não todos. Como Levitt e Dubner reconhecem nesta continuação de *Freakonomics*, não coube a eles, mas sim a Gary Becker, Prêmio Nobel de Economia de 1992 e colega de Levitt na Faculdade de Economia da prestigiada Universidade de Chicago, o papel de pioneiro na aplicação do arsenal de análise dos economistas em assuntos pouco usuais como crime e punição, vício e drogas, uso do tempo, custos e benefícios do casamento, criação de filhos e divórcio.

Há alguns meses, conheci Gary Becker. Dividimos um mesmo painel sobre perspectivas para a economia mundial e para o Brasil em uma conferência de negócios em Joinville, Santa Catarina. Bastaram um final de semana de convívio, uma entrevista para o "Manhattan Connection" e um jantar com Becker e sua esposa, a historiadora Guity Nashat Becker, para deixar claro para mim o que torna Becker um *freak* (estranho) e uma ótima inspiração para Levitt: curiosidade intelectual ímpar e rigor estatístico sem concessões na análise objetiva do que a maioria considera simplesmente verdades incontestes.

Levitt e Dubner não têm apenas estas características, são também corajosos. É preciso bravura para não ser dogmático, para questionar tudo e, consequentemente, ser criticado à esquerda e à direita. Muita coragem é necessária para escrever uma sequência para uma das obras de não-ficção de maior sucesso do atual milênio.

Levitt e Dubner aliam coragem e talento – coragem sem talento corre o risco de ser apenas burrice.

Se você não quer questionar suas atuais crenças, feche este livro já! Mas, qual a graça de viver se não descobrirmos que estávamos errados nos divertindo e aprendendo? Uma coisa eu garanto: quem gostou de *Freakonomics* vai supergostar de *Superfreakonomics*.

Ricardo Amorim
Apresentador do "Manhattan Connection"
e presidente da Ricam Consultoria

SUMÁRIO

NOTA EXPLICATIVA ....**xiii**
Onde admitimos ter mentido em nosso livro anterior.

**INTRODUÇÃO: ADICIONANDO EXCENTRICIDADE (FREAK)
À ECONOMIA (ECONOMICS): FREAKONOMICS** **1**
Onde o colapso financeiro global é totalmente ignorado em favor de temas mais
fascinantes.

> *Os perigos de andar bêbado... Os salvadores implausíveis de
> mulheres indianas... Afogando-se no esterco de cavalo... Afinal, o que é
> "freakonomics"... Tubarões desdentados e elefantes sanguinários... Coisas
> que você sempre achou que sabia, mas não sabia.*

CAPÍTULO 1

POR QUE PROSTITUTA DE RUA É COMO PAPAI-NOEL DE SHOPPING? 17

Onde exploramos os vários custos de ser mulher.

> *Conheça LaSheena, prostituta part-time... Um milhão de "bruxas" mortas... As muitas maneiras de punir as fêmeas por serem fêmeas... Mesmo as mulheres do Projeto Radecliffe pagam o preço... A lei cria empregos para as mulheres; e os homens ficam com eles... Uma em cada 50 mulheres é prostituta... O florescente negócio de sexo na velha Chicago... Uma pesquisa como nenhuma outra... O desgaste da remuneração das prostitutas... Por que o sexo oral ficou tão barato?... Cafetões versus corretores de imóveis... Por que os policiais adoram as prostitutas... Para onde foram todas as professoras?... Será que os homens amam o dinheiro tanto quanto as mulheres amam as crianças?... Será que a mudança de sexo pode turbinar o seu salário?... Conheça Allie, a prostituta feliz; por que não existem mais mulheres como ela?*

CAPÍTULO 2

POR QUE OS HOMENS-BOMBA DEVEM ADQUIRIR SEGURO DE VIDA? 53

Onde analisamos questões instigantes referentes ao nascimento e à morte, com maior ênfase na morte.

> *O pior mês para ter bebê... A roleta natalícia também afeta os cavalos... Por que Albert Aab ofuscará Albert Zyzmor... A corcova dos aniversários... De onde vem o talento?... Algumas famílias produzem jogadores de beisebol; outras produzem terroristas... Por que o terrorismo é tão barato e fácil... Os efeitos de gotejamento dos ataques do 11 de Setembro... O homem que conserta hospitais... Por que as mais novas unidades de emergência já estão obsoletas... Como distinguir um bom médico de um mau médico... "Mordido por um cliente no trabalho"... Por que é melhor ser atendido por uma médica na unidade de emergência... Várias maneiras de driblar a morte... Por que a quimioterapia é tão usada, embora raramente funcione? ... "O câncer ainda é um chute na bunda"... Guerra: Será que é assim tão perigosa?... Como pegar um terrorista.*

CAPÍTULO 3

HISTÓRIAS INCRÍVEIS SOBRE APATIA E ALTRUÍSMO.....................89

Onde as pessoas se revelam não tão boas quanto se imaginava,
mas também menos más.

*Por que 38 pessoas assistiram ao assassinato de Kitty Genovese?... Com
vizinhos como esses... O que provocou a explosão de criminalidade da
década de 1960?... Como a ACLU estimula a criminalidade... Seriado
de TV da década de 1950: não tão inocente quanto parecia... As raízes
do altruísmo, puras e impuras... Quem visita asilos de idosos?... Desastres
naturais e dias monótonos (para quebrar a monotonia)... Os economistas
fazem como Galileu e vão para o laboratório... A simplicidade brilhante
do jogo Ditador... As pessoas são tão generosas!... Ainda bem que existem
"doadorciclistas" (motociclistas doadores de órgãos)... O grande experimento
renal iraniano... Da cabine de um caminhão à torre de marfim... Por que
as pessoas reais não se comportam como participantes de experimentos?...
A dura verdade suja sobre o altruísmo... Os espantalhos também enxotam
pessoas... Kitty Genovese revisitada.*

CAPÍTULO 4

CONSERTAR ESTÁ NA MODA – E É BARATO E SIMPLES.....................121

Onde se encontram soluções surpreendentes para problemas
aparentemente intratáveis.

*Os perigos do parto... Ignatz Semmelweis parte em socorro... Como a
Lei das Espécies Ameaçadas ameaça as espécies... Maneiras criativas de não
pagar taxa de lixo... O entesouramento do fórceps... A fome que não houve...
Trezentas mil baleias mortas... Os mistérios da pólio... O que realmente evitou
seu ataque cardíaco?... O carro assassino... A estranha história de Robert
McNamara... Vamos jogar algumas caveiras escada abaixo!...
Hurra para os cintos de segurança... O que há de errado no porte de armas?...
Até que ponto os assentos de automóveis são bons? Os bonecos de testes não
mentem... Por que os furacões matam e o que fazer a respeito.*

CAPÍTULO 5

O QUE AL GORE E O MONTE PINATUBO TÊM EM COMUM? 151

Em que analisamos de maneira fria e objetiva o aquecimento global.

> *Vamos derreter a calota polar!... O que é pior: descarga de carro ou peido de vaca?... Se você ama a Terra, coma mais carne de canguru... Tudo se resume em externalidades negativas... Dispositivos contra furto de carros: Club versus LoJack... Monte Pinatubo ensina uma lição... Os cavalheiros incrivelmente inteligentes, um tanto excêntricos, da Intellectual Ventures... Extermínio de mosquitos... "Senhor, eu sou todos os tipos de cientista!"... Uma verdade inconveniente... O que os modelos de clima ignoram... Será que o dióxido de carbono é o vilão errado?... "Vulcões grandões" e mudança climática... Como esfriar a Terra... A "mangueira de jardim para o céu"... Razões para odiar a geoengenharia... Saltando a barreira da repugnância... "Espelhos de esponja" e a solução das enfunadas nuvens brancas... Por que a mudança comportamental é tão difícil... Mãos sujas e médicos letais... Os prepúcios estão caindo.*

EPÍLOGO

MACACO TAMBÉM É GENTE 192

Onde se revela que... é melhor você ler para acreditar.

NOTAS 197

ÍNDICE 232

NOTA EXPLICATIVA

Chegou a hora de admitir que mentimos em nosso primeiro livro. Duas vezes.

A primeira mentira apareceu na Introdução, quando afirmamos que o livro não tinha "tema unificador". Eis o que aconteceu. Nossa editora – gente boa, gente inteligente – leu a primeira versão e gritou: "Este livro não tem tema unificador!" Ao contrário, o manuscrito era um amontoado aleatório de histórias sobre professores fajutos, corretores vigaristas e traficantes de drogas. Não havia bases teóricas elegantes sobre as quais se empilhassem essas histórias para que o total fosse maior que a soma das partes.

O susto de nosso editor foi ainda maior quando lhe propusemos um título para essa mixórdia: *Freakonomics*. Mesmo ao telefone se ouvia o estrépito de mãos batendo em testas: *Esses dois patetas acabaram de entregar um manuscrito sem tema unificador e com título estapafúrdio!*

Sugeriram, então, que logo no prefácio do livro reconhecêssemos de pronto que não havia tema unificador. E, assim, para preservar a paz e para garantir nosso adiantamento, foi o que fizemos.

Porém, na verdade, o livro *realmente* tinha um tema unificador, embora ainda não fosse óbvio na época. Sob pressão, esse liame poderia ser resumido em poucas palavras: *As pessoas respondem a incentivos*. De maneira mais extensa, a explicação é a seguinte: *As pessoas respondem a incentivos, embora não necessariamente de maneiras previsíveis ou manifestas. Portanto, uma das leis mais poderosas do universo é a lei das consequências não intencionais. Esse fato se aplica a professores de ensino fundamental e médio, a corretores de imóveis e a traficantes de drogas, assim como a mulheres grávidas, a lutadores de sumô, a padeiros e à Ku Klux Klan.*

A questão do título do livro ainda não estava resolvida. Depois de vários meses e dezenas de sugestões, como *Sabedoria não convencional, Não Necessariamente Assim* e *Visão de Raios X,* nosso editor finalmente concluiu que, no fim das contas, *Freakonomics,* talvez, não fosse assim tão ruim – ou, mais exatamente, era tão ruim que até poderia ser bom.

Ou, quem sabe, desistiram porque já estavam exaustos.

O subtítulo prometia que o livro exploraria "O lado oculto e inesperado de tudo que nos afeta". Essa foi uma segunda mentira. Estávamos convencidos de que as pessoas razoáveis interpretariam essa frase como hipérbole intencional. Porém, alguns leitores a consideraram literalmente e se queixaram de que nossas histórias, como mosaico variegado, efetivamente não abordavam "tudo". E, assim, embora essa não fosse a intenção, o subtítulo pareceu mentira. Pedimos desculpas.

Entretanto, a não inclusão de "tudo" no primeiro livro teve sua própria consequência impremeditada: gerou a necessidade de um segundo livro. Mas, convém observar, de maneira expressa e preliminar, que, mesmo este segundo livro e o primeiro livro em conjunto ainda não abrangem literalmente "tudo".

Nós dois, autores, trabalhamos juntos há vários anos. Tudo começou quando um de nós (Dubner, autor e jornalista) escreveu um artigo para uma revista sobre o outro (Levitt, economista acadêmico). Adversários, de início, embora civilizados, juntamos forças só quando vários editores começaram a oferecer quantias expressivas por um livro. (Lembre-se: *as pessoas respondem a incentivos* – e, não obstante a percepção comum em contrário, economistas e jornalistas também são gente.)

Discutimos como dividir o dinheiro. Quase imediatamente pareceu que chegáramos a um impasse, pois cada um insistia em reparti-lo na base de 60-40. Ao percebermos que cada um achava que o outro devia ficar com 60%, concluímos que havíamos formado uma boa parceria. Concordamos, então, em 50-50, e pusemos mãos à obra.

Não nos sentimos muito pressionados ao escrevermos aquele primeiro livro, pois realmente supúnhamos que poucas pessoas o leriam. (O pai de Levitt concordou e disse que seria "imoral" aceitar um tostão de adiantamento.) Essa baixa expectativa nos liberou para escrever sobre qualquer coisa e a respeito de tudo que considerássemos interessante. E, assim, nos divertimos muito.

Ficamos surpresos e empolgados quando o livro se tornou sucesso. Por mais lucrativo que tivesse sido lançar de pronto um complemento – imagine algo como *Freakonomics para Dummies* – queríamos antes pesquisar o suficiente para só então pôr as ideias no papel. E assim, finalmente, aqui estamos de volta, mais de quatro anos depois, com um livro que consideramos ser, sem dúvida, melhor que o primeiro. Evidentemente, cabe aos leitores, não aos autores, dizer se essa afirmação é verdadeira – ou, talvez, se este livro é tão ruim quanto algumas pessoas receavam em relação ao primeiro livro.

Quanto mais não seja, nossos editores se conformaram com nosso irremediável mau gosto: quando sugerimos que o novo livro fosse intitulado *Super-Freakonomics*, eles nem pestanejaram.

Se este livro *tem* algum valor, também vocês merecem agradecimentos. Uma das vantagens de escrever livros numa era de comunicação tão fácil e barata é que os autores podem ouvir diretamente os leitores, alto e bom som, e em grande quantidade. Nem sempre é fácil receber bom feedback, algo extremamente valioso. Recebemos não só feedback sobre o que já havíamos escrito, mas também muitas sugestões sobre temas para o futuro. Alguns dos leitores que enviaram e-mails verão parte de suas ideias neste livro. Obrigado.

O sucesso de *Freakonomics* gerou um subproduto sobremodo estranho: Recebemos muitos convites para, em conjunto e cada um de per si, dar palestras para todos os tipos de grupos. Não raro fomos apresentados exatamente como aquele tipo de "especialista" contra os quais tanto advertimos em *Freako-*

nomics – pessoas que desfrutam de vantagens informacionais e que têm incentivos para explorá-las, em relação às quais é preciso muita cautela. (Fizemos o melhor possível para dissuadir as plateias de que éramos realmente especialistas em alguma coisa.)

Esses encontros também produziram material para escritos futuros. Durante uma conferência na Universidade da Califórnia – Berkeley (UCLA), um de nós (Dubner) falou sobre como as pessoas lavavam as mãos depois de irem ao banheiro com muito menos frequência do que admitiam. Ao término, um homem se aproximou do pódio, estendeu a mão, e disse que era urologista. Apesar dessa apresentação um tanto repulsiva, o urologista tinha uma história fascinante a contar sobre o pouco que se lavam as mãos em ambientes de alto risco – como no hospital onde ele trabalhava – e sobre os criativos incentivos adotados pelo hospital para superar essa deficiência. Vocês encontrarão essa história neste livro, assim como a narrativa heroica de outro médico de um passado distante, que também combateu a falta de higiene com as mãos.

Em outra palestra, para um grupo de capitalistas de risco, Levitt analisou algumas pesquisas novas que ele vinha realizando com Sudhir Venkatesh, o sociólogo cujas aventuras com uma gangue de traficantes de drogas foram relatadas em *Freakonomics*. A nova pesquisa versava sobre as atividades, hora a hora, das prostitutas de rua de Chicago. Ocorreu que um dos capitalistas de risco (vamos chamá-lo de John) tinha um encontro mais tarde, naquela noite, com uma prostituta que cobrava US$300 por hora (a quem chamaremos de Allie). Quando John chegou ao apartamento de Allie, ele viu um exemplar de *Freakonomics* sobre a mesa de refeições.

– Onde você conseguiu *isso*? Perguntou John.

Allie disse que uma amiga, que também trabalhava "no ramo", havia enviado para ela

Na esperança de impressionar Allie – o instinto do macho para atrair a fêmea, mesmo quando o sexo já está comprado e pago – John disse que ele assistira a uma palestra naquele mesmo dia, de um dos autores do livro, Levitt, que mencionara, como se aquilo já não fosse coincidência demais, que estava fazendo algumas pesquisas sobre prostituição.

Poucos dias depois, o seguinte e-mail aterrissou na caixa de entrada de Levitt:

Soube através de um conhecido comum, que você está desenvolvendo um trabalho sobre a economia da prostituição, certo? Como realmente não sei se o seu projeto é sério ou se minha fonte estava de gozação, simplesmente pensei que talvez valesse a pena dizer-lhe que gostaria muito de oferecer-me para alguma ajuda.

Obrigado, Allie

Mas ainda havia um complicador: Levitt teve de explicar à esposa e aos quatro filhos que não estaria em casa na manhã do sábado seguinte, pois almoçaria com uma prostituta. Para ele era muito importante, argumentou, encontrar-se com ela pessoalmente, para medir com exatidão a forma de sua curva de demanda. De alguma maneira, eles aceitaram a história.

Assim, vocês também lerão sobre Allie neste livro.

A cadeia de eventos que levou à inclusão dela aqui pode ser atribuída ao que os economistas denominam *vantagem cumulativa*. Ou seja, o destaque de nosso primeiro livro gerou uma série de vantagens em escrever um segundo livro, as quais outro autor não teria desfrutado. Nossa maior esperança é ter aproveitado à altura essa vantagem.

Finalmente, ao escrever este livro, tentamos evitar tanto quanto possível o jargão econômico, que pode ser obscuro e insosso. Portanto, em vez de nos referirmos ao caso de Allie como exemplo de *vantagem cumulativa*, vamos considerá-lo... bem, *freak*, ou excêntrico.

INTRODUÇÃO

ADICIONANDO EXCENTRICIDADE (FREAK) À ECONOMIA (ECONOMICS): FREAKONOMICS

Muitas das decisões da vida são difíceis. Que tipo de carreira seguir? Será que sua mãe idosa e doente deve ir para um asilo? Você e a esposa já têm dois filhos; vale a pena ter mais um?

Essas decisões são árduas por muitos motivos. Para começar, o cacife é alto. A incerteza também é grande. Acima de tudo, decisões desse tipo são raras, ou seja, não se tem muita prática em relação a elas. Provavelmente, você é muito experiente em fazer compras no supermercado, pois se trata de algo bastante frequente, mas, sem dúvida, comprar a primeira casa é outra coisa totalmente diferente.

No entanto, outras decisões são realmente muito fáceis.

Imagine-se numa festa na casa de um amigo. Ele mora apenas a mais ou menos uma milha de distância de sua casa, pouco mais de 1.600 metros. Você se divertiu muito, talvez por ter bebido quatro taças de vinho. Agora, a festa aca-

SUPERFREAKONOMICS

bou. Ao desfrutar sua última taça, você procura as chaves do carro. De repente, você se dá conta de que voltar de carro é má ideia: você não está em condições de dirigir.

Nas últimas décadas, convenceram-nos insistentemente dos riscos de conduzir veículos sob a influência de álcool. A probabilidade de um motorista alcoolizado provocar acidentes é 13 vezes mais alta que a de um motorista sóbrio. No entanto, muita gente ainda dirige bêbada. Nos Estados Unidos, mais de 30% de todos os acidentes fatais envolvem ao menos um motorista sob efeito de álcool. Tarde da noite, quando a ingestão de bebidas alcoólicas é maior, essa proporção sobe para quase 60%. Lá, de cada 140 milhas, percorre-se uma delas embriagado, ou seja, os americanos dirigem bêbados 21 bilhões de milhas por ano.

Por que tantas pessoas sentam no banco do motorista depois de beber? Provavelmente porque – e essa talvez seja a estatística mais inquietante – poucas vezes se pegam motoristas bêbados. Ocorre apenas uma prisão a cada 27.000 milhas percorridas por bêbados. Isso significa que se pode rodar por todos os Estados Unidos, de costa a costa, voltar, e depois fazer o percurso de ida e volta três vezes, entornando latas de cerveja o tempo todo, até que um policial o mande parar no acostamento. Como ocorre com a maioria dos maus comportamentos, seria possível eliminar de todo a prática de dirigir embriagado caso se adotassem incentivos bastante poderosos – blitz frequentes, ao acaso, em que se prenderiam na hora e no lugar, sem concessões, os condutores em estado etílico – porém, nossa sociedade provavelmente não tem apetite para tanto.

Enquanto isso, de volta à casa de seu amigo, você tomou o que parece ser a decisão mais correta da história: em vez de voltar dirigindo para casa, você retorna a pé. Afinal, é pouco mais de um quilômetro. Você procura seu amigo, agradece pela festa e fala de seu plano. E ele aplaude empolgado sua sábia decisão.

Mas será que você realmente demonstrou tanta sabedoria? Todos sabemos que dirigir depois de beber é terrivelmente arriscado, mas e quanto a caminhar bêbado? Será que a decisão é mesmo tão fácil?

Vejamos alguns números. A cada ano, mais de mil pedestres bêbados morrem em acidentes de trânsito. Saem das calçadas e se jogam diante de automóveis; atravessam rodovias movimentadas como loucos; deitam-se para des-

ADICIONANDO EXCENTRICIDADE (FREAK) À ECONOMIA (ECONOMICS): FREAKONOMICS

cansar em estradas rurais. Em comparação com o número total de mortes em acidentes de trânsito relacionados com álcool – cerca de 13.000 – a quantidade de pedestres bêbados que morreram em acidentes fatais é relativamente pequena. Porém, na hora de decidir entre dirigir e andar bêbado, o número total não é o mais importante. Eis a questão mais relevante: por quilômetro percorrido, é mais perigoso dirigir bêbado ou caminhar bêbado?

Em média, o americano anda cerca de meia milha por dia fora de casa ou do local de trabalho. Há cerca de 237 milhões de americanos com 16 anos ou mais; no todo, são 43 bilhões de milhas percorridas a pé a cada ano, por pessoas com idade para dirigir veículos. Se assumirmos que uma em cada 140 milhas são percorridas a pé por bêbados – a mesma proporção da milhagem por motoristas embriagados –, os americanos caminham bêbados 307 milhas por ano.

Calculando-se a probabilidade, conclui-se que, por milha, caminhar bêbado é oito vezes mais letal que dirigir bêbado.

Mas há uma advertência importante: o andarilho bêbado dificilmente machucará ou matará outras pessoas, além de a si próprio. O mesmo não se pode afirmar do motorista bêbado. Nos acidentes fatais envolvendo álcool, 36% das vítimas são passageiros, pedestres ou outros motoristas. Entretanto, mesmo considerando as mortes desses inocentes, caminhar bêbado resulta em cinco vezes mais mortes por milha que dirigir bêbado.

Portanto, ao deixar a festa do amigo, a decisão certa é inequívoca: dirigir é mais seguro que andar (evidentemente, seria ainda mais seguro beber menos, ou chamar um táxi). Na próxima vez que você entornar quatro taças de vinho numa festa, talvez reflita de maneira diferente sobre a decisão de como voltar para casa. Ou, se você tiver bebido demais, quem sabe não será melhor chamar seu amigo para ajudá-lo a pensar? Pois os amigos não deixam os amigos caminharem bêbados.

Se você tivesse a escolha de nascer em qualquer lugar do mundo hoje, a Índia talvez não fosse a decisão mais sábia. Apesar do tão enaltecido progresso como estreante de peso na economia global, a Índia como um todo ainda continua dolorosamente pobre. A expectativa de vida e a taxa de alfabetização são baixas; a poluição e a corrupção são altas. Nas áreas rurais, onde moram mais de dois terços dos indianos, nem a metade dos domicílios tem eletricidade e apenas uma em cada quatro casas tem vaso sanitário.

Falta de sorte ainda maior é nascer mulher na Índia, pois muitos pais indianos expressam forte preferência por filhos do sexo masculino. Apenas 10% das famílias indianas com dois filhos querem outro filho, enquanto quase 40% das famílias com duas filhas querem tentar outra vez. Dar à luz um garoto é como abrir um plano de previdência privada. Ele será educado para tornar-se assalariado, capaz de cuidar dos pais na velhice e, quando chegar a hora, acender a pira fúnebre. Ao contrário, ter filha mulher é como transformar o fundo para a aposentadoria em fundo para o dote. Embora o sistema de dote esteja sendo combatido há muito tempo, ainda é muito comum os pais da noiva oferecerem ao noivo ou à sua família dinheiro, carros ou até imóveis. A família da noiva também deve pagar pela cerimônia matrimonial.

A instituição filantrópica americana Smile Train, que faz cirurgias reparadoras de lábios leporinos em crianças pobres em todo o mundo, passou recentemente algum tempo em Chennai, Índia. Quando perguntaram a um morador da região quantos filhos ele tinha, o homem respondeu "um". Depois, soube-se que realmente ele tinha um filho – mas que também havia cinco filhas, as quais, aparentemente, não eram dignas de menção. A Smile Train também soube que as parteiras de Chennai não raro recebiam US$2,50 para sufocar as meninas que nasciam com lábios leporinos. Em reação, fazendo bom uso dos incentivos, a instituição filantrópica passou a oferecer às parteiras nada menos que US$10 por bebê portador de fissura labiopalatal que elas levassem ao hospital local para cirurgia corretiva.

As meninas são tão desvalorizadas na Índia que a população do país tem cerca de 35 milhões de mulheres a menos que homens. A maioria dessas "mulheres faltantes", como as denomina o economista Amartya Sen, devem ter morrido, seja por meios indiretos (os pais as privaram de nutrição ou de atendimento médico, talvez em benefício de um irmão), seja por ação direta (a menina foi morta depois do nascimento, pela parteira ou por um dos pais), ou, cada vez mais, por decisão pré-natal. Mesmo nas menores aldeias da Índia, onde eletricidade é esporádica e água potável é rara, as mulheres grávidas podem pagar a um técnico para escanear seu ventre com ultrassom e, se o feto for feminino, pagar pelo aborto. Nos anos recentes, na medida em que os abortos seletivos de sexo se tornaram mais comuns, a proporção entre homens e mulheres na Índia – assim como em outros países com discriminação sexual, como a China – tornou-se ainda mais enviesada.

A garota indiana que alcança a idade adulta enfrenta desigualdades em quase cada esquina. Ela ainda ganha menos dinheiro que os homens, recebe assistência médica e educação de pior qualidade que as dos homens e, talvez, esteja sujeita a atrocidades diárias. Em pesquisa nacional sobre saúde, 51% dos indianos afirmaram que bater na esposa se justifica em certas circunstâncias; ainda mais surpreendente, 54% das mulheres concordaram – se, por exemplo, a mulher queima o jantar ou sai de casa sem permissão. Mais de 100.000 jovens indianas morrem queimadas todos os anos, muitas delas em "fogueiras de noivas" ou em outras situações de abuso doméstico.

As indianas também correm riscos desproporcionais de gravidez indesejada e de doenças sexualmente transmissíveis, inclusive alta incidência de HIV/ AIDS. Um dos motivos é que os preservativos masculinos não funcionam em mais de 15% das vezes. Qual é a razão desse nível de falha tão elevado? De acordo com o Conselho Indiano de Pesquisa Médica, cerca de 60% dos indianos têm pênis pequeno demais para os preservativos fabricados de acordo com os padrões da Organização Mundial de Saúde. Essa foi a conclusão de um estudo de dois anos em que os cientistas mediram e fotografaram mais de mil pênis de indianos. "Os preservativos", declarou um dos pesquisadores, "não são otimizados para a Índia."

Com tantos e tais problemas, o que deve ser feito para melhorar a vida das mulheres indianas, especialmente da maioria que vive em áreas rurais?

O governo tentou ajudar, proibindo a concessão de dotes e a prática de abortos seletivos de sexo; porém, essas leis simplesmente não pegaram. Também se promoveram numerosas iniciativas de natureza monetária em favor das mulheres indianas. Aí se incluem Apni Beti, Apna Dhan ("Minha Filha, meu Orgulho"), projeto que paga às mulheres rurais para não abortar fetos femininos; uma vasta indústria de microcrédito, que concede empréstimos a pequenas empresas de mulheres; e um conjunto de programas filantrópicos, lançados por verdadeira sopa de letras de organismos internacionais.

O governo indiano também se comprometeu em garantir a pronta disponibilidade de preservativos menores.

Infelizmente, quase todos esses projetos se mostraram complexos, custosos e, na melhor das hipóteses, de pouco sucesso.

SUPERFREAKONOMICS

Enquanto isso, um tipo diferente de intervenção realmente parece estar ajudando. Essa alternativa, como a ultrassonografia, recorre à tecnologia, porém tem pouco a ver com as mulheres em si e ainda menos com o ato de concepção. Tampouco é administrada pelo governo indiano nem por instituições filantrópicas multinacionais. Com efeito, nem mesmo se destinava a ajudar alguém, ao menos não da maneira como normalmente se pensa em "ajuda". Trata-se de nada mais que uma simples e antiga inovação empreendedora, denominada televisão.

As emissoras de televisão estatais já existem há décadas, mas a má recepção e a falta de programas significavam simplesmente que não se tinham muitos motivos para assistir televisão. Porém, de uns tempos para cá, graças à queda acentuada nos preços do equipamento e da distribuição, grandes áreas da Índia se conectaram à difusão de TV a cabo e a satélite. Entre 2001 e 2006, cerca de 150 milhões de indianos receberam imagem a cabo pela primeira vez, suas aldeias de repente passaram a vibrar com transmissões de esportes, novelas, noticiários e programas policiais, geradas em grandes cidades do país e do exterior. O fato é que a televisão proporcionou a muitos aldeões indianos a primeira boa noção do mundo exterior.

Porém, nem todas as aldeias têm TV a cabo, e as que desfrutam desse recurso o receberam em diferentes épocas. Esse lançamento escalonado produziu exatamente o tipo de dados – um fascinante experimento natural – que os economistas adoram explorar. Os economistas, no caso, foram um par de jovens americanos, Emily Oster e Robert Jensen. Ao medir as mudanças em diferentes aldeias, com base em se e quando cada aldeia passou a contar com TV a cabo, os dois conseguiram destrinchar o efeito da televisão sobre as mulheres indianas.

Para tanto, analisaram dados de uma pesquisa do governo, abrangendo 2.700 famílias, a maioria de áreas rurais, em que se interrogaram mulheres de 15 anos ou mais sobre seus estilos de vida e relacionamentos familiares. As mulheres com acesso recente à TV a cabo se mostraram muito menos dispostas a tolerar maus-tratos conjugais, muito menos propensas a admitir a preferência por filhos do sexo masculino e mais tendentes a conquistar autonomia pessoal. A televisão, de alguma maneira, capacitava as mulheres, muito mais que qualquer intervenção externa.

O que provocou essas mudanças? Será que as mulheres das áreas rurais da Índia se tornaram mais independentes depois de ver imagens cosmopolitanas

ADICIONANDO EXCENTRICIDADE (FREAK) À ECONOMIA (ECONOMICS): FREAKONOMICS

em seus televisores – mulheres que hoje se vestem como querem, que cuidam do próprio dinheiro e que não mais são tratadas como propriedades nem como máquinas de fazer bebê? Ou será que os exemplos de fora simplesmente as deixaram com vergonha de admitir para um pesquisador do governo que são tão maltratadas?

Há bons motivos para cepticismo em relação a pesquisas pessoais. Constata-se, em geral, enorme abismo entre como as pessoas dizem que se comportam e como realmente se comportam. (Em linguagem de economista, esses dois comportamentos são conhecidos como *preferências declaradas* e *preferências reveladas*.) Além disso, quando não custa nada contar lorotas – como no caso de uma pesquisa do governo, como essa – é de esperar alta dose de lorota. As lorotas talvez sejam até subconscientes, com os participantes simplesmente dizendo o que supõem que os pesquisadores querem ouvir.

Porém, quando se pode medir a preferência revelada, ou o comportamento real, chega-se a algum lugar. E foi aqui que Oster e Jensen encontraram indícios convincentes de mudanças reais. As famílias rurais indianas que tinham TV a cabo passaram a apresentar taxas de natalidade inferiores às das famílias sem esse recurso. (Num país como a Índia, taxa de natalidade mais baixa geralmente significa mais autonomia para as mulheres e menores riscos para a saúde.) As famílias com televisão também se mostraram mais propensas a manter as filhas na escola, sugerindo que as meninas agora eram consideradas mais valiosas, ou ao menos merecedoras de tratamento igualitário. (Digno de nota é o fato de as taxas de matrícula de meninos continuarem as mesmas.) Esses números objetivos tornaram mais confiáveis os dados da pesquisa. Parece que a TV a cabo realmente capacitou as mulheres da Índia rural, a ponto de não mais tolerarem a violência doméstica.

Ou talvez os maridos simplesmente estivessem muito ocupados, assistindo a programas esportivos na televisão.

À medida que avançava para a era moderna, o mundo se tornava cada vez mais populoso, e em ritmo acelerado. Boa parte dessa expansão ocorreu em centros urbanos, como Londres, Paris, Nova York e Chicago. Só nos Estados Unidos, as cidades ganharam 30 milhões de residentes durante o século XIX, com metade desse ganho se concentrando nos últimos 20 anos.

SUPERFREAKONOMICS

Porém, em consequência da movimentação desse enxame, e de seus bens, surgiu um problema. O principal meio de transporte gerou carradas de efeitos colaterais adversos, o que os economistas denominam *externalidades negativas*, como congestionamentos de trânsito, altos custos de seguro e muito mais mortes em acidentes de trânsito. Colheitas que de início se destinavam às mesas das famílias foram desviadas para a produção de combustíveis, aumentando o preço dos alimentos e provocando escassez. Também se agravou a poluição atmosférica e se intensificaram as emissões tóxicas, ameaçando o meio ambiente e também a saúde das pessoas.

Estamos falando do automóvel, não?

Não, não estamos. Estamos falando do cavalo.

O cavalo, versátil e poderoso ajudante da humanidade desde a mais remota antiguidade, passou a trabalhar de muitas maneiras, à medida que se expandiam as cidades modernas: rebocando veículos urbanos sobre trilhos, também conhecidos como bondes; puxando carruagens particulares; arrastando materiais de construção; descarregando navios e trens e até movimentando as máquinas que produziam mobílias, cordas, cerveja e roupas. Se sua filha pequena aparecesse com alguma doença mais grave, o médico disparava para a sua casa a cavalo. Quando irrompia um incêndio, parelhas de equinos avançavam pelas ruas puxando bombas d'água. Na virada do século XX, cerca de 200.000 cavalos viviam e trabalhavam na cidade de Nova York, ou um para cada 17 pessoas.

Mas, infelizmente, como provocavam problemas!

Carroças puxadas a cavalo provocavam terríveis engarrafamentos de trânsito, e quando um desses animais caía e não se levantava, por fratura ou mal súbito, era condenado à morte na hora e no lugar, o que provocava retenções e demoras ainda maiores. Muitos donos de estábulos mantinham apólices de seguro de vida, que, como precaução contra fraudes, especificavam que apenas terceiros praticassem a eutanásia. Isso significava esperar a chegada de um policial, de um veterinário ou de um representante da sociedade de proteção aos animais. Mesmo a morte não significava o fim dos congestionamentos. "O manejo de cavalos mortos era extremamente difícil", escreve Eric Morris, especialista em transportes. "Portanto, a limpeza urbana geralmente esperava que as carcaças apodrecessem para só então esquartejá-las com mais facilidade e depois removê-las aos pedaços."

ADICIONANDO EXCENTRICIDADE (FREAK) À ECONOMIA (ECONOMICS): FREAKONOMICS

O ruído provocado pelos vagões de ferro nos trilhos e pelas ferraduras no paralelepípedo era tão perturbador – dizia-se que provocava distúrbios nervosos generalizados –, que algumas cidades até proibiam o tráfego de cavalos nas proximidades de hospitais e de outras áreas sensíveis.

E era extremamente fácil ser atropelado por cavalos e carroças, nenhum dos quais era controlado com tanta facilidade quanto aparece no cinema, mormente em pisos escorregadios e em áreas apinhadas. Em 1900, acidentes envolvendo cavalos provocaram a morte de 200 nova-iorquinos, ou um em cada 17.000 habitantes. Em 2007, 274 nova-iorquinos morreram em acidentes automobilísticos, ou um por 30.000 residentes. Isso significa que, em Nova York, a probabilidade de morrer em acidentes com cavalos nos idos de 1900 era quase duas vezes maior que a de perecer em desastres com automóveis hoje. (Infelizmente, não há estatísticas sobre cocheiros ou cavaleiros bêbados, mas podemos presumir que os números eram assustadoramente elevados.)

Pior de tudo era o excremento. Em média, os cavalos geravam cerca de 11 quilos de esterco por dia. Com 200.000 cavalos, a produção de bosta chegava a quase 2,3 milhões de quilos por dia. Para onde ia tudo isso?

Décadas antes, quando os cavalos eram muito menos numerosos nas cidades, o mercado de esterco funcionava bem. Os fazendeiros compravam toda a produção e a transportavam (a cavalo, evidentemente) para seus campos. Porém, com a explosão demográfica de equinos nas cidades, ocorreu maciça superoferta. Em qualquer terreno vago, as pilhas de esterco chegavam a mais de 18 metros. E aqueles montes de excremento se acumulavam nas cidades como montanhas de neve. No verão, o fedor era infernal. Quando chovia, uma lama espessa de estrume animal inundava as calçadas e não raro transbordava para os porões das casas. Hoje, ao admirar a velha Nova York, com suas fachadas de arenito pardo e suas escadas elegantes, erguendo-se do nível da rua até a porta de entrada, lembre-se de que o projeto arquitetônico foi imposto não pela estética, mas pela necessidade de que os moradores se erguessem acima do mar de esterco.

Toda essa imundície era tremendamente insalubre. Pior de tudo, constituía solo fértil para bilhões de moscas que disseminavam epidemias e endemias mortais. Ratos e outras pragas proliferavam nas montanhas de estrume, onde se alimentavam de detritos não digeridos de aveia e de outras forragens – cujos preços subiam cada vez mais para o consumo humano, como resultado

SUPERFREAKONOMICS

da demanda crescente para a alimentação das alimárias. Ninguém na época se preocupava com aquecimento global, mas se já houvesse essa conscientização, o cavalo seria o Inimigo Público número 1, pois suas fezes emitem metano, poderoso gás do efeito estufa.

Em 1898, Nova York recepcionou a primeira conferência internacional de planejamento urbano. O principal item da agenda era o esterco equino, pois as grandes cidades de todo o mundo enfrentavam o principal problema. Mas não se encontrava solução. "Afrontada pela crise", escreve Eric Morris, "a conferência sobre planejamento urbano declarou inúteis seus trabalhos e encerrou-se em três dias, não em dez, conforme programado."

O mundo aparentemente chegara ao ponto em que suas maiores cidades não podiam sobreviver sem o cavalo, mas tampouco podiam sobreviver com ele.

Eis, porém, que de repente o problema desapareceu. Não foi nem por ação governamental nem por intervenção divina. Os habitantes da cidade não se ergueram em movimento coletivo de altruísmo ou de autocontenção, renunciando a todos os benefícios da energia cavalar. A crise foi resolvida pela inovação tecnológica. Não. Não se tratou da invenção de cavalo com baixo teor de esterco, menos poluente. O cavalo foi chutado para o meio-fio pelo bonde elétrico e pelo automóvel, ambos notoriamente mais limpos e extremamente mais eficientes. O automóvel, mais barato de se manter e de se operar que o veículo puxado a cavalo, foi proclamado "salvador do meio ambiente". Citadinos em todo o mundo voltaram a respirar profundamente, a encher os pulmões – sem mais torcer o nariz –, retomando o rumo do progresso.

No entanto, essa história, infelizmente, não termina aqui. As soluções que salvaram o século XX parecem ter posto em perigo o século XXI, pois o automóvel e o bonde elétrico geravam suas próprias externalidades negativas. As emissões de carbono produzidas ao longo do século passado por mais de um bilhão de carros e centenas de hidroelétricas movidas a carvão parecem ter aquecido a atmosfera terrestre. Da mesma maneira como a atividade equina um dia ameaçou pisotear nossa civilização, hoje se receia que a atividade humana produza os mesmos efeitos devastadores. Martin Weitzman, economista ambientalista de Harvard, argumenta que é de cerca de 5% a chance de que as temperaturas globais aumentem o suficiente para "efetivamente destruir o planeta Terra tal como o conhecemos". Em alguns setores – na mídia, por exemplo, que nunca reconheceu possíveis apocalipses de que não gostava –, o fatalismo é ainda mais forte.

ADICIONANDO EXCENTRICIDADE (FREAK) À ECONOMIA (ECONOMICS): FREAKONOMICS

Essa tendência não é surpreendente. Quando a solução para determinado problema não está bem diante de seus olhos, é fácil presumir que não há solução. Porém, a história mostrou reiteradas vezes que pressupostos desse tipo em geral não são verdadeiros.

Não estamos afirmando com isso que o mundo seja perfeito. Nem que todo progresso é sempre bom. Mesmo ganhos sociais difusos inevitavelmente geram perdas para algumas pessoas. Eis por que o economista Joseph Schumpeter se referiu ao processo do capitalismo como "destruição criativa".

Porém, a humanidade tem grande capacidade de descobrir soluções tecnológicas para problemas aparentemente insolúveis, e provavelmente também será assim em relação ao aquecimento global. Não que o problema não seja potencialmente grande. Só que a engenhosidade humana – quando movida a incentivos adequados – tende a ser maior. Ainda mais encorajador, as soluções tecnológicas em geral são muito mais simples e, portanto, mais baratas do que as cassandras poderiam ter imaginado. Com efeito, no último capítulo deste livro conheceremos um bando de engenheiros renegados que descobriram não uma, mas três soluções diferentes para o aquecimento global. Qualquer uma delas poderia ser comprada por menos que as vendas anuais de cavalos puros-sangues da casa de leilões Keenland, em Kentucky.

A propósito, o valor do esterco de cavalo se recuperou, tanto que os proprietários de uma fazenda em Massachusetts, recentemente, chamaram a polícia para impedir que um vizinho o levasse para as suas terras. O acusado alegou que havia algum engano, pois recebera permissão do ex-proprietário da fazenda. Mas o atual dono não recuou, exigindo US$600 pelo esterco.

Quem era esse vizinho apaixonado por esterco? Ninguém menos que Martin Weitzman, o já citado economista que fez previsões sinistras sobre o aquecimento global.

"Congratulações", escreveu um colega para Weitzman, quando a história chegou aos jornais. "Quase todos os economistas que conheço são exportadores líquidos de bosta. E você, ao que parece, é importador líquido."

A superação da crise do esterco de cavalo... as consequências não intencionais da TV a cabo... os perigos de andar bêbado: o que todas essas histórias e qualquer uma delas têm a ver com economia?

SUPERFREAKONOMICS

Em vez de encarar essas histórias como "economia", é melhor vê-las como exemplo de "abordagem econômica". Essa expressão foi popularizada por Gary Becker, há muito tempo economista da Universidade de Chicago, que recebeu o Prêmio Nobel em 1992. No discurso que proferiu quando da premiação, ele explicou que a abordagem econômica "não assume que os indivíduos são motivados exclusivamente por egoísmo ou ganho. Trata-se de um *método* de análise, não de uma premissa sobre determinadas motivações... O comportamento é determinado por um conjunto de valores e preferências muito mais rico".

Becker começou sua carreira estudando temas que, sob o ponto de vista convencional, não eram pertinentes à economia: criminalidade e punição, adicção a drogas, alocação do tempo, custos e benefícios do casamento, criação de filhos e divórcio. A maioria dos colegas nem se aproximava desses temas. "Durante muito tempo", ele se recorda, "meu tipo de trabalho era ignorado ou fortemente rejeitado pela maioria dos principais economistas. Eu era considerado rebelde e, talvez, nem mesmo era visto como economista."

Bem, se o que Gary Becker fazia "não era de fato economia", também queremos fazer isso que não é economia. Verdade seja dita, o que Becker fazia era, efetivamente, freakonomics – casamento de abordagem econômica com curiosidade descomprometida e excêntrica –, mas o termo ainda não havia sido cunhado.

Em seu discurso na cerimônia de premiação, Becker sugeriu que a abordagem econômica não é matéria acadêmica nem meio para explicar "a economia", mas, sim, a decisão de observar e analisar o mundo de maneira um tanto diferente. É uma forma sistemática de descrever como as pessoas decidem e como mudam de opinião; como escolhem alguém a quem amar e com quem casar, e talvez alguém para odiar e até matar; como, ao deparar com uma pilha de dinheiro, alguém a saqueará, a deixará intocada ou até a aumentará com o próprio dinheiro; por que, não raro, se tem medo de alguma coisa e se anseia por outra apenas um pouco diferente; por que se pune certo tipo de comportamento e se recompensa outro semelhante.

Como os economistas descrevem essas decisões? Em geral, começam acumulando dados, em grandes quantidades, que podem ter sido gerados de propósito ou talvez simplesmente deixados de lado por acaso. Um bom conjunto de dados em geral é muito útil para descrever o comportamento humano, desde que seja usado para responder às perguntas certas. Nosso trabalho neste livro é

ADICIONANDO EXCENTRICIDADE (FREAK) À ECONOMIA (ECONOMICS): FREAKONOMICS

levantar as questões de fato pertinentes. Esse enfoque nos permitirá descrever, por exemplo, como um oncologista, um terrorista ou um estudante universitário se comporta em determinada situação, e por quê.

Algumas pessoas talvez se sintam pouco à vontade em reduzir as veleidades e extravagâncias do comportamento a probabilidades numéricas frias. Quem quer ser considerado "típico"? Se, por exemplo, considerarmos todos os homens e mulheres do planeta, descobriremos que, em média, o ser humano típico tem um seio e um testículo – no entanto, quantas pessoas se encaixam nessa descrição? Se *seu* ente querido morreu em acidente automobilístico provocado por embriaguez, será que você se sentirá mais confortável ao saber que andar bêbado é mais perigoso que dirigir bêbado? Se *você* for a jovem noiva indiana que foi brutalizada pelo marido, mitigaria a sua dor o conhecimento de que a TV a cabo atenuou a submissão e o servilismo da noiva indiana *típica*?

Essas objeções são válidas e verdadeiras. Porém, embora toda regra tenha exceções, também é bom conhecer a norma. Em um mundo complexo, onde as pessoas podem ser *a*típicas, de infinitas maneiras, é muito importante identificar padrões. E saber o que acontece em média é bom ponto de partida. Assim agindo, blindamo-nos contra a tendência de desenvolver nosso raciocínio – nossas decisões diárias, nossas leis, nossa governança – com base em exceções e anomalias, em vez de com fundamento na realidade.

Lance os olhos, por um momento que seja, aos meses do verão de 2001, que, nos Estados Unidos, vieram a ser conhecidos como o Verão do Tubarão. A mídia narrou histórias assustadoras de carnificinas devastadoras provocadas por tubarões. O principal exemplo foi a história de Jessie Arbogast, garoto de oito anos que brincava nas águas mornas e rasas de Pensacola, Flórida, quando um tubarão cabeça-chata arrancou seu braço direito e dilacerou boa parte de sua coxa. A revista *Time* publicou reportagem de capa sobre os ataques de tubarões. Eis o lide do artigo principal:

> *Os tubarões se aproximam em silêncio, sem aviso. E atacam de três maneiras: atinge-e-corre, bate-e-morde, espreita-e-ataca. A investida atinge-e-corre é a mais comum. O tubarão pode confundir a sola do pé do nadador com um peixe pequeno e arrancá-la com uma mordida, antes de se dar conta de que o gosto e a consistência são diferentes.*

SUPERFREAKONOMICS

Ainda assustado?

Alguém de bom-senso jamais voltará a nadar em mar aberto. Mas quantos ataques de tubarão você imagina que aconteceram naquele ano?

Dá um palpite – depois reduza seu número à metade, em seguida, divida-o de novo por dois, e assim sucessivas vezes. Durante todo o ano de 2001, em todo o mundo, ocorreram apenas 68 ataques de tubarão, dos quais apenas quatro foram fatais.

Esses números, além de serem muito mais baixos do que sugere a histeria da imprensa, tampouco são mais altos que os dos anos anteriores, assim como não diferirão em muito das cifras dos anos vindouros. Entre 1995 e 2005, ocorreram, em média, 60,3 ataques de tubarão por ano, em todo o mundo, com o máximo de 79 e o mínimo de 46. Em média, houve 5,9 vítimas fatais por ano, com o máximo de 11 e o mínimo de 3. Em outras palavras, a manchete típica durante o verão de 2001 também poderia ter sido: "Ataques de tubarão este ano estão próximos da média." No entanto, provavelmente, tamanha insipidez teria vendido muito menos jornais e revistas.

Assim sendo, por um momento, em vez de pensar no pobre Jessie Arbogast e na tragédia com que se defrontaram ele e sua família, lembre-se do seguinte: num mundo com mais de 6 bilhões de pessoas, apenas quatro morreram em 2001, em consequência de ataques de tubarão. Provavelmente mais pessoas morrem a cada ano atropeladas por vans de emissoras de televisão.

Os elefantes, enquanto isso, matam pelo menos 200 pessoas por ano. Então, por que não nos apavoramos com a possibilidade de ataques de elefantes? Provavelmente porque a maioria das vítimas vive em lugares distantes dos centros da mídia mundial. Também é possível que a resposta tenha algo a ver com nossas percepções, sob a influência do cinema. Elefantes amistosos e brincalhões são lugar-comum em filmes infantis (lembre-se de *Babar* e de *Dumbo*); enquanto os tubarões são sempre tipificados como vilões. Se os tubarões pudessem ingressar em juízo, eles decerto processariam "Tubarão".

No entanto, o pavor de tubarões foi tão implacável naquele verão de 2001, que só se atenuou com os ataques terroristas do 11 de Setembro, contra o World Trade Center e o Pentágono. Quase 3.000 pessoas morreram naquele dia – cerca de 2.500 a mais que as vítimas fatais de tubarão, desde os primeiros registros, em fins do século XVI.

ADICIONANDO EXCENTRICIDADE (FREAK) À ECONOMIA (ECONOMICS): FREAKONOMICS

Logo, não obstante as deficiências, raciocinar em termos de "típico" tem suas vantagens. Portanto, neste livro, empenhamo-nos em contar histórias baseadas em dados acumulados, em vez de em situações individuais, em anomalias conspícuas, em opiniões pessoais, em explosões emocionais ou em ensinamentos morais. Haverá quem argumente que as estatísticas podem ser manipuladas para provar qualquer coisa, para defender causas indefensáveis ou justificar pequenas mentiras. Porém, a abordagem econômica almeja o oposto: Tratar de determinado tema sem medo nem favor, deixando que os números falem a verdade. Não favorecemos este ou aquele lado. A difusão da televisão na Índia, por exemplo, representou ajuda substancial para as mulheres das áreas rurais. Isso não significa que aceitamos o poder da televisão como algo inequivocamente positivo. Ao ler o Capítulo 3, você verá que o surgimento da televisão nos Estados Unidos provocou mudanças sociais devastadoras.

A abordagem econômica não tem por objetivo descrever o mundo como *queremos que seja*, como receamos que esteja ficando ou como pedimos a Deus que venha a ser – mas, sim, para explicar o mundo tal como realmente é. Todos nós desejamos consertar ou mudar o mundo de uma ou de outra maneira. Mas, para transformar o mundo, primeiro é preciso compreendê-lo.

No momento em que escrevemos esta página, o mundo está mais ou menos há um ano mergulhado em crise financeira, que começou com a farra das hipotecas subprime nos Estados Unidos e se alastrou como doença extremamente contagiosa por todo o planeta. Centenas, se não milhares, de livros serão publicados sobre o tema.

Este não é um deles.

Por quê? Principalmente porque a macroeconomia, com sua profusão de partes complexas, em movimento e em interação, não é simplesmente a nossa praia. Depois dos acontecimentos recentes, seria de indagar se a macroeconomia é domínio de *algum* economista. Quase todos os economistas de projeção pública são apresentados como oráculos, capazes de prever, com convicção aliciante, os rumos do mercado de ações, ou da inflação, ou das taxas de juros. Porém, como temos visto nos últimos tempos, essas previsões em geral são imprestáveis. Os economistas já têm muita dificuldade em explicar o passado, que dirá em prever o futuro. (Eles ainda estão discutindo se as manobras políticas

SUPERFREAKONOMICS

de Franklin Delano Roosevelt fomentaram ou amainaram a grande Depressão!) E, evidentemente, os economistas não estão sozinhos. Parece ser inerente à condição humana acreditar em nossas próprias capacidades preditivas – e, da mesma maneira, esquecer como foram falhas nossas previsões no passado.

Portanto, não temos praticamente nada a dizer neste livro sobre o que as pessoas geralmente consideram "economia". Nossa melhor defesa (por mais frágil que seja) é que os tópicos sobre os quais *efetivamente* escrevemos, embora não se relacionem diretamente com "economia", podem oferecer alguns insights sobre o comportamento humano real. Acredite ou não, quando se compreendem os incentivos que levam um professor de ensino fundamental e médio ou um lutador de sumô a ludibriar, também se compreende como a bolha das hipotecas subprime inflou e estourou.

As historias deste livro se desenvolvem em muitos contextos, dos ascéticos e assépticos corredores da academia até as mais repulsivas e sinistras esquinas. Muitas se baseiam em pesquisas acadêmicas recentes de Levitt; outras foram inspiradas por colegas economistas assim como por engenheiros e astrofísicos, assassinos psicóticos e médicos de unidades de emergência, historiadores amadores e neurocientistas transgêneros.* A maioria das histórias se enquadra em uma ou duas categorias: coisas que você sempre achou que sabia, mas não sabia; e coisas que você nunca soube que queria saber, mas quer.

Muitas de nossas descobertas talvez não sejam assim tão úteis e nem mesmo conclusivas. Mas tudo bem. Estamos tentando começar uma conversa; nosso propósito não é ter a palavra final. Isso significa que você talvez encontre algumas coisas nas páginas seguintes sobre as quais debater e argumentar.

Na verdade, ficaremos desapontados se assim não for.

---

* Para mais detalhes a respeito das pesquisas básicas sobre determinada seção do livro, leia as notas no final do livro (página 199).

CAPÍTULO 1

POR QUE PROSTITUTA DE RUA É COMO PAPAI-NOEL DE SHOPPING?

Certa tarde, não muito tempo atrás, de um dia aprazível, com temperatura amena, quase no fim do verão, uma mulher de 29 anos, chamada LaSheena, sentou-se no capô de um utilitário-esportivo, nas imediações de Dearborn Homes, empreendimento residencial no South Side de Chicago. Seus olhos traíam cansaço, mas, mesmo assim, tinha aparência jovem, o rosto bonito emoldurado pelos cabelos lisos. Vestia training largo, preto e vermelho, do tipo que sempre usara desde criança. Seus pais raramente tinham dinheiro para roupas novas e, assim, ela se acostumou com as roupas usadas que ganhava dos primos.

LaSheena descrevia como ganhava a vida, com seus quatro tipos de trabalho: ladra, olheira, cabeleireira e prostituta. Como ladra, roubava lojas e vendia os bagulhos. Como olheira, servia de observadora de uma gangue local que vendia drogas. Como cabeleireira, cobrava US$8 de garotos e US$12 de homens.

– Para você, qual é o pior trabalho?

SUPERFREAKONOMICS

– Prostituta – ela responde, sem hesitação.

– Por quê?

– Porque eu realmente não gosto de homem. Acho que a presença deles me incomoda mentalmente.

– E se a prostituição rendesse duas vezes mais?

– Será que eu faria mais? – ela pergunta. – Deixa pra lá.

Ao longo de toda a história, sempre foi mais fácil ser macho que fêmea. Sim, trata-se de excesso de generalização, e, sim, há exceções; mas, por qualquer critério importante, as mulheres sempre enfrentaram mais dificuldade que os homens. Muito embora os homens se incumbissem de boa parte das guerras, das caçadas e dos trabalhos de força bruta, a expectativa de vida das mulheres era mais curta. Algumas mortes eram mais insensatas que outras. Entre o século XIII e o século XIX, nada menos que um milhão de mulheres europeias, a maioria pobre e muitas delas viúvas, foram executadas sob acusação de feitiçaria, sendo responsabilizadas até pelo mau tempo que matava as plantações.

Por fim, as mulheres ultrapassaram os homens em expectativa de vida, graças, principalmente, aos avanços da medicina em obstetrícia. Em muitos países, contudo, ser mulher ainda é séria desvantagem, mesmo no século XXI. Na República dos Camarões, as mulheres jovens têm os seios "passados a ferro" – batidos ou massageados por um pilão de madeira ou por casca de coco aquecida – para torná-los menos tentadores como atrativo sexual. Na China, a prática de compressão dos pés finalmente foi abandonada (depois de quase mil anos), mas a probabilidade de abandono depois do nascimento, de analfabetismo e de suicídio é muito maior entre mulheres que entre homens. E as mulheres na Índia rural, como já escrevemos, continuam a enfrentar todos os tipos de discriminação.

Porém, sobretudo nos países desenvolvidos, a vida das mulheres melhorou muito. Não há comparação entre as perspectivas de uma menina nos Estados Unidos, na Inglaterra ou no Japão do século XXI com as de sua contraparte de um século ou dois atrás. Em quase todas as áreas – educação, direitos civis e políticos, oportunidades de carreira e assim por diante – é muito melhor ser mulher hoje que em qualquer outro momento da história. Em 1872, o primeiro ano para o qual se dispõe dessas estatísticas, 21% dos estudantes universitá-

POR QUE PROSTITUTA DE RUA É COMO PAPAI-NOEL DE SHOPPING?

rios dos Estados Unidos eram do sexo feminino. Hoje, a proporção é de 58% e continua em crescimento. Realmente foi uma revolução espantosa.

No entanto, ainda se paga preço econômico considerável por ser mulher. Nos Estados Unidos, a renda mediana nacional das mulheres com 25 anos ou mais, com pelo menos bacharelado, trabalhando em horário integral é de US$47.000 por ano. No caso dos homens, em igualdade de condições, esse valor chega a mais de US$66.000 por ano, prêmio de 40%. A mesma tendência se constata mesmo entre mulheres que cursaram universidades de elite. Claudia Goldin e Lawrence Katz, economistas, descobriram que entre ex-alunas e ex-alunos de Harvard as mulheres ganham, em média, *menos que a metade* da remuneração dos homens. Mesmo depois de restringirem e controlarem a comparação sob diferentes critérios, de modo a garantir maior igualdade de condições, Goldin e Katz constataram que as mulheres de Harvard ainda ganhavam cerca de 30% menos que seus colegas do sexo masculino.

O que poderia explicar esse enorme abismo sexual?

Vários são os fatores. As mulheres são mais tendentes a deixar a força de trabalho ou a preterir a carreira profissional para cuidar da família. Mesmo em ocupações de alta remuneração, como medicina e direito, as mulheres costumam optar por especialidades que pagam menos (clínico geral, por exemplo, ou advogado interno de empresas). E, provavelmente, ainda é grande a discriminação que se manifesta de diferentes formas, desde a ostensiva – não promover uma mulher, simplesmente por não ser homem – até a insidiosa. Muitos são os indícios de que as mulheres com excesso de peso sofrem perda salarial maior que os homens obesos. O mesmo se aplica a mulheres com dentes malcuidados.

Há ainda alguns coringas biológicos. Andrea Ichino e Enrico Moretti, também economistas, depois de analisar os dados pessoais dos empregados de um grande banco italiano, descobriram que as mulheres com menos de 45 anos tendiam a faltar ao trabalho, de maneira consistente, em ciclos de 28 dias. Plotando essas faltas contra as avaliações de produtividade, os pesquisadores apuraram que absenteísmo menstrual respondia por 14% das diferenças salariais entre homens e mulheres no banco.

Ou considere certa lei dos Estados Unidos, conhecida como Title IX, cujo objetivo amplo foi proibir a discriminação sexual em instituições de ensino, exigindo, por exemplo, que as escolas de ensino médio e superior pro-

SUPERFREAKONOMICS

porcionassem a homens e mulheres o mesmo nível de atividades esportivas. Em consequência, milhões de jovens mulheres aderiram aos novos programas. Conforme constatou o economista Betsey Stevenson, as meninas que participam de atividades esportivas nas escolas de nível médio são mais tendentes a entrar na universidade e a conseguir bom emprego. Especialmente em algumas das profissões de alta qualificação, geralmente dominadas por homens. Essa é uma boa notícia.

Mas a Title IX também trouxe más notícias para as mulheres. Quando a lei foi promulgada, mais de 90% das equipes esportivas femininas das universidades eram treinadas por mulheres. A Title IX tornou essa função muito mais atraente: os salários aumentaram e havia mais exposição e vibração. Como a comida barata de camponeses que de repente é "descoberta" pela elite culinária e migra com rapidez de espeluncas de caminhoneiros para restaurantes de gastrônomos, esses empregos rapidamente foram abocanhados por predadores vorazes: homens. Hoje, menos de 40% das equipes esportivas femininas das universidades são treinadas por mulheres. Entre os cargos mais visíveis dessa categoria estão os da Women's National Basketball Association (WNBA), fundada 30 anos atrás, como corolário da NBA masculina. Quando da elaboração desta página, a WNBA tinha 13 equipes e apenas seis delas – outra vez, menos que 50% – eram treinadas por mulheres. No entanto, mesmo essa baixa participação já é melhoria em comparação com a vigente no décimo aniversário da entidade, quando apenas três de 14 treinadores eram mulheres.

Apesar de todo o avanço das mulheres no mercado de trabalho do século XXI, a trabalhadora típica estaria bem melhor se ao menos tivesse tido o bom-senso de nascer homem.

Mas existe um mercado de trabalho que as mulheres sempre dominaram: prostituição.

Seu modelo de negócios se baseia em premissa simples. Desde tempos imemoriais e em todo o mundo, os homens sempre quiseram mais sexo do que conseguem de graça. A consequência inevitável é uma oferta de mulheres que, pelo preço justo, estão dispostas a atender a essa demanda.

Hoje, a prostituição, em geral, é ilegal nos Estados Unidos, embora com algumas exceções e muitas inconsistências na garantia de observância. Nos primeiros anos da história americana, a prostituição era moralmente condenada, mas não era considerada crime. Foi durante a Era Progressiva, mais ou menos da década de 1890 até a década de 1920, que essa leniência chegou ao fim. Em consequência do clamor público contra a "escravidão branca", milhares de mulheres foram presas, não obstante a manifestação de vontade de trabalharem como prostituta.

O problema da escravidão branca se revelou exagero desmedido. Mas, a realidade talvez fosse ainda mais terrível: em vez de serem forçadas a praticar a prostituição, as mulheres escolhiam o ofício por vontade própria. No começo da década de 1910, o Departamento de Justiça realizou um censo de 310 cidades em 26 estados para avaliar o número de prostitutas nos Estados Unidos: "Chegamos ao número conservador de aproximadamente 200.000 mulheres no exército regular do vício."

Na época, a população americana era de 22 milhões de mulheres entre as idades de 15 a 44 anos. Se os números do Departamento de Justiça merecem crédito, uma em cada 110 mulheres nessa faixa etária era prostituta. Mas a maioria das prostitutas, 85%, se situava na casa dos 20 anos. Nessa segunda faixa etária, uma em cada 50 mulheres era prostituta.

O mercado era especialmente forte em Chicago, que tinha mais de mil bordéis conhecidos. O prefeito constituiu, então, uma Comissão do Vício, composta de líderes religiosos, assim como de luminares das áreas educacional, legal e médica, além de autoridades municipais. Depois de sujarem as mãos, essa boa gente se deu conta de que lutava contra um inimigo ainda mais venal que o sexo: a economia.

"Não admira", declarou a comissão, "que uma garota em tentação, que receba apenas US$6 por semana trabalhando com as mãos, venda seu corpo a US$25 por semana, ao constatar que há demanda por suas carnes e que os homens estão dispostos a pagar o preço."

Convertido para dólares de hoje, os US$6 por semana corresponde a um salário anual de apenas US$6.500. A mesma mulher que se dedicasse à prostituição a US$25 por semana ganhava o equivalente a US$25.000 atualmente. Mas a própria Comissão do Vício reconheceu que US$25 por semana era o extremo inferior da escala de remuneração das prostitutas de Chicago. Uma mulher que trabalhasse numa "dollar house" (alguns bordéis cobravam nada mais que 50 cents; outros cobravam de US$5 ou US$10) levava para casa a

SUPERFREAKONOMICS

média semanal de US$70, ou o equivalente moderno a cerca de US$76.000 por ano.

Bem no centro de Levee, o bairro do South Side, que abrigava blocos e mais blocos de bordéis, erguia-se o Everleigh Club, que a Comissão do Vício descreveu como "a casa de prostituição mais famosa e luxuosa do país". Entre seus clientes incluíam-se gigantes dos negócios, políticos, atletas, artistas e até uns poucos cruzados antiprostituição. As prostitutas de Everleigh, conhecidas como "butterfly girls" (garotas borboletas), eram não só atraentes, higiênicas e confiáveis, mas também conversadoras brilhantes, capazes de citar poesia clássica, se era isso que inflava o bote de determinado cavalheiro. No livro *Sin in the Second City*, Karen Abbott relata que o Everleigh também oferecia refinadas iguarias sexuais, que não se conseguiam em outros lugares – o estilo "francês", por exemplo, hoje conhecido como "sexo oral".

Numa época em que um bom jantar custava US$12 em moeda atual, os clientes do Everleigh se dispunham a pagar o equivalente a US$250 apenas para entrar no clube e US$370 por uma garrafa de champanhe. Em termos relativos, o sexo era muito barato: cerca de US$1.250.

Ada e Minna Everleigh, as irmãs que dirigiam o bordel, conservavam seus ativos com cuidado. As borboletas recebiam alimentação saudável, excelente assistência médica, educação sofisticada e os melhores salários: nada menos que US$400 por semana, ou o equivalente contemporâneo a cerca de US$430.000 por ano.

Sem dúvida, a remuneração das borboletas do Everleigh não estava no mapa. Mas por que será que mesmo uma prostituta típica de Chicago, 100 anos atrás, ganhava tanto dinheiro?

A melhor resposta é que os salários são determinados em grande parte pelas leis da oferta e demanda, que, não raro, são mais poderosas que as leis dos legisladores.

Nos Estados Unidos, política e economia não se misturam bem. Os políticos têm todos os tipos e razões para aprovar todos os tipos de leis, que, por mais bem-intencionadas que sejam, nem sempre refletem a maneira como as pessoas reais respondem aos incentivos do mundo real.

Quando a prostituição foi criminalizada nos Estados Unidos, quase a totalidade dos recursos policiais se voltou contra as prostitutas, não contra os clientes. É uma situação típica. Como no caso de outros mercados ilícitos – lembre-

-se do tráfico de drogas e do mercado negro de armas – a maioria dos governos prefere punir os fornecedores, em vez dos compradores e consumidores.

No entanto, quando se prende um fornecedor, cria-se uma situação de escassez que, inevitavelmente, impulsiona os preços para cima, o que atrai ainda mais fornecedores para o mercado. A "guerra contra drogas" movida pelos Estados Unidos tem sido relativamente ineficaz exatamente por concentrar-se nos vendedores, não nos compradores. No mercado de drogas, embora os compradores evidentemente sejam mais numerosos que os vendedores, mais de 90% das penas, em termos de duração, se aplica aos traficantes.

E por que será que o clamor público não pune os usuários? Porque parece injusto castigar o peixe pequeno, o usuário, que, ainda por cima, é vítima do vício. Os fornecedores, enquanto isso, estão muito mais sujeitos à demonização.

No entanto, se um governo realmente quiser combater o comércio de bens e serviços ilícitos, a medida mais eficaz é perseguir os usuários, que promovem e asseguram a demanda. Se, por exemplo, a pena pela compra de serviços de prostituição for a castração dos usuários, no estilo Talião, o mercado se contrairia ou se extinguiria num piscar de olhos.

Na Chicago de 100 anos atrás, o risco da punição recaía quase inteiramente sobre a prostituta. Além da ameaça constante de prisão, o estigma social contra a prostituição era profundo. Talvez a mais assustadora das penas para a prostituta era a quase impossibilidade de conseguir bom marido. Combinando os fatos, conclui-se que a remuneração das prostitutas precisava ser muito alta para gerar oferta de mulheres capaz de atender à alta demanda dos homens.

O dinheiro grosso, evidentemente, ficava com as mulheres que cavalgavam o topo da pirâmide da prostituição. Quando o Everleigh Club foi fechado – A Comissão do Vício de Chicago finalmente venceu a parada –, Ada e Minna Everleigh haviam acumulado fortuna equivalente a US$22 milhões em moeda de hoje.

A mansão na qual funcionava o Everleigh Club já se foi há muito tempo. Assim também todo o distrito de Levee. Até a malha urbana nas imediações do Everleigh foi substituída por projeto habitacional composto de vários prédios de apartamentos.

Mas o South Side de Chicago ainda existe e as prostitutas continuam trabalhando lá – como LaSheena, em seu training preto e vermelho –, mas esteja certo de que elas não lhe recitarão nenhuma poesia grega.

LaSheena é uma das muitas prostitutas de rua que Sudhir Venkatesh precisou conhecer nos últimos tempos. Venkatesh, sociólogo da Universidade de Columbia, em Nova York, fez pós-graduação em Chicago e ainda volta regularmente à cidade para pesquisas.

Ao chegar lá pela primeira vez, ele era um garoto ingênuo, protegido, fã dos Grateful Dead, que crescera numa Califórnia tranquila e que agora estava ansioso para tomar o pulso de uma cidade vibrante, onde a raça – mormente entre negros e brancos – era algo preservado com muito zelo. Não ser nem uma coisa nem outra, mas, sim indiano, era um atributo favorável para Venkatesh, permitindo-lhe transitar entre as linhas de batalha da academia (preponderantemente branca) e os guetos do South Side (predominantemente negros). Em breve, ele se imiscuiria numa gangue de rua que praticamente dominava o bairro e ganhava dinheiro vendendo drogas. (Sim, foi a pesquisa de Venkatesh que figurou com destaque no capítulo do *Freaknomics* sobre traficantes de drogas e, sim, estamos de volta agora, de novo recorrendo à ajuda dele). No percurso, ele se tornou autoridade na economia subterrânea do bairro. Ao concluir seu trabalho com os traficantes de drogas, passou para as prostitutas.

Porém, uma ou duas entrevistas com uma mulher como LaSheena é reveladora apenas até certo ponto. Quem quiser realmente compreender o mercado de prostituição precisa acumular alguns dados reais.

Mas, como de costume, é mais fácil dizer do que fazer. Em razão da natureza ilícita da atividade, as fontes de dados convencionais, como os formulários do censo ou as estatísticas do fisco, não são muito úteis. Mesmo quando as prostitutas já foram interrogadas diretamente em estudos anteriores, as entrevistas, em geral, são conduzidas muito depois dos fatos e por entidades (centros de reabilitação de drogados, por exemplo, ou abrigos de instituições religiosas) que dificilmente obtêm resultados imparciais.

Ademais, pesquisas anteriores mostraram que, quando as pessoas são entrevistadas sobre comportamentos estigmatizados, elas tendem a atenuar ou a exagerar sua participação, dependendo do que está em jogo ou de quem as interroga.

Veja o caso do programa social mexicano Oportunidades. Para obter ajuda, os pretendentes precisam discriminar seus pertences pessoais e seus bens domésticos. Quando o pretendente é aprovado, um assistente social visita sua casa e verifica se as informações coletadas são verdadeiras.

César Martinelli e Susan W. Parter, economistas que analisaram os dados de mais de 100.000 beneficiários do Oportunidades, constataram que os pretendentes rotineiramente omitiam certos itens, como carros, caminhonetes, gravadores de vídeo, TV a cabo e máquinas de lavar. A descoberta não deveria ser surpresa para ninguém. Quem se candidata a receber benefícios sociais tem incentivos para dar a impressão de ser mais pobre que na realidade. Porém, como Martinelli e Parker revelaram, os pretendentes exageravam em certos itens: instalações hidráulicas, água corrente, fogão a gás e piso de concreto. Por que cargas-d'água os candidatos a programas sociais diziam que dispõem desses itens sociais quando essa não era sua verdadeira situação?

Martinelli e Parker atribuem essa tendência à vergonha de parecer miserável demais. Mesmo pessoas muito pobres que precisam de assistência social relutam em admitir aos assistentes sociais que vivem na imundície e não contam nem com vaso sanitário.

Venkatesh, consciente de que os métodos de pesquisa tradicionais nem sempre produzem resultados satisfatórios em relação a temas sensíveis, como prostituição, tentou algo diferente: coleta de dados em tempo real, no lugar e na hora. Para tanto, contratou rastreadores para se postarem nas esquinas ou para se sentarem nos bordéis, em convívio com as prostitutas, observando diretamente algumas facetas das transações e reunindo detalhes mais íntimos, assim que o cliente fosse embora.

Quase todos os rastreadores eram ex-prostitutas – importante credencial que aumentava a probabilidade de obter respostas honestas. Venkatesh também pagava às prostitutas para participarem do estudo. Se elas se dispunham a fazer sexo por dinheiro, raciocinou, elas decerto aceitarão falar sobre sexo por dinheiro. E aceitaram. Durante quase dois anos, Venkatesh acumulou dados sobre mais ou menos 160 prostitutas, em três bairros diferentes do South Side, sobre mais de 2.200 transações sexuais.

As folhas de rastreamento registram considerável variedade de dados, inclusive:

- O ato sexual específico executado e a duração do encontro.
- Onde o ato foi praticado (no carro, na rua, em casa)

- Valor do recebimento em dinheiro
- Pagamento em espécie (drogas)
- Raça do cliente
- Idade aproximada do cliente
- Atratividade do cliente (10 = atraente, 1 = nojento)
- Uso de preservativo
- Cliente novo ou recidivo
- Situação do cliente: casado, empregado, afiliado a gangue, do bairro.
- Se a prostituta roubou do cliente
- Se o cliente criou problema para a prostituta
- Se o ato sexual foi pago ou foi uma "canja"

E, então, o que esses dados podem nos dizer?

Comecemos com a remuneração. Constatou-se que a prostituta de rua típica de Chicago trabalha 13 horas por semana, praticando dez atos sexuais no período, e recebe pagamento horário de aproximadamente US$27. Assim, sua remuneração semanal é de mais ou menos US$350. Aí se inclui a média de US$20 que a prostituta rouba dos clientes. Algumas prostitutas aceitam drogas em lugar de dinheiro – em geral, cocaína ou heroína, quase sempre com desconto. De todas as mulheres do estudo de Venkatesh, 83% eram viciadas em drogas.

Como LaSheena, muitas dessas mulheres tinham outros trabalhos, não como prostitutas, que Venkatesh também acompanhou. A prostituição rendia cerca de quatro vezes mais que esses outros trabalhos. No entanto, por mais alta que pareça a remuneração, o pagamento na realidade é irrisório, quando se consideram as desvantagens. Em média, por ano, a prostituta típica do estudo de Venaktesh passou por 12 incidentes de violência. Pelo menos três das 160 prostitutas participantes morreram durante o curso do estudo. "A maioria das situações de violência ocorre quando, por alguma razão, os clientes não conseguem consumar ou não têm ereção", diz Venkatesh. "Então, ele fica com vergonha, pede o dinheiro de volta e a prostituta definitivamente não quer negociar com um homem que perdeu sua masculinidade."

Além disso, a remuneração aparentemente elevada dessas mulheres se torna irrisória em comparação com a das prostitutas mais mal pagas de 100 anos atrás. Ao lado daquelas damas do passado, mulheres como LaSheena trabalham por quase nada.

POR QUE PROSTITUTA DE RUA É COMO PAPAI-NOEL DE SHOPPING?

Por que será que a remuneração das prostitutas caiu tanto?

Porque a demanda diminuiu drasticamente. Não a demanda por *sexo*. Esta ainda é vigorosa. Mas a prostituição, como setor de atividade, está vulnerável à competição.

Quem impõe maior concorrência às prostitutas? A resposta é óbvia: qualquer mulher que esteja disposta a fazer sexo com um homem de graça.

Não é segredo que os costumes sexuais evoluíram substancialmente nas últimas décadas. A expressão "sexo casual" não existia um século atrás (para não mencionar locuções já fora de moda, como "amizade colorida" ou, em inglês, "friends with benefits"). O sexo extraconjugal era muito mais difícil e envolvia punições muito mais severas que as de hoje.

Imagine um jovem recém-formado, ainda sem condições para estabelecer-se por conta própria, que queira sexo. Décadas atrás, a prostituição era a escolha provável. Embora ilegal, não era difícil encontrar fornecedoras e o risco de prisão era pequeno. Embora relativamente dispendiosa no curto prazo, proporcionava valor significativo no longo prazo, pois não envolvia os custos potenciais de uma gravidez indesejável ou de um compromisso mais estável, inclusive casamento. Ao menos 20% dos homens americanos que nasceram entre 1933 e 1942 tiveram a primeira relação sexual com prostitutas.

Agora imagine o mesmo jovem 20 anos depois. As mudanças nos costumes sexuais lhe proporcionam oferta muito maior de sexo gratuito. Em sua geração, apenas 5% dos homens perderam a virgindade com uma prostituta. E isso não significa que ele e os amigos estejam poupando energias para o casamento. Mais de 70% dos homens de sua geração tiveram sexo antes do casamento, em comparação com apenas 33% da geração anterior.

Assim, o sexo pré-conjugal surgiu como sucedâneo eficaz da prostituição. Evidentemente, a queda na demanda por sexo pago redundou em redução no preço da prostituição ou em menor remuneração para as fornecedoras.

Se a prostituição fosse uma indústria típica, esse setor de atividade teria contratado lobistas para combater o avanço do sexo pré-conjugal, que fariam campanha para que fosse criminalizado ou, no mínimo, tributado com altas alíquotas. Quando os fabricantes de aço ou os produtores de açúcar dos Estados Unidos começaram a sentir o calor da competição – na forma de produtos mais baratos do México, da China ou do Brasil –, eles conseguiram que o governo federal impusesse tarifas que protegeram os fabricantes nacionais.

Essas tendências protecionistas não são nada novas. Mais de 150 anos atrás, o economista francês Frédéric Bastiat escreveu "The Candlemakers' Petition", em defesa dos interesses dos "fabricantes de pavios, velas, candeias, candelabros, candeeiros, lampiões, espevitadeiras e extintores", assim como dos "produtores de sebo, óleo, resina, álcool e, em geral, tudo relacionado com iluminação".

Essas indústrias, protestou Bastiat, "estão sofrendo com a competição selvagem de um rival estrangeiro que, aparentemente, trabalha sob condições tão superiores às nossas para a produção de luz que está inundando nosso mercado interno, a preços incrivelmente baixos".

Quem era esse rival alienígena tão invasivo e pernicioso?

"Ninguém menos que o sol", escreveu Bastiat. E exortou o governo francês a promulgar lei proibindo todos os cidadãos de permitir que a luz solar entrasse em suas casas. (Sim, sua reivindicação era satírica; nos meios econômicos é o que passa por travessuras radicais.)

Infelizmente, a indústria da prostituição não conta com defensor tão apaixonado, mesmo na base da ironia, quanto Bastiat. E ao contrário dos setores açucareiro e siderúrgico, ela exerce pouca influência nos corredores de poder de Washington – não obstante, diga-se a bem da verdade, suas muitíssimas relações com homens de alto coturno nas suítes do governo. Essa falha explica por que a sorte do setor foi tão assolada pelos ventos inóspitos do livre mercado.

A prostituição apresenta maior concentração geográfica que outras atividades criminosas: Quase metade de todas as prisões por prostituição em Chicago ocorre em menos de um terço de 1% dos blocos da cidade. O que esses blocos têm em comum? Eles se situam perto de estações de trem e de grandes estradas (as prostitutas precisam estar onde os clientes possam encontrá-las) e têm muitos residentes pobres – embora não apresentem, ao contrário do que é comum na maioria dos bairros pobres, superabundância de famílias chefiadas por mulheres.

Essa concentração possibilita o cruzamento dos dados de Venkatesh com os dados sobre prisões do Departamento de Polícia de Chicago em toda a cidade, para estimar o escopo da prostituição de rua na totalidade da área urbana. Conclusão: em qualquer semana considerada ao acaso, cerca de 4.400 mulheres trabalham como prostitutas de rua em Chicago, oferecendo um total de 1,6 milhão de encontros por ano a 175.000 homens diferentes. É mais ou menos o mesmo número de prostitutas que trabalhavam em Chicago 100 anos atrás. Considerando que a população da cidade aumentou em 30% desde então, a quantidade *per capita* de prostitutas de rua caiu significativamente. Uma coisa não mudou: ao menos para o cliente, a ilegalidade da prostituição é relativa. Os dados mostram que a probabilidade de prisão dos clientes que recorrem aos serviços de prostitutas de rua é de cerca de uma em 1.200 visitas.

As prostitutas do estudo de Venkatesh trabalhavam em três áreas separadas da cidade: West Pullman, Roseland e Washington Park. A maioria dos residentes desses bairros é composta de afro-americanos, assim como entre as prostitutas. West Pullman e Roseland são bairros adjacentes de classe trabalhadora, no extremo do South Side, cuja população, no passado, era preponderantemente branca (West Pullman se constituiu em torno da fábrica de vagões Pullman). Washington Park é bairro de negros pobres há décadas. No total das três áreas, a raça da clientela das prostitutas é misturada.

Segunda-feira é a noite menos movimentada da semana para essas prostitutas. Sexta-feira é a mais cheia, mas nas noites de sábado as prostitutas tipicamente ganham cerca de 20% mais que na véspera.

Por que a noite mais movimentada não é também a mais lucrativa? Porque o fator isolado mais importante na formação do preço da prostituta é a atividade específica para a qual é contratada. E, por qualquer razão, aos sábados os clientes compram serviços mais caros. Veja as quatro modalidades de serviços sexuais prestados comumente pelas prostitutas e os respectivos preços:

SERVIÇO SEXUAL	PREÇO MÉDIO
ESTIMULAÇÃO MANUAL	US$26,70
SEXO ORAL	US$37,26
SEXO VAGINAL	US$80,05
SEXO ANAL	US$94,13

É interessante observar que o preço do sexo oral, com o passar do tempo, despencou em comparação com o da relação sexual "regular". Nos dias do Everleigh Club, os homens pagavam o dobro ou o triplo pelo sexo oral; agora o sexo oral custa menos que a metade do sexo vaginal. Por quê?

SUPERFREAKONOMICS

Na verdade, o sexo oral envolve custos menores para a prostituta, pois elimina a possibilidade de gravidez e reduz o risco de doenças sexualmente transmissíveis. (Também oferece o que um acadêmico da área de saúde pública denomina "facilidade de saída", ou seja, a prostituta tem mais condições para escapar às pressas da polícia ou de um cliente ameaçador.) Mas o sexo oral *sempre* ofereceu esses benefícios. O que explica o preço mais alto no começo do século passado?

A melhor resposta é que o sexo oral era onerado por uma espécie de ágio pelo tabu. Naquela época, a prática era considerada uma forma de perversão, mormente por pessoas com mentalidade religiosa, uma vez que satisfazia às premências libidinosas sem atender às necessidades reprodutivas. O Everleigh Club, evidentemente, tinha a fortuna de lucrar com o tabu. Com efeito, o médico do clube endossava avidamente o sexo oral, pois significava mais ganhos para o estabelecimento e menos desgaste para as borboletas.

Porém, com a mudança das práticas sociais, o preço caiu para refletir a nova realidade. Esse deslocamento das preferências não se limitou à prostituição. Entre os adolescentes americanos, o sexo oral está em alta, enquanto a relação convencional e a gravidez estão em baixa. Há quem diga que se trata de coincidência (ou pior), mas, para nós, é a economia em ação.

O preço mais baixo para o sexo oral entre as prostitutas tem gerado forte demanda. Eis o percentual de cada serviço sexual prestado pelas prostitutas de Chicago:

SERVIÇO SEXUAL	PORCENTAGEM DO TOTAL
SEXO ORAL	55%
SEXO VAGINAL	17%
ESTIMULAÇÃO MANUAL	15%
SEXO ANAL	9%
OUTROS	4%

Na categoria "outros" se incluem dança nua, "só conversa" (pedido extremamente raro, observado apenas umas poucas vezes em mais de duas mil transações), e vários outros serviços que são antípodas perfeitos do "só conversa", tão insólitos que superariam a imaginação dos leitores mais criativos. Quanto mais não seja, esses serviços inusitados sugerem a razão básica pela qual o mercado da prostituição ainda progride, não obstante a oferta crescente de sexo gratuito: os homens contratam prostitutas para fazer as coisas que as namoradas e as esposas nunca admitiriam. (Também se deve dizer, contudo, que alguns dos atos mais aberrantes de nossa amostra efetivamente *envolvem* membros da família, com todas as combinações concebíveis de gênero e geração.)

As prostitutas não cobram de todos os clientes o mesmo preço. Os negros, por exemplo, pagam em média cerca de US$9 a menos por serviço que os brancos, enquanto os hispânicos ficam no meio. Os economistas têm um nome para a prática de cobrar quantias diferentes pelo mesmo produto: *discriminação de preços*.

No mundo dos negócios, a discriminação de preços nem sempre é possível. Para tanto, é necessário que se satisfaçam duas condições pelo menos:

- Alguns clientes devem apresentar características nítidas que os incluam na categoria "disposto a pagar mais". (Como traço perceptível, a pele negra ou branca é bom exemplo.)
- O vendedor deve ser capaz de prevenir a revenda do produto, evitando, assim, qualquer oportunidade de arbitragem. (No caso da prostituição, a revenda é notoriamente impossível.)

Na ausência dessas circunstâncias, a maioria das empresas lucrará com a discriminação de preços, sempre que possível. Os viajantes a negócios sabem disso muito bem, pois rotineiramente pagam três vezes mais pelas últimas passagens de um voo do que o turista que ocupa o assento ao lado. As mulheres que pagam por um corte de cabelo também convivem com essa realidade, pois deixam no salão duas vezes mais que os homens, basicamente pelo mesmo serviço. Ou veja o caso do catálogo de assistência médica on-line Dr. Leonard's, que vende uma máquina de cortar cabelo Barber Magic por US$12,99, enquanto em outro lugar do site o Barber Magic Trim-a-Pet, para aparar os pelos dos animais de estimação, custa US$7,99. Os dois produtos parecem idênticos – mas o dr. Leonard talvez saiba que as pessoas se disporão a gastar mais para cortar o próprio cabelo que o do animal de estimação.

Como será que as prostitutas de rua de Chicago praticam a discriminação de preços? Conforme constatou Venkatesh, elas adotam estratégias de preços diferentes para clientes brancos e para clientes negros. Ao lidar com negros, as prostitutas em geral dão o preço de imediato e sem evasivas, para evitar tentativas de negociação (Venkatesh observou que os clientes negros são mais propensos a barganhar que os brancos – talvez, raciocinou ele, por estarem mais familiarizados com o bairro e conhecerem melhor o mercado). Ao negociar com clientes brancos, a prostituta induz o homem a propor o preço, na expectativa de receber uma proposta generosa. Conforme demonstram os diferenciais de preços entre clientes brancos e clientes negros, a estratégia parece funcionar muito bem.

Outros fatores podem reduzir os preços pagos pelos clientes às prostitutas de Chicago. Por exemplo:

	DESCONTO MÉDIO
PAGAMENTO EM DROGAS EM VEZ DE DINHEIRO	US$7,00
SERVIÇO PRESTADO NA RUA	US$6,50
CLIENTE USA PRESERVATIVO	US$2,00

O desconto pelo pagamento em drogas não chega a ser surpresa, considerando que a maioria das prostitutas é viciada em drogas. O desconto por atendimento na rua, em vez de em recinto fechado, é, em parte, uma redução de preço associada ao tempo, pois na rua a tendência é de serviços menos completos e mais rápidos. Porém, outro fator que contribui para o aumento de preço em recinto fechado é o repasse do custo do aluguel do espaço. Algumas mulheres alugam quarto na casa de alguém ou mantém um colchão no porão; outras recorrem a motéis baratos ou a depósitos comerciais fechados durante a noite.

A pequenez do desconto concedido pelo uso de preservativo é surpreendente. Ainda mais admirável é o pouco uso de preservativos: menos de 25% das vezes, considerando apenas sexo vaginal e oral. (O uso de preservativo é mais comum entre clientes novos que em clientes recorrentes; os clientes negros são os menos propensos a usar preservativos.) A prostituta de rua típica de Chicago tem em média 300 relações sexuais anais ou vaginais desprotegidas por ano. A boa notícia, de acordo com pesquisa anterior, é que os homens usuários dos serviços de prostitutas de rua apresentam taxa surpreendentemente baixa de infecção por HIV, inferior a 3%. (A mesma situação não se aplica aos homens que pagam por serviços sexuais de outros homens; situação em que a incidência entre os usuários chega a 35%.)

Portanto, muitos fatores influenciam a formação de preços na prostituição: o serviço em si, as características dos clientes e até o local.

No entanto, ainda que pareça espantoso, os preços em determinada localidade são praticamente os mesmos entre diferentes prostitutas. Seria de supor que mulheres mais bonitas e atraentes cobrariam mais. Porém, esses diferenciais de preços são incomuns e inexpressivos. Por quê?

A única explicação plausível seria a tendência de os clientes encararem as mulheres como o que os economistas denominam *sucedâneos perfeitos*, ou mercadorias facilmente substituíveis. Da mesma maneira como os quitandeiros e fregueses não veem diferenças significativas entre cachos de banana, o mesmo princípio parece aplicar-se aos consumidores e fornecedores do mercado de prostituição.

A maneira certa de conseguir um bom desconto é contratar a prostituta diretamente, em vez de por meio de cafetão. Nessas condições, consegue-se o mesmo serviço por cerca de US$16 a menos.

Essa estimativa se baseia em dados sobre as prostitutas de Roseland e de West Pullman. Os dois bairros ficam próximos um do outro e são semelhantes sob muitos aspectos. Porém, em West Pullman, as prostitutas usavam cafetões, ao contrário das de Roseland. West Pullman é um pouco mais residencial, o que gera pressões comunitárias para manter as prostitutas fora das ruas. Roseland, por seu turno, tem mais gangues de rua. As gangues de Chicago em geral não se envolvam com prostitutas, pois não querem que alguém se intrometa em sua economia de mercado negro.

Essa diferença fundamental cria condições para a estimativa do impacto do cafetão, que doravante chamaremos de *pimpact*, de *p*imp (cafetão) + *impact* (impacto). Mas, antes, eis uma questão importante: como ter certeza de que as duas populações de prostitutas são de fato comparáveis? Talvez as prostitutas que trabalham com cafetões tenham características diferentes das que atuam por conta própria. Talvez sejam mais experientes ou menos dependentes de drogas. Se esse for o caso, estaremos avaliando duas diferentes populações de mulheres, não o *pimpact* em si.

Porém, ocorre que muitas das mulheres do estudo de Venkatesh transitavam entre os dois bairros, às vezes trabalhando com cafetões, às vezes dispensando o intermediário. Isso nos possibilitou analisar os dados de maneira a isolar o *pimpact*.

Como observamos, os clientes pagam cerca de US$16 a mais se contratam os serviços da prostituta por meio de cafetão. No entanto, os clientes que recorrem a intermediários também tendem a comprar serviços mais dispendiosos – nada de estimulação manual –, o que bombeia ainda mais a remuneração das mulheres. Portanto, mesmo depois de os cafetões levarem sua comissão típica de 25%, as prostitutas ainda ganham mais dinheiro e ainda participam de menos encontros:

PROSTITUTA	REMUNERAÇÃO SEMANAL	MÉDIA DE ENCONTROS POR SEMANA
TRABALHANDO SOZINHAS	US$325	7,8
COM CAFETÃO	US$410	6,2

O segredo do sucesso dos cafetões é que eles buscam clientela diferente da que as prostitutas de rua conseguem por conta própria. Como descobriu Venkatesh, os cafetões de West Pullman passavam boa parte de seu tempo recrutando clientes, a maioria brancos, em clubes de strip-tease no centro da cidade e nos cassinos flutuantes nas imediações de Indiana.

Porém, como mostram os dados, o *pimpact* não se limita a propiciar remuneração mais alta. A prostituta que trabalha com cafetão dificilmente será surrada pelos clientes ou forçada a prestar serviços gratuitos a membros de gangues.

Portanto, para as prostitutas de rua de Chicago, usar cafetões parece ser bom negócio. Mesmo depois de pagar a comissão, a prostituta sai ganhando sob quase todos os aspectos. Seria bom que todos os intermediários, em todas as indústrias, prestassem serviços tão valiosos.

Considere um contexto de vendas diferente: imóveis residenciais. Da mesma maneira como se pode vender o corpo com ou sem a ajuda de um cafetão,

POR QUE PROSTITUTA DE RUA É COMO PAPAI-NOEL DE SHOPPING?

também se consegue vender a casa com ou sem a participação de um corretor. Embora os corretores de imóveis cobrem comissão muito mais baixa que os cafetões – cerca de 5% *versus* 25% –, os ganhos dos corretores de imóveis se situam geralmente na casa das dezenas ou centenas de dólares para uma única transação.

Assim sendo, será que os corretores de imóveis valem o que ganham?

Três economistas analisaram recentemente dados sobre vendas de casas em Madison, Wisconsin, que tem um mercado florescente de venda de imóveis diretamente pelos proprietários (for-sale-by-owner – FSBO). Tudo gira em torno do site FSBOMadison.com, que cobra dos proprietários US$150 para anunciar a casa, mas não recebe comissão pela venda. Comparando as vendas de imóveis em Madison, sem a intermediação (FSBO) e com a intermediação de corretores de imóveis, sob vários critérios – preço, características do imóvel em si e de sua localização, tempo no mercado e assim por diante –, os economistas avaliaram o impacto dos corretores de imóveis (ou, a bem da simetria, o *rimpact*, de *r*ealtor (corretor de imóveis) + *impact* (impacto).

O que eles descobriram?

As casas vendidas pelo FSBOMadison.com tipicamente alcançavam os mesmos preços das casas vendidas pelos corretores de imóveis. Essa constatação não foi muito positiva para os corretores de imóveis. Usar corretor para vender uma casa de US$400.000 significa pagar comissão de US$20.000 – em comparação com a despesa de apenas US$150 para incluir o imóvel no FSBOMadison.com. (Outro estudo recente também mostrou que os corretores de imóveis que cobram comissão fixa, quase sempre US$500, também conseguem quase os mesmos preços dos colegas que cobram comissões proporcionais.)

Porém, aqui cabem algumas observações importantes. Em troca da comissão de 5%, um profissional se encarrega de todo o trabalho de venda da casa. Para alguns proprietários, esse serviço vale o preço. Também é difícil dizer se as constatações referentes a Madison se aplicam igualmente a outras cidades. Além disso, o estudo foi realizado durante forte alta do mercado habitacional, o que, provavelmente, facilitou as vendas de casas sem intermediação. Ademais, quem opta pela venda direta, sem corretor, talvez disponha de melhores condições que a média dos proprietários. Finalmente, mesmo que os preços médios de venda de casas com e sem intermediação tenham sido equivalentes, o prazo de efetivação da venda foi 20 dias mais longo quando os proprietários recorreram apenas ao FSBOMadison.com. Porém, muita gente decerto se disporia a morar nas velhas casas por mais 20 dias para economizar US$20.000 em comissão.

Os corretores de imóveis e os cafetões de prostitutas prestam basicamente o mesmo serviço: facilitar a venda do produto ou serviço a clientes potenciais. Como mostra esse estudo, a Internet está demonstrando ser poderoso substituto para o corretor de imóveis. Porém, quando se trata de prostituição de rua, a Internet ainda não parece muito eficaz – pelo menos por enquanto – em aproximar vendedores e compradores.

Portanto, quando se considera o valor da intermediação desses dois agentes, parece claro que os serviços do cafetão são muito mais valiosos que os do corretor. Ou, para quem prefere a apresentação das conclusões sob forma matemática:

PIMPACT > RIMPACT

Durante seu estudo sobre prostituição, Venkatesh conheceu os seis cafetões que gerenciavam a prostituição em West Pullman. Todos eram homens. Nos velhos tempos, a prostituição mesmo nos bairros mais pobres de Chicago era dirigida por mulheres. Mas os homens, atraídos pela alta remuneração, acabaram assumindo o controle do ofício – mais um exemplo na longa história das intervenções masculinas para ganhar mais dinheiro que as mulheres.

A idade desses cafetões variava do começo da casa dos 30 para o fim da casa dos 40, e todos "estavam obtendo resultados muito bons", relata Venkatesh, ganhando mais ou menos US$50.000 por ano. Alguns também se dedicavam a outras atividades legais, como mecânico de automóveis ou gerente de loja. Nenhum era viciado em drogas.

Uma das funções mais importantes deles era lidar com a polícia. Venkatesh descobriu que os cafetões mantinham bom relacionamento de trabalho com os policiais, em especial com um deles, chamado Charles. Quando começou a trabalhar na área, Charles perturbava e prendia os cafetões, mas as iniciativas dele acabaram saindo pela culatra. "Quando você prende cafetões, os candidatos a substituto começarão a brigar uns com os outros", afirmou Venkatesh, "e a violência é pior que a prostituição."

Assim, Charles optou por algumas concessões recíprocas. Os cafetões concordaram em não ficar na praça, quando houvesse crianças, e em ocultar a prostituição. Em troca, a polícia deixaria os cafetões em paz – e, mais importante, tampouco prenderia as prostitutas. Durante o estudo de Venkatesh, ocorreu apenas uma prisão oficial de prostituta nas áreas controladas pelos cafetões. De todas as vantagens que as prostitutas obtinham dos cafetões, a maior era não serem presas.

Mas as prostitutas nem sempre precisam de cafetões para evitar prisões. Em média, as prostitutas de Chicago só são presas depois de 450 encontros com clientes e, mesmo assim, apenas uma em cada dez prisões resulta em pena privativa da liberdade.

Isso não significa que a polícia não saiba onde estão as prostitutas nem que tenha tomado a decisão consciente de fechar os olhos para a prostituição. Ao contrário, esse é um exemplo flagrante do que os economistas denominam *problema do agente-principal*. É o que acontece quando duas partes em determinado negócio parecem ter os mesmos incentivos, mas, na verdade, seus interesses são antagônicos.

No caso, o chefe de polícia é o principal. O objetivo dele é combater a prostituição. O policial nas ruas é o agente. É possível que também o policial queira coibir a prostituição, ao menos em teoria, mas ele não tem incentivos muito fortes para efetivamente prender os infratores. Como sabem muito bem alguns policiais, as prostitutas oferecem alguma coisa muito mais atraente que apenas o registro de uma prisão: sexo.

Essa realidade se destaca em cores vivas no estudo de Venkatesh. De todos os encontros oferecidos pelas prostitutas, mais ou menos 3% eram gratuidades gentilmente concedidas a policiais.

Os dados não mentem: é muito mais provável que as prostitutas de rua de Chicago façam sexo com os policiais do que sejam presas por eles.

Seria difícil enfatizar demais como é indesejável ser prostituta de rua – a degradação humana, o risco de doenças, a quase constante ameaça de violência.

Em nenhum lugar essas condições são tão ruins quanto em Washington Park, o terceiro bairro do estudo de Venkatesh, que se situa cerca de seis milhas ao norte de Roseland e West Pullman. Essa é a área da cidade que mais se ressente das depressões e que é menos acessível a forasteiros, principalmente a brancos. A prostituição se concentra em quatro locais: dois grandes prédios de apartamentos, um trecho de cinco quarteirões de movimentada rua comercial, e o parque em si, importante marco urbano, com cerca de 1,5 quilômetro quadrado, projetado na década de 1870 por Frederick Law Olmsted e Calvert Vaux. As prostitutas de Washington Park trabalham sem cafetões e recebem a mais baixa remuneração de todas as prostitutas do estudo de Venkatesh.

Talvez tudo isso o leve a supor que essas mulheres prefeririam fazer qualquer outra coisa a prestar serviços sexuais. Porém, uma das características da economia de mercado é que os preços tendem a alcançar níveis em que até o pior trabalho vale a pena ser executado. Por mais horrível que seja a situação das prostitutas, elas estariam ainda pior sem a prostituição.

Parece absurdo?

O mais forte indício favorável a esse argumento é fornecido por fonte improvável: a tão amada tradição americana conhecida como reunião familiar. Todos os verões, por volta do feriado de 4 de julho, Washington Park fica apinhado de famílias e de outros grupos que se reúnem em piqueniques e em festas. Para alguns desses visitantes, pôr a conversa em dia com tia Ida, enquanto saboreiam uma limonada, não é muito estimulante. Ocorre que a demanda por prostitutas em Washington Park dispara todo o ano durante esse período.

E as prostitutas agem como qualquer bom empreendedor nas mesmas circunstâncias: aumentam os preços em cerca de 30% e não evitam horas extras para atender à demanda.

O mais interessante é que esse surto de alta na demanda atrai um tipo especial de fornecedor – a mulher que se mantém longe da prostituição durante todo o ano, mas que, nessa alta estação, deixa de lado os outros trabalhos para prestar serviços sexuais. Boa parte dessas prostitutas part-time tem filhos e cuidam da família; e não são viciadas em drogas. Porém, como garimpeiros acidentais em corridas do ouro e como corretores de imóveis durante bolhas imobiliárias, elas veem a chance de ganhar dinheiro e não perdem a oportunidade.

Quanto à pergunta que constitui o título deste capítulo – Por que prostituta de rua é como Papai-Noel de shopping? – a resposta é óbvia: ambos exploram oportunidades de trabalho temporário, resultantes de picos de demanda esporádicos.

POR QUE PROSTITUTA DE RUA É COMO PAPAI-NOEL DE SHOPPING?

Já afirmamos que a demanda por prostitutas é muito mais baixa hoje que há 60 anos (desprezando-se os surtos sazonais), em grande parte por causa da revolução feminista.

Caso você se surpreenda com essa afirmação, considere uma vítima ainda mais improvável da revolução feminista: crianças em idade escolar.

O magistério no ensino fundamental sempre foi dominado por mulheres. Cem anos atrás, era um dos poucos trabalhos disponíveis para mulher que não envolviam cozinha, limpeza e outros afazeres domésticos. (Enfermagem era outra dessas profissões, mas o ensino infantil era muito mais comum, com seis professoras para cada enfermeira. Na época, quase 6% da força de trabalho feminina eram representados por professoras, atrás apenas de operárias (19%), domésticas (16%) e lavadeiras (6,5%). E, com grande margem, era o trabalho preferido pela maioria das universitárias. Em 1940, nada menos que 55% das mulheres detentoras de diploma universitário, no começo da casa dos 30, trabalhavam como professoras.

Pouco depois, contudo, as oportunidades para mulheres inteligentes começaram a multiplicar-se. O Equal Pay Act (Lei da Igualdade de Remuneração), de 1963, e o Civil Rights Act (Lei dos Direitos Civis), de 1964, foram fatores contributivos, assim como as mudanças sociais na percepção do papel das mulheres. À medida que cada vez mais garotas saíam da universidade, cada vez mais mulheres ingressavam na força de trabalho, especialmente nas profissões mais desejadas, até então inacessíveis para elas: direito, medicina, negócios, finanças e assim por diante. (Um dos heróis tão decantados dessa revolução foi o uso generalizado da "fórmula infantil", ou substitutos do leite materno, que permitiu às mães voltarem rapidamente ao trabalho depois do parto.)

Essas profissões exigentes e competitivas ofereciam altos salários e atraíam as mulheres mais capazes e mais brilhantes. Sem dúvida, muitas delas teriam sido professoras de ensino fundamental, caso tivessem nascido uma geração antes.

Mas não nasceram. Em consequência, o exército de professoras do ensino fundamental começou a sofrer drenagem de cérebros. Em 1960, cerca de 40% das professoras se situavam no quintil superior da distribuição de QI. Vinte anos depois, menos da metade da categoria se incluía na mesma faixa, com mais de 40% no quintil inferior. E não adianta argumentar que o salário das professoras estava caindo significativamente em comparação com os de outras profissões. "A qualidade das professoras está declinando há décadas", declarou o responsável pelas escolas públicas da cidade de Nova York, em 2000, "e ninguém quer falar sobre o assunto."

Isso não significa que já não existam professoras de ensino fundamental ótimas. É evidente que muitas ainda são excelentes. Porém, em média, o nível de qualificação das professoras de ensino fundamental caiu ao longo desses anos e, em consequência, também a qualidade do magistério despencou. Entre 1967 e 1980, o resultado dos testes da qualidade do ensino nos Estados Unidos caiu o equivalente a 1,25 ano escolar. John Bishop, pesquisador em educação, considerou esse declínio "historicamente sem precedentes", argumentando que ele representa sério obstáculo à produtividade nacional, que perdurará por muitos anos no século em curso.

Mas, pelo menos, as coisas correram bem para as mulheres que ingressaram em outras profissões, não?

Bem, até certo ponto. Como já escrevemos neste livro, mesmo as mulheres mais bem capacitadas ganham menos que seus colegas homens que exercem funções semelhantes. A afirmação ainda é mais pertinente em instituições financeiras e em empresas em geral – nas quais, ainda por cima, a participação das mulheres é muito inferior à dos homens. O número de mulheres em posições de CEO aumentou oito vezes nos últimos anos. No entanto, a participação feminina nesses cargos ainda não chega a 1,5% do total. Entre as 15 maiores empresas dos Estados Unidos, apenas 2,5% das posições executivas mais bem remuneradas são exercidas por mulheres. Essa situação ainda é mais surpreendente quando se considera que as mulheres conquistaram mais de 30% de todos os títulos de mestrado em Administração de Empresas (MBA) concedidos pelas principais universidades americanas nos últimos 25 anos. Hoje, essa fatia é de 43%, a mais alta de todos os tempos.

Marianne Bertrand, Claudia Goldin e Lawrence Katz, economistas, tentaram resolver esse enigma do hiato salarial, analisando as carreiras de mais de 2.000 homens e mulheres com título de MBA pela Universidade de Chicago.

Conclusão: Embora a discriminação por gênero possa contribuir um pouco para o diferencial de salários entre homens e mulheres, é a ambição – ou a falta de – o principal responsável pelo hiato de remuneração. Segundo esse estudo, três são os principais fatores:

- As mulheres obtêm CRs (Coeficientes de Rendimento) ligeiramente mais baixos que os dos homens. Talvez mais importante, elas fazem menos cursos de finanças. Mantendo-se iguais os demais fatores, constata-se forte correlação entre formação em finanças e remuneração na carreira.
- Nos primeiros 15 anos da carreira, as mulheres trabalharam menos que os homens: 52 *versus* 58 horas por semana. No total dos 15 anos, essa diferença de seis horas semanais equivale a menos seis meses de experiência.
- As mulheres interrompem mais a carreira que os homens. Depois de dez anos na força de trabalho, apenas 10% dos homens detentores de MBA ficaram mais de seis meses sem trabalhar, em comparação com 40% das mulheres em igualdade de condições.

A grande questão é que muitas mulheres, mesmo aquelas com diploma de MBA, têm filhos. Em média, as mulheres com MBA, sem filhos, trabalham apenas 3% menos horas que os homens com a mesma formação. Porém, as detentoras de MBA com filhos trabalham 24% menos que os colegas do sexo masculino em situação idêntica. "As penas pecuniárias por menos horas de trabalho e por descontinuidades na carreira entre MBAs são enormes", escreveram os três economistas. "Parece que muitas mães detentoras de MBA, mormente aquelas com maridos prósperos, desaceleraram a carreira durante alguns anos depois do nascimento do primeiro filho."

Essa é uma virada estranha. Muitas das mulheres mais capazes e mais brilhantes dos Estados Unidos fazem MBA para ganhar altos salários, mas elas acabam se casando com os homens mais capazes e mais brilhantes, que *também* ganham altos salários – o que permite que essas mulheres se deem ao luxo de não trabalhar tanto.

Mas será que isso significa que o investimento dessas mulheres de tempo e dinheiro na busca do MBA seja mau negócio? Talvez não. Dificilmente elas teriam conhecido o marido se não tivessem entrado na escola de negócios.

Outro ângulo a ser considerado quando se examina o hiato salarial entre homens e mulheres é o de que o salário mais baixo das mulheres, em vez de indício de fracasso, deve ser visto como sinal de que a alta remuneração simplesmente não é tão importante para as mulheres quanto para os homens. Ou será que os homens têm um fraco por dinheiro, da mesma maneira como as mulheres têm uma queda por crianças?

Considere dois experimentos recentes em que jovens homens e mulheres foram recrutados para participar de testes de matemática com 20 perguntas. Em uma versão, todos os participantes recebiam pagamento fixo de US$5 pelo comparecimento e mais US$15 pela conclusão do teste. Em outra versão, os sujeitos recebiam US$5 pelo comparecimento e US$2 para cada resposta certa.

Como os dois lados se saíram?

Na versão de pagamento fixo, o desempenho dos homens, em média, foi apenas um pouco superior ao das mulheres, com apenas mais uma resposta certa. Porém, na versão de pagamento variável, os homens dispararam, deixando as mulheres muito atrás. O resultado delas melhorou muito pouco em comparação com o obtido na primeira versão, enquanto o escore médio deles apresentou mais duas respostas certas em cotejo com o anterior.

Os economistas dão o melhor de si na coleta de dados e no uso de técnicas estatísticas complexas para destrinchar as razões pelas quais as mulheres ganham menos que os homens. A dificuldade fundamental, contudo, é que homens e mulheres diferem sob numerosos aspectos. O que os economistas *realmente* gostariam de fazer é realizar um experimento mais ou menos como o seguinte: reúna um monte de mulheres e as clone para obter suas versões masculinas; faça o oposto com um monte de homens, também obtendo por clonagem suas versões femininas; agora, sente-se e observe. Ao medir os resultados do trabalho de cada grupo com os próprios clones do sexo oposto, talvez se chegasse a algumas conclusões.

Ou, se a clonagem fosse impossível, também se poderia pegar um grupo de mulheres ao acaso, selecionar metade delas e, por mágica, transformá-las em homens, mantendo inalteradas todas as outras características de cada indivíduo; e, em seguida, fazer o oposto com um grupo de homens.

Infelizmente, os economistas não têm condições de realizar esses experimentos. (Ainda.) Mas as próprias pessoas interessadas podem, por meio do que se chama operação de mudança de sexo.

E, então, o que acontece quando um homem se submete à cirurgia e à terapia hormonal para viver como mulher, o chamado TMF, ou transgênero macho-fêmea?

POR QUE PROSTITUTA DE RUA É COMO PAPAI-NOEL DE SHOPPING?

Ben Barres, neurobiólogo de Stanford, nasceu Barbara Barres e se tornou homem em 1997, aos 42 anos. A neurobiologia, como a maioria das disciplinas matemáticas e científicas, tem grande população de homens. A decisão "foi uma surpresa para meus colegas e alunos", observa ele, mas todos "têm sido ótimos a esse respeito". De fato, a capacidade intelectual dele até parece ter aumentado. Um dia, depois de um seminário conduzido por Barres, um colega cientista virou-se para um amigo de Barres entre o público e saiu-se com o seguinte cumprimento canhestro: "O trabalho de Ben Barres é muito melhor que o da irmã dele." Mas Barres não tem irmã; o comentário era depreciativo em relação ao eu feminino anterior de Barres.

"É muito mais difícil para os homens se converterem em mulher que para as mulheres se transformarem em homem", admite Barres. O problema, diz ele, é a presunção de que os homens são mais competentes que as mulheres em determinada áreas – mormente em ciências e finanças.

Por outro lado, considere o caso de Deirdre McCloskey, destacada economista na Universidade de Illinois, Chicago. Ela nasceu homem, Donald, e decidiu tornar-se mulher, em 1995, aos 53 anos. A economia, como a neurociência, é área em que preponderam homens. "Eu estava disposta a me mudar para Spokane e a trabalhar como secretária numa empresa de armazenamento de grãos", diz ela. Essa medida drástica não foi necessária, mas McCloskey efetivamente detectou "certa punição pela bizarrice" por parte de alguns economistas. "Acho que estaria ganhando um pouco mais de dinheiro hoje se ainda fosse Donald."

McCloskey e Barres são apenas dois casos concretos. Dois pesquisadores, Kristen Schilt e Matthew Wiswall, analisaram sistematicamente o que acontece com os salários de pessoas que mudam de sexo, já adultas. Não é bem o experimento que propusemos anteriormente – afinal, o conjunto de indivíduos que mudam de sexo não constitui exatamente uma amostra aleatória; tampouco se trata, afinal, de homens ou mulheres típicos, antes ou depois – mas, ainda assim, os resultados são intrigantes. Schilt e Wiswall constataram que as mulheres que se transformam em homens ganham um pouco mais de dinheiro depois da mudança de gênero, enquanto os homens que se convertem em mulheres ganham, em média, quase um terço a menos que seus salários anteriores.

As conclusões deles se cercam de numerosas advertências. Para os iniciantes, a amostra era muito pequena: apenas 14 transgêneros macho-fêmea (TMF) e 24 transgêneros fêmea-macho (TFM). Além disso, as pessoas pesquisadas foram recrutadas principalmente em conferências sobre transgêneros. Essas características incluem os sujeitos entre o que Deirdre McCloskey chama de "transgêneros profissionais", que não são necessariamente representativos.

"Não é difícil entender", diz ela, "que quem não consegue simplesmente transformar-se em mulher e prosseguir com a vida, mas, ao contrário, continua a olhar pelo retrovisor, não será a pessoa mais bem-sucedida no trabalho." (Ela pode ter mudado de sexo, mas, uma vez economista sempre economista.)

De volta a Chicago, num bairro nobre, a poucas milhas de onde trabalham as prostitutas de rua, vive alguém que nasceu mulher, continua mulher e ganha mais dinheiro do que jamais imaginou possível.

Ela cresceu numa grande família, extremamente disfuncional, no Texas, e saiu de casa para ser militar. Recebeu treinamento em eletrônica e trabalhou em pesquisa e desenvolvimento sobre sistemas de navegação. Ao voltar para o mundo civil, sete anos depois, conseguiu emprego em programação de computadores, numa das maiores empresas do mundo. Ganhava salário de cinco dígitos e se casou com um homem cuja remuneração passava dos seis dígitos como corretor hipotecário. A vida dela era um sucesso, mas também era monótona.

Ela se divorciou (o casal não tinha filhos) e voltou para o Texas, em parte para ajudar a cuidar de um parente doente. Trabalhando mais uma vez em programação de computadores, ela voltou a casar-se, mas o novo casamento também fracassou.

A carreira dela também não ia muito bem. Ela era inteligente, capaz, tecnicamente sofisticada. Além do mais, por acaso, também era fisicamente atraente, pelo que era admirada no ambiente empresarial. Mas, apesar de tudo, simplesmente não gostava de trabalhar tanto. E, assim, tornou-se empreendedora, constituindo uma empresa individual, que lhe permite trabalhar apenas 10 a 15 horas por semana e ganhar remuneração equivalente a cinco vezes o antigo salário. O nome dela é Allie, ela é prostituta.

Allie ingressou na profissão por acidente, ou ao menos só por farra. Sua família era de batistas devotos e Allie crescera "muito na linha", diz ela. Já adulta, não mudou muito. "Sabe, era aquela coisa de 'jardim do mês', nos subúrbios, e não mais de duas latas de cerveja por noite e nunca antes das sete." Mas, como jovem divorciada, começou a visitar sites de encontros on-line – ela gostava de homens e curtia sexo –, e só de brincadeira incluiu "garota de programa" em seu perfil. "Foi muito espontâneo", ela se recorda. "Fiz aquilo só para ver o que aconteceria."

O computador dela imediatamente recebeu uma enxurrada de respostas. "Comecei a clicar *excluir, excluir, excluir,* e li apenas as respostas mais curiosas!"

E, assim, ela combinou de se encontrar com um homem às 14 horas de um dia de semana, num hotel, no canto sudoeste do estacionamento. Ele estaria dirigindo um Mercedes preto. Allie não tinha ideia do que cobrar. Estava pensando em US$50.

Era um dentista, fisicamente discreto e de modo algum intimidador, casado e absolutamente cortês. No quarto, Allie se despiu com algum nervosismo. Não mais se lembra dos detalhes do sexo ("tudo hoje é um grande borrão", diz ela), mas se recorda muito bem de que "não foi nada realmente bizarro ou algo parecido".

Quando acabaram, o homem pôs algum dinheiro sobre a cômoda. "Você nunca fez isso antes, fez?", ele perguntou.

Allie ainda tentou disfarçar, mas foi inútil.

"Tudo bem", disse ele, "eis o que você precisa fazer". E deu-lhe uma aula. Ela precisava ser mais cuidadosa; não deveria encontrar-se com estranhos no estacionamento; antes de qualquer compromisso, precisava saber alguma coisa sobre os clientes.

"Ele foi o primeiro cliente perfeito", diz Allie. "Até hoje, ainda sou grata a ele."

Depois que ele foi embora, Allie contou o dinheiro sobre a cômoda: US$200. "E eu desperdiçara aquela grana durante tantos anos, e ainda tinha dúvidas sobre se alguém me daria um tostão – bem, foi surpreendente."

Ela de imediato se sentiu tentada a dedicar-se à prostituição em tempo integral, mas estava preocupada com a reação da família e dos amigos. E, assim, optou pela discrição, recebendo clientes principalmente fora da cidade. No entanto, embora tivesse limitado a carga horária, ainda assim achava o trabalho massacrante. Foi quando decidiu mudar-se para Chicago.

Sim, era uma grande cidade, que Allie achava intimidadora, mas, ao contrário de Nova York ou Los Angeles, também era bastante civilizada para fazer com que uma garota do sul se sentisse em casa. Então, ela construiu um site (suas qualificações em computação vieram bem a calhar) e, por meio de muitas

SUPERFREAKONOMICS

tentativas e erros, identificou os sites de serviços eróticos que a ajudariam a atrair o tipo certo de cliente e os que seriam desperdício de dinheiro em propaganda. (Os vencedores foram Eros.com e BigDoggie.net.)

Dirigir uma empresa individual, composta de uma única mulher, tinha várias vantagens, das quais a principal era não precisar dividir receitas com ninguém. Nos velhos tempos, Allie provavelmente teria trabalhado para alguém como as irmãs Everleigh, que remunerava suas garotas muito bem, mas que delas também arrancava muito, a ponto de se tornarem muito ricas. A Internet permitiu que Allie fosse sua própria madame e acumulasse riqueza para ela própria. Muito se tem dito sobre a extraordinária capacidade da Internet de promover a "desintermediação" – eliminar o agente ou o mediador – em indústrias como turismo, imóveis, seguro e venda de ações e títulos de crédito. Mas é difícil imaginar um mercado mais suscetível naturalmente de desintermediação que a prostituição de alto nível.

O lado negativo era que Allie não contava com ninguém, além dela mesma, para fazer a triagem dos clientes potenciais e se certificar de que não a surrariam nem a depenariam. Até que atinou com uma solução que era ao mesmo tempo simples e inteligente. Quando um cliente a procurava on-line, ela não marcava o encontro, até saber ao certo o verdadeiro nome dele, seu local de trabalho e seus telefones comerciais. Então, no dia do encontro, ela lhe telefonava de manhã, a pretexto de dizer-lhe como esperava com ansiedade a hora de conhecê-lo pessoalmente.

Mas o telefonema também servia de advertência de que ela poderia alcançá-lo a qualquer momento e de que, se algo desse errado, ela poderia irromper no escritório dele e armar o maior escândalo. Até hoje, Allie recorreu a essa tática apenas uma vez, depois que um cliente lhe pagou com dinheiro falso. Assim que ela o procurou no escritório, ele imediatamente encontrou dinheiro de verdade.

Ela recebe os clientes no apartamento dela, principalmente durante o dia. Quase todos são homens de meia-idade, brancos, 80% deles casados. Para eles, é mais fácil dar uma escapada durante o dia que justificar uma ausência noturna. Allie adorava ter as noites livres, para ler, ir ao cinema ou simplesmente relaxar. Fixou seus honorários em US$300 por hora – que é o que a maioria das mulheres de seu calibre parecem cobrar –, com algumas opções de desconto: US$500 por duas horas ou US$2.400 por 12 horas de pernoite. Cerca de 60% dos seus encontros são por apenas uma hora.

O quarto dela – "meu escritório", diz ela, com uma gargalhada – é dominado por grande dossel vitoriano, cujos pilares de mogno sustentam cortinado de crepe de seda bege. Não é a cama mais fácil de galgar. Quando lhe perguntam se algum de seus clientes já teve dificuldade em escalar o leito, ela confessa que um cavalheiro um tanto obeso, certa vez, realmente quebrou a almanjarra, não muito tempo atrás.

O que Allie fez?

"Eu disse a ele que a traquitanda já estava quebrada e que eu não tive tempo de consertá-la."

Ela é o tipo de pessoa que vê o lado bom de tudo – o que, na opinião dela, contribuiu para seu sucesso como empreendedora. Gosta com sinceridade dos homens que a procuram e os homens, por conseguinte, também gostam dela, não só pelo fato de ela lhes oferecer sexo. Não raro os clientes lhe trazem presentes: Um vale-presente de US$100 da Amazon.com; uma bela garrafa de vinho (cuja etiqueta ela depois procura no Google para verificar o preço); e, uma vez, um novo MacBook. Os homens a lisonjeiam e a elogiam pela beleza ou pelo bom gosto da decoração. Eles a tratam, sob muitos aspectos, como deveriam tratar as esposas, mas raramente o fazem.

A maioria das mulheres com o nível de remuneração de Allie se denomina "escorts". Quando Allie se refere às suas amigas que atuam no mesmo negócio, chama-as de "garotas". Mas ela não é escrupulosa. "Gosto de *puta*, gosto de *piranha*, gosto de todos os nomes", diz. "Sei o que faço e não tento esconder o sol com a peneira." Allie menciona uma amiga cujo preço é US$500 por hora. "Ela diz que não tem nada a ver com as garotas da rua que chupam por US$100, mas eu sou como elas, 'Sim, querida, você é igualzinha a elas'."

A esse respeito, Allie provavelmente está errada. Embora se considere semelhante às prostitutas de rua, ela tem menos em comum com esse tipo de mulher que com uma esposa-troféu. Allie é basicamente uma esposa-troféu, alugada por hora. Realmente não vende sexo, ou pelo menos não vende só sexo. Ela vende aos homens a oportunidade de fazer o upgrade temporário de suas esposas por uma versão mais recente e mais ousada – sem os problemas e as despesas fixas de uma troca definitiva. Durante uma ou duas horas, ela representa a esposa ideal: bela, atenciosa e inteligente, a amante ideal, que ri de suas piadas e que realiza suas fantasias. Ela demonstra felicidade ao vê-lo toda vez em que você a visita. Sua música favorita já está tocando e sua bebida predileta já está servida. Ela nunca lhe pedirá para deixar o lixo na lixeira.

Allie diz que é "um pouco menos liberal" que algumas prostitutas, quando se trata de atender aos pedidos mais insólitos dos clientes. Um cavalheiro do Texas, por exemplo, ainda a visita com regularidade e pede que ela use alguns dispositivos que ele traz numa valise, antegozando uma sessão que a maioria das pessoas nem mesmo reconheceria como sexo em si. Mas ela, categoricamente, insiste em que os clientes usem preservativo.

E se um cliente oferecer-lhe US$1 milhão para fazer sexo sem preservativo?

Allie para um momento para refletir sobre a pergunta. Então, demonstrando compreensão aguda do que os economistas denominam *seleção adversa*, ela declara que ainda assim não aceitaria – pois qualquer cliente bastante louco para oferecer US$1 milhão por uma única rodada de sexo sem proteção também deve ser bastante desequilibrado para ser evitado a todo custo.

Quando ela começou em Chicago, cobrando US$300 por hora, a demanda era quase inatendível. Aceitou tantos clientes quanto conseguia fisicamente, trabalhando quase 30 horas por semana. E manteve esse ritmo durante algum tempo, mas assim que pagou o carro e acumulou alguma reserva em dinheiro, reduziu o nível de atividade para 15 horas por semana.

Mesmo assim, começou a pensar se uma hora de seu tempo era mais valiosa para ela que outros US$300. Nas condições vigentes, a carga horária de 15 horas por semana gerava receita superior a US$200.000 por ano.

Por fim, ela aumentou seus honorários para US$350 por hora. Embora receasse alguma queda na demanda, o volume de operações se manteve inalterado. Assim, poucos meses depois, aumentou de novo seu preço para US$400 por hora. Novamente, não ocorreu queda sensível na demanda. Allie ficou um pouco aborrecida consigo mesma, pois se convencera de que vinha cobrando muito pouco por seus serviços. Mas, ao menos, agora conseguia explorar estrategicamente a mudança de honorários, por meio de alguma discriminação de preços. Ela favorecia os melhores clientes com os preços antigos, mas dizia aos clientes menos preferidos que agora a sua hora custava US$400 – se eles hesitavam, aquele era um bom pretexto para eliminá-los. Sempre havia mais um do lugar de onde vieram.

Não demorou muito para que de novo aumentasse seus honorários para US$450 por hora e, poucos meses depois, para US$500. Em apenas dois anos, Allie aumentou seu preço em 67%, e, mesmo assim, praticamente não sentiu nenhum decréscimo na demanda por seus serviços.

Esses aumentos de preços trazem à tona outra surpresa: quanto mais ela cobra, menos seus serviços consistem em sexo convencional. A US$300 por hora, a jornada de trabalho dela envolvia uma sucessão de encontros, nos quais cada cliente buscava tanta ação quanto possível. Porém, cobrando US$500 por hora, a natureza dos serviços era outra. Agora, não raro, ela e o cliente jantavam e tomavam vinho – "um jantar de quatro horas que terminava com uma relação sexual de 20 minutos", diz ela, "embora eu fosse a mesma garota, que se apresentava da mesma maneira e mantinha as mesmas conversas de quando eu cobrava US$300".

Ela achava que apenas estava ganhando com uma economia forte. Isso foi em 2006 e 2007, anos de fartura para muitos dos financistas, advogados e empreendedores imobiliários que constituíam sua clientela. Mas Allie descobrira que a maioria das pessoas que buscavam seus serviços era, no jargão dos economistas, *insensíveis ao preço*. A demanda por sexo parecia relativamente dissociada da economia mais ampla.

Nossa melhor estimativa é que há menos de mil prostitutas como Allie em Chicago, trabalhando por conta própria ou para serviços de acompanhantes. Prostitutas de rua, como LaSheena, talvez tenham o pior trabalho do mundo. No entanto, para prostitutas de elite, como Allie, as circunstâncias são completamente diferentes: alta remuneração, horário flexível e risco relativamente baixo de violência ou prisão. Portanto, o verdadeiro enigma não é por que alguém como Alllie se torna prostituta, mas, sim, por que *mais* mulheres não escolhem essa carreira.

Sem dúvida, a prostituição não é para qualquer mulher. As pretendentes precisam gostar de sexo e devem estar dispostas a alguns sacrifícios, como não ter marido (a não ser que ele seja muito compreensivo ou muito ganancioso). No entanto, esses aspectos negativos talvez não sejam assim tão importantes, quando a remuneração é de US$500 por hora. Com efeito, quando Allie confidenciou a uma amiga de muito tempo que se tornara prostituta e descreveu sua nova vida, não se passaram muitas semanas antes de também a amiga entrar na profissão.

SUPERFREAKONOMICS

Allie nunca teve qualquer problema com a polícia e a tendência é que não venha a tê-los no futuro. A verdade é que ela ficaria desolada se a prostituição fosse legalizada, pois sua remuneração estratosférica decorre do fato de seus serviços não serem acessíveis por meios legais.

Allie é excelente em seu negócio. Ela se revelou empreendedora astuta, que mantém baixas as despesas indiretas, preserva o controle de qualidade, discrimina preços e compreende as forças de mercado da oferta e da demanda. Também adora o seu trabalho.

Porém, depois de tudo isso, Allie partiu em busca de uma estratégia de saída. Já estava com trinta e poucos anos e, embora ainda atraente, sabia que sua mercadoria era perecível. Sentia pena das prostitutas mais velhas que, como atletas veteranos, não sabiam deixar a profissão. (Um desses atletas, jogador de beisebol que viria a integrar o Hall of Fame, cortejou Allie durante umas férias na América do Sul, sem saber que ela era profissional. Allie declinou, pois estava em férias exatamente para desvencilhar-se da rotina dos negócios.)

Ela também se cansou de viver uma vida secreta. Os familiares e amigos não sabiam que ela era prostituta, e aquela farsa constante a exauria. As únicas pessoas com quem ela podia baixar a guarda eram as outras garotas no negócio, e elas não eram confidentes.

Allie economizara dinheiro, mas não o suficiente para aposentar-se. E, assim, começou a preparar-se para uma nova carreira, credenciando-se como corretora de imóveis. O boom habitacional prosseguia com toda a força e pareceu-lhe muito simples transferir-se de um para outro setor de atividade, uma vez que ambos permitiam horário flexível. No entanto, muitas outras pessoas tiveram a mesma ideia. As barreiras de entrada na corretagem de imóveis são tão baixas que todas as fases de bonança atraem inevitavelmente um enxame de novos corretores – nos dez anos anteriores, o número de profissionais registrados na National Association of Realtors, a entidade de classe americana, aumentou em 75% – com a consequente redução da renda média. E Allie ficou perplexa ao constatar que teria de deixar metade de sua comissão de vendas com a empresa à qual se associasse. Era uma fatia bem maior que a do gigolô mais ousado!

Finalmente, Allie se deu conta do que realmente queria fazer: voltar para a escola. Ela se basearia no muito que aprendera dirigindo o próprio negócio e, se tudo desse certo, exploraria os novos conhecimentos em alguma profissão que também lhe proporcionasse alta remuneração, sem que precisasse recorrer ao próprio trabalho físico.

Qual foi seu novo campo de estudo? Economia, evidentemente.

CAPÍTULO 2

POR QUE OS HOMENS-BOMBA DEVEM ADQUIRIR SEGURO DE VIDA?

Se você conhecer alguém no sudeste de Uganda que esteja esperando bebê para o próximo ano, torça, de todo o coração, para que a criança não nasça em maio; do contrário, a chance de o recém-nascido vir a ter, como adulto, deficiência visual, auditiva ou de aprendizado será 20% superior à da média das crianças.

Daqui a três anos, contudo, maio será um mês bom para nascimentos. Porém, o perigo não desaparecerá, apenas mudará de mês; agora, abril será o mais cruel dos meses.

Qual será a causa desse padrão bizarro? Antes de responder, considere o seguinte: o mesmo padrão foi identificado a meio mundo de distância, em Michigan. De fato, os nascimentos de maio, em Michigan, talvez envolvam riscos ainda maiores que os em Uganda.

Os economistas Douglas Almond e Bhashkar Mazumder têm uma resposta simples para esse fenômeno estranho e perturbador: Ramadan.

Algumas áreas de Michigan têm grande população muçulmana, assim como o sudeste de Uganda. O islamismo impõe jejum de comidas e bebidas durante o dia ao longo de todo o mês do Ramadan. A maioria das mulheres muçulmanas também jejua, mesmo grávidas; afinal, não é jejum de 24 horas. No entanto, conforme constataram Almond e Mazumder, ao analisarem muitos anos de dados sobre natalidade, o jejum pode afetar o desenvolvimento dos fetos e a gravidade dos efeitos depende do estágio da gestação quando da parcial abstinência de alimentos. As consequências são mais drásticas quando o jejum coincide com o primeiro mês de gravidez; no entanto, os efeitos podem manifestar-se quando a mãe jejua até o oitavo mês.

Como o islamismo segue o calendário lunar, o mês do Ramadan começa 11 dias antes a cada ano. Em 2009, ele se estendeu de 21 de agosto a 19 de setembro, o que torna maio de 2010 o mês mais desfavorável para nascimentos. Três anos depois, com o Ramadan começando em 20 de julho, abril será o mês mais adverso para dar à luz. O risco é ainda maior quando o Ramadan cai no verão, pois nessa estação os dias são mais longos e, portanto, as gestantes passam mais tempo sem comida e bebida. Essa é a razão de os efeitos sobre o nascimento serem ainda mais intensos em Michigan, com 15 horas de luz solar durante o verão, que em Uganda, na linha do equador e, portanto, com dias e noites de duração quase igual em qualquer época do ano.

Não é exagero afirmar que toda a vida da pessoa pode ser muito influenciada pelas condições do nascimento, em termos de tempo, lugar e circunstâncias. Mesmo os animais são suscetíveis a essa roleta natalícia. Kentucky, capital da criação de cavalos puro-sangue, foi atingida por estranha doença, em 2001, que deixou 500 potros natimortos e resultou em cerca de 3.000 perdas de fetos. Em 2004, quando essa geração reduzida de animais de três anos se tornou apta a competir, duas das três corridas Triple Crown foram vencidas por Smarty Jones, um potro cuja matriz fora inseminada em Kentucky, mas que voltara para casa, na Pensilvânia, antes de ser contaminada.

Esses efeitos natalícios não são tão raros quanto se poderia supor. Douglas Almond, analisando dados do U.S. Census, de 1960 a 1980, encontrou um grupo de pessoas cuja sorte terrível persistiu durante toda a vida. Esses indivíduos padeceram de mais doenças físicas e geraram menos renda ao longo da vida que os nascidos apenas poucos meses antes ou depois. Elas se destacam nos registros censitários da mesma maneira como uma camada de cinzas vulcânicas sobressai nos estratos geológicos, uma faixa delgada de sedimento ominoso, entre duas grandes camadas de normalidade.

O que aconteceu?

Essas pessoas estavam no útero durante a pandemia de "gripe espanhola" de 1918. Foi uma praga terrível, que matou mais de meio milhão de americanos em apenas poucos meses – quantidade de baixas superior à de todas as guerras combatidas pelos Estados Unidos no século XX.

No entanto, mais de *25 milhões* de americanos contraíram a gripe, mas sobreviveram. Aí se inclui uma em cada três mulheres em idade de procriação. As mulheres grávidas que foram infectadas durante a pandemia tiveram bebês que, como os do Ramadan, corriam o risco de ficar com sequelas pelo resto da vida, em consequência de estarem no ventre materno na época errada.

Outros efeitos natalícios, embora não tão sombrios, podem exercer influência significativa sobre o futuro. É prática comum, especialmente entre economistas, ser coautor de trabalhos acadêmicos, cujos autores são listados por ordem alfabética, pelo último nome. O que isso significa para um economista que, por acaso, foi batizado com o nome Albert Zyzmor, em vez de, por exemplo, Albert Aab? Dois economistas do mundo real abordaram essa questão e constataram que, mantendo-se iguais todos os demais fatores, o dr. Aab desfrutará de maior probabilidade de alcançar a estabilidade em universidade de elite, tornar-se fellow da Sociedade de Econometria (hurra!) e até ganhar o Prêmio Nobel.

"Na verdade", concluíram os dois economistas, "um de nós está pensando, atualmente, em suprimir a primeira letra de seu sobrenome." O nome pernicioso: Yariv.

Ou considere o seguinte: ao visitar o vestiário de uma equipe de futebol de primeira divisão, a probabilidade de interromper uma comemoração de aniversário é maior no começo do ano que no fim do ano. Análise recente dos registros de times de futebol ingleses, por exemplo, mostrou que nada menos que a metade dos jogadores nasceu entre janeiro e março, com a outra metade se dispersando entre os nove meses seguintes. Levantamento semelhante entre times de futebol alemães revelou que 52 jogadores de elite também nasceram entre janeiro e março, enquanto apenas quatro vieram ao mundo entre outubro e dezembro.

Por que essa corcova tão acentuada na distribuição dos aniversários?

A maioria dos atletas de elite começa a praticar esportes ainda muito jovens. Como as atividades esportivas entre jovens são organizadas por idade, as equipes naturalmente impõem uma data de corte por faixa etária. Quase sempre essa data é 31 de dezembro.

Agora, imagine que você seja o treinador de um time de garotos de sete anos e esteja avaliando dois jogadores. O primeiro (chamado Jan) nasceu em 1º de janeiro enquanto o outro (chamado Tomas) nasceu 364 dias depois, em 31 de dezembro. Portanto, embora ambos, pelo critério adotado, se incluam na mesma faixa etária de sete anos, Jan é um ano mais velho que Tomas – diferença que, nessa idade tenra, é muito grande, conferindo vantagens substanciais ao que nasceu primeiro. Jan provavelmente será maior, mais rápido e mais maduro que Tomas.

Portanto, embora, no caso, esteja se considerando maturidade, em vez de habilidade, o que importa, no final das contas, é selecionar os melhores jogadores para a equipe. Provavelmente, o treinador não estará interessado, para efeitos imediatos, em ficar com o magricela mais jovem, por maior que seja seu potencial, quem sabe até de tornar-se astro com mais um ano de treinamento.

E, assim, começa o ciclo. Ano após ano, os garotos maiores, como Jan, são selecionados e estimulados, recebendo mais feedback e treinamento, enquanto os garotos como Tomas acabam ficando para trás. Esse "efeito da idade relativa", como veio a ser bem conhecido, é tão forte em muitos esportes que se prolonga por todo o percurso dos escalões profissionais.

K. Anders Ericsson, sueco grandalhão, barbudo e entusiástico, é o cabeça de um bando jovial de acadêmicos de todo o mundo que se dedicam aos efeitos da idade relativa. Hoje, ele é professor de Psicologia na Florida State University, na qual recorre à pesquisa empírica para determinar o quanto do talento é "natural" e o quanto é adquirido. Conclusão: o atributo que em geral denominamos "talento bruto" é muito superestimado. "Muita gente acha que as pessoas nascem com limitações inatas", diz. "Mas dispomos de muito poucas evidências concretas de que alguém seja capaz de alcançar qualquer espécie de desempenho excepcional sem se dedicar ao autoaperfeiçoamento." Ou, em outros termos, a excelência – no futebol, no piano, na cirurgia ou em programação de computadores – quase sempre é conquistada, não inata.*

E, é verdade, como sua avó sempre lhe dizia, que a prática realmente faz a perfeição. Mas não só a prática desordeira, ao acaso. O domínio de uma área, a mestria, decorre do que Ericsson denomina "prática deliberada", o que significa mais que tocar ao piano a escala de C menor 100 vezes ou treinar saques de tênis até deslocar o ombro. A prática deliberada tem três componentes básicos: definição de objetivos específicos, obtenção de feedback imediato e concentração tanto em técnicas quanto em resultados.

As pessoas que se tornam excelentes em determinada área nem sempre são as mesmas que parecem "superdotadas" quando crianças ou jovens. Isso sugere que, quando se trata de escolher o que fazer na vida, as pessoas devem fazer o que amam – sim, sua avó também lhe disse isso – porque, se você não amar o que faz, dificilmente se empenhará o suficiente para ser bom no que faz.

Quando se começa a procurar, logo surgem as corcovas de aniversários. Veja o caso da Major League Baseball. A maioria das ligas juvenis dos Estados Unidos adota 31 de julho como data de corte. Daí se conclui que um garoto americano tem 50% a mais de probabilidade de jogar na primeira divisão se nascer em agosto em vez de em julho. Se você não acreditar muito, mas muito mesmo, em Astrologia, é difícil argumentar que alguém seja 50% melhor batedor que outrem só porque é de Leão enquanto outrem é de Câncer.

No entanto, por mais importantes que sejam os efeitos do nascimento, seria errado superestimar seu impulso. A data do nascimento pode ajudar, mas outras forças são muito mais poderosas. Se você quiser que seu filho seja um jogador da Major League Baseball, o mais importante a fazer – infinitamente mais importante que programar seu nascimento para agosto – é certificar-se de que a criança não nasça com dois cromossomos X. Agora que você tem um filho em vez de uma filha, você deve conhecer um único fator isolado que

---

* Poucos anos atrás, escrevemos uma coluna para a *New York Times Magazine*, "A Star is Made", sobre a corcova dos aniversários e sobre as pesquisas de Ericsson a respeito do talento. Pretendíamos expandir essa coluna em capítulo do SuperFreaknomics. Infelizmente acabamos descartando esse capítulo, que já estava mais ou menos na metade, pois, no meio-tempo entre a publicação da coluna e a conclusão deste livro, o tema de repente se superpovoou de outros livros que enfatizavam a pesquisa de Ericsson, inclusive *Fora de Série – Outliers* (de Malcolm Gladwell), *Talent is Overrated* (de Geoff Colvin), e *The Talent Code* (de Dan Coyle).

aumenta em *800 vezes* suas probabilidades de jogar na primeira divisão em comparação com as de outro menino escolhido ao acaso.

Mas o que poderia exercer influência tão poderosa?

Ter um pai que também jogou na Major Lague Baseball. Portanto, se o seu garoto não chegar lá, não há ninguém a culpar senão você mesmo: você deveria ter praticado com mais afinco quando era criança.

Algumas famílias produzem jogadores de beisebol; outras produzem terroristas.

A sabedoria convencional sustenta que o terrorista típico vem de família pobre e não tem boa escolaridade. A suposição parece sensata. Como as crianças oriundas de famílias de baixa renda e de baixa escolaridade são muito mais tendentes que a média a se tornarem criminosos, imagina-se que a mesma tendência se aplique aos terroristas.

Para verificar até que ponto o pressuposto era verdadeiro, o economista Alan Krueger vasculhou uma newsletter do Hezbollah, denominada *Al-Ahd* (*O Juramento*) e compilou detalhes biográficos sobre 129 *shahids* (mártires) mortos em missão. Em seguida, comparou esses dados com os referentes a homens libaneses da mesma faixa etária, extraídos aleatoriamente da população do Líbano. Constatou, então, que os terroristas eram *menos* tendentes a originar-se de famílias pobres (28% *versus* 33%) e *mais* tendentes a ter escolaridade pelo menos de ensino médio (47% *versus* 38%).

Análise semelhante de Claude Berrebi sobre homens-bomba palestinos revelou que apenas 16% vinham de famílias pobres, em comparação com mais de 30% da população masculina de palestinos em geral. Mais de 60% deles tinham ido além do ensino médio, em comparação com 15% da população total.

Em geral, concluiu Krueger, "os terroristas tendem a ser oriundos de famílias de classe média, com boa escolaridade e alta renda". Apesar de algumas exceções – o Exército Republicano Irlandês e os Tigres Tamil, do Sri Lanka, situações em que não se dispõem de evidências suficientes – a tendência prevalece em todo o mundo, dos grupos terroristas da América Latina aos membros da Al Qaeda, que realizaram os ataques de 11 de setembro, nos Estados Unidos.

Como explicar essa constatação surpreendente?

Talvez porque quando se está com fome não se tem tempo para ficar pensando em como explodir os outros e a si mesmo. Também pode ser que os líderes terroristas atribuam grande valor à competência, uma vez que os ataques terroristas exigem mais orquestração que os crimes típicos.

Ademais, como observa Krueger, o crime basicamente é motivado pela perspectiva de ganhos pessoais, enquanto o terrorismo é acima de tudo um ato político. Na análise dele, o tipo de pessoa mais propensa a tornar-se terrorista é semelhante à espécie de pessoa mais tendente a... votar. Considere o terrorismo manifestação extremada de paixão cívica exacerbada.

Alguém que leu um pouco de história reconhecerá que o perfil terrorista de Krueger é muito semelhante ao do revolucionário típico. Fidel Castro e Che Guevara, Ho Chi Minh, Mahatma Gandhi, Leon Trotsky e Vladimir Lenin, Simón Bolívar, e Maximilien de Robespierre – nenhum deles é representante desqualificado da classe baixa.

Porém, os revolucionários e os terroristas têm objetivos diferentes. Os revolucionários querem derrubar e substituir um governo. Os terroristas querem – bem, nem sempre se sabe ao certo. Como disse um sociólogo, talvez o sonho deles seja refazer o mundo que consideram antiutópico; os terroristas religiosos podem querer estropiar as instituições seculares, para eles tão infiéis e odiosas. Krueger cita mais de uma centena de diferentes definições acadêmicas de terrorismo. "Numa conferência de 2002", escreve, "ministros de mais de 50 Estados islâmicos concordaram em condenar o terrorismo, mas não conseguiram chegar a um acordo quanto à definição daquilo que estavam condenando."

O que torna o terrorismo ainda mais desconcertante é que matar não é o objetivo em si. Ao contrário, é um meio para apavorar os vivos e estilhaçar suas vidas. Portanto, a eficiência do terrorismo é diabólica, exercendo muito mais impacto que qualquer espécie de violência não terrorista de mesma intensidade.

Em outubro de 2002, a área metropolitana de Washington, D.C., foi palco de 50 homicídios, número bastante típico. Mas dez deles foram muito diferentes. Em vez de brigas domésticas ou de lutas entre gangues, esses assassinatos foram consequências de tiros aleatórios e inexplicáveis. Pessoas comuns, cuidando da própria vida, eram baleadas enquanto abasteciam o carro, saíam do supermercado ou cortavam a grama de seus jardins. Depois dos primeiros assassinatos, o pânico se alastrou e em breve se tornava paralisante. A região praticamente cessou suas atividades. Escolas foram fechadas, eventos ao ar livre foram cancelados e muita gente simplesmente não saía de casa.

SUPERFREAKONOMICS

Que tipo de organização sofisticada e bem financiada concebera e impusera clima de terror tão intenso?

Apenas duas pessoas, como se veio a descobrir: um homem de 41 anos e sua cúmplice adolescente, disparando um rifle Bushmaster, calibre .223, de um velho Chevy sedan, cuja mala espaçosa se convertera em ninho de franco-atirador. Tão simples, tão barato e tão eficaz: essa é a alavanca do terror. Imagine que os 19 sequestradores do 11 de Setembro, em vez de se darem o trabalho de sequestrar aviões e lançá-los contra edifícios tivessem optado por espalhar-se pelo território americano, 19 homens, com 19 rifles, em 19 carros, cada um deles se deslocando para novas localidades todos os dias e atirando a esmo contra pessoas em postos de gasolina, escolas e restaurantes. Se os 19 atiradores sincronizassem suas ações, eles efetivamente teriam acionado o gatilho de uma bomba-relógio de âmbito nacional todos os dias. Teria sido difícil pegá-los, e mesmo que um deles fosse preso, os outros 18 prosseguiriam na disseminação do terror. Todo o país ficaria de joelhos.

O terrorismo é eficaz porque inflige custos a todos, não apenas às vítimas diretas. O mais substancial desses custos indiretos é o medo de um ataque futuro, embora esse receio seja extremamente exagerado. A probabilidade de que um americano médio morra em determinado ano de um ataque terrorista é de aproximadamente 1 em 5 milhões; a chance de que cometa suicídio é 575 vezes maior.

Considere, agora, os custos menos óbvios, também, como a perda de tempo e de liberdade. Lembre-se da última vez em que você transpôs a linha de segurança de um aeroporto e foi obrigado a tirar os sapatos, a passar pelo detector de metais apenas de meias e, então, capengar pelo recinto para recolher os seus pertences.

A beleza do terrorismo – se você for um terrorista – é que se alcança o sucesso mesmo no fracasso. Submetemo-nos a essa rotina de tirar os sapatos graças a um inglês desastrado, chamado Richard Reid, que, mesmo não conseguindo detonar sua bomba-sapato, impôs preço extorsivo à sociedade. Digamos que descalçar e calçar os sapatos nos aeroportos demore um minuto. Só nos Estados Unidos, esse procedimento acontece cerca de 560 milhões de vezes por ano, perfazendo 560 milhões de minutos ou mais de 1.065 anos – que, dividido por 77,8 anos (a expectativa de vida média dos americanos ao nascer) dá o total de 14 pessoas-vida. Portanto, ainda que não tenha conseguido matar uma única pessoa, Richard Reid lançou um imposto que equivale em tempo a 14 vidas por ano.

Os custos diretos dos ataques do 11 de Setembro foram maciços – quase três mil vidas e perdas econômicas da magnitude de US$300 bilhões –, como foram os custos das Guerras do Afeganistão e do Iraque, que os Estados Unidos lançaram em resposta. Mas também considere os danos colaterais. No período de três meses depois dos ataques, ocorreram mais mil mortes em acidentes automobilísticos em comparação com a média. Por quê?

Um dos fatores contributivos foi que as pessoas passaram a evitar viagens de avião, preferindo viagens de carro. Por milha, o transporte rodoviário é muito mais perigoso que o transporte aéreo. Curiosamente, todavia, os dados mostram que boa parte desse aumento das mortes no trânsito não ocorreu em rodovias interestaduais, mas em estradas locais, e se concentraram no nordeste dos Estados Unidos, mais perto dos locais onde aconteceram os ataques terroristas. Além disso, essas fatalidades, com mais frequência que a média, envolveram embriaguez e desatenção. Tais fatos, além de numerosos estudos psicológicos sobre os efeitos retardados do terrorismo, sugerem que os ataques do 11 de Setembro geraram picos no consumo de álcool e na incidência de estresse pós-traumático, que se manifestam sob diversas formas, inclusive aumento nas mortes no trânsito.

Esses efeitos de gotejamento são quase infinitos. Milhares de estudantes universitários estrangeiros não ingressaram nos Estados Unidos em consequência do aumento das restrições à concessão de vistos de entrada depois dos ataques do 11 de Setembro. Ao menos 140 empresas americanas exploraram a subsequente queda no mercado de ações dos Estados Unidos, antedatando ilegalmente suas opções sobre ações. Na cidade de Nova York, tantos recursos policiais foram deslocados para o combate ao terrorismo, que outras áreas foram negligenciadas. Padrão semelhante se repetiu em nível nacional. Recursos financeiros e humanos que, em outras circunstâncias, teriam sido destinados à caça de criminosos de colarinho-branco, foram desviados para a caça aos terroristas – o que talvez contribuiu para, ou pelo menos agravou o recente colapso financeiro.

Contudo, nem todos os efeitos retardados do 11 de Setembro foram danosos. Graças à redução no tráfego aéreo, a gripe – que se dá bem em aviões – se propagou mais devagar e com menos perigo. Em Washington, D.C., a criminalidade subia sempre que aumentava o nível de alerta contra atividades terroristas, graças ao reforço dos recursos policiais na cidade. E o aumento na segurança das fronteiras foi uma bênção para alguns fazendeiros da Califórnia – que, com a queda do contrabando oriundo do México e do Canadá, passaram a vender tanta maconha que o produto se transformou numa das mais valiosas plantações do estado.

Quando um dos quatro aviões sequestrados no 11 de Setembro atingiu o Pentágono, a maioria das vítimas em estado grave, quase todas com queimaduras, foi levada para o Washington Hospital Center, o maior da cidade. Havia poucos feridos – os cadáveres eram mais numerosos – porém, mesmo assim, a unidade de queimados ficou quase lotada. Como a maioria dos hospitais, o WHC, em condições normais, opera a 95% da capacidade, razão porque até o pequeno aumento de pacientes tensionou o sistema. Pior ainda, as linhas telefônicas do hospital caíram, assim como os serviços locais de telefonia celular. Portanto, qualquer pessoa que precisasse dar um telefonema só tinha a alternativa de pular no carro e dirigir algumas milhas.

Considerando todos os fatores, o WHC se saiu bem. No entanto, para Craig Feied, especialista em Medicina de Emergência da instituição, o desastre confirmou seus maiores medos. Se o hospital quase entrou em colapso com apenas pequeno aumento no número de pacientes, o que aconteceria em caso de catástrofe, quando a unidade de emergência fica superlotada de acidentados?

Mesmo antes do 11 de Setembro, Feied passara milhares de horas refletindo sobre esses cenários sombrios. Ele era o principal arquiteto de um projeto-piloto, com financiamento federal, denominado ER One, cujo objetivo era trazer as unidades de emergência para a era moderna.

Até a década de 1960, os hospitais simplesmente não eram projetados para tratar de emergências. "Se você levasse alguém para um hospital à noite", diz Feied, "provavelmente encontraria a porta fechada. Você tocava a campainha, alguém talvez abrisse a porta e talvez o deixasse entrar. Então, ela talvez telefonasse para um médico em casa e ele talvez viesse para o hospital." As ambulâncias geralmente estavam sob a responsabilidade dos necrotérios. É difícil imaginar pior exemplo de desalinhamento de incentivos: um diretor de necrotério encarregado de evitar a morte de pacientes!

Hoje, a medicina de emergência se classifica como a sétima maior especialidade (dentre 38), com a quintuplicação do número de profissionais desde 1980. Trata-se de uma atividade do tipo "faz-tudo", executada à velocidade da luz, características que a transformaram em pedra angular da saúde pública. A cada ano, a média de entradas nas unidades de emergência dos Estados Unidos é de aproximadamente 115 milhões. Hoje, excluindo os casos de gravidez, 56% de todas as pessoas admitidas em hospitais dos Estados Unidos entram pela unidade de emergência, em comparação com 46%, em 1993. Ainda assim, afirma Feied, "você poderia passar um caminhão pelas falhas em nossos protocolos".

O 11 de Setembro deixou claro que as unidades de emergência estão sujeitas a graves falhas em surtos de demanda. Se as vítimas do atentado chegassem a mil, elas se amontoariam na porta do WHC.

Diante de tal perspectiva, Feied franze a testa. A maioria das unidades de emergência dispõe de baias para ambulâncias que comportam poucos veículos de cada vez. As plataformas também são muito altas – "porque seus projetistas estavam mais acostumados com instalações para descarga", queixa-se Feied. As plataformas para helicópteros no telhado dos prédios enfrentam problemas semelhantes, em consequência das limitações de tempo e espaço dos elevadores. A proposta de Feied para a eliminação desses gargalos é projetar as unidades de emergência como aeroportos, com uma grande área convexa para a entrada de pacientes, capaz de acomodar simultaneamente muitas ambulâncias, ônibus e até helicópteros.

Porém, essas questões de logística não são as que mais preocupam Feied. Um hospital que se depare com algo sério e contagioso – SARS, antraz, Ebola ou qualquer nova cepa letal de influenza – logo ficaria contaminado. Como a maioria dos edifícios, os hospitais reciclam o ar, ou seja, um paciente contaminado pode infectar centenas. "Ninguém quer ir ao hospital porque torceu o tornozelo e contrair SARS", ironiza Feied. "Em 2001, construíram-se algumas unidades de emergência no estado-da-arte, que agora estão obsoletas. Elas se compõem de compartimentos abertos, separados por cortinas. Se houver um paciente com SARS no Leito 4, nenhum paciente ou médico do mundo se disporá a entrar no Leito 5."

E não deixe Feied começar a falar sobre os pacientes que morrem por *outras* causas, diferentes das que os levaram ao hospital: diagnósticos errados (resultantes de negligência, arrogância ou viés cognitivo); erros de medicação (não raro decorrentes de má caligrafia); complicações técnicas (leitura de raios X pelo avesso, por exemplo); e infecções bacterianas (o problema mais mortal e mais difuso).

"A situação da atual prática médica é *tão* ruim neste momento que não vale muito a pena proteger as velhas maneiras de fazer as coisas", afirma Feied. "Ninguém em medicina quer admiti-lo, mas é a realidade."

Feied cresceu em Berkeley, Califórnia, durante os ruidosos anos 1960, nos quais ele se enquadrava muito bem. Era praticante ubíquo de skate; vez por outra improvisava na bateria, com uma banda local chamada Grateful Dead. Tinha aptidão por mecânica, desmontando e montando tudo que lhe parecesse interessante. Ainda por cima, era empreendedor: aos 18 anos, constituíra uma pequena empresa de alta tecnologia. Estudou biofísica e matemática, antes de dedicar-se à medicina. Tornou-se médico, diz ele, por causa do "anseio pelo conhecimento secreto", o desejo de compreender o corpo humano tão bem quanto compreendia as máquinas.

No entanto, ainda percebe-se que as máquinas foram seu primeiro amor. É pioneiro fervoroso na experimentação de novidades – instalou uma máquina de fax na unidade de emergência e adotou o Segway PT (veículo elétrico individual de duas rodas paralelas) quando ambos ainda eram quase desconhecidos e ainda vibra quando se lembra de uma conferência de Alan Kay, cientista da computação, mais de 35 anos atrás, sobre programação orientada para objetos (object-oriented programming). A ideia de Kay – encapsular cada naco de código com lógica que lhe permita interagir com qualquer outro componente – foi um milagre de racionalização, facilitando a vida dos programadores e contribuindo para a difusão do computador como ferramenta resistente e flexível.

Feied chegou ao Washington Hospital Center em 1995, a convite de Mark Smith, seu colega de longa data, para ajudar a consertar a unidade de emergência. (Smith também é crente convicto em tecnologia. Tem mestrado em Ciências da Computação por Stanford, cujo orientador de sua dissertação foi ninguém menos que o próprio Alan Kay.) Embora alguns departamentos de especialidades do WHC desfrutassem de boa reputação, a unidade de emergência sempre se classificava em último lugar em Washington, D.C. Sempre lotada de pacientes, era morosa e desorganizada; mudava de chefe a cada ano, e o próprio-diretor médico do hospital a considerava "lugar um tanto indesejável".

Àquela altura, Feied e Smith, no total, já haviam atendido a mais de 100 mil pacientes em várias unidades de emergência. Com base em toda essa experiência, constataram que uma mercadoria sempre estava em falta: informação. Os pacientes chegavam – conscientes ou inconscientes, cooperativos ou reservados, sóbrios ou embriagados, com um conjunto ilimitado de possíveis problemas – e os médicos tinham de decidir em poucos minutos como tratá-lo. Porém, em geral, havia mais perguntas que respostas: O paciente está sob alguma medicação? Qual é a sua história médica? A baixa contagem de hemácias significa hemorragia interna aguda ou apenas anemia crônica? E onde está o resultado da tomografia computadorizada que foi feita duas horas atrás?

"Durante anos, tratei de situações de emergência apenas com as informações que o paciente conseguia transmitir", diz Feied. "Qualquer outra informação demorava demais e não se podia contar com ela. Quase sempre sabíamos quais eram as informações necessárias e onde encontrá-las, mas elas não estavam disponíveis a tempo e a hora. Nas unidades de emergência muito movimentadas, mesmo *dois minutos* são muito. Você não pode perder tempo quando existem 40 pacientes na fila e metade deles está prestes a morrer."

O problema mexeu tanto com Feied que ele se tornou o primeiro "informacionista" de unidades de emergência. (Ele próprio cunhou o termo, com base no vocábulo europeu para ciência da computação.) Na opinião dele, a melhor maneira de aprimorar o atendimento clínico na unidade de emergência era enriquecer e dinamizar o fluxo de informações.

Mesmo antes de assumir o cargo no WHC, Feied e Smith contrataram um monte de estudantes de Medicina para acompanhar os médicos e paramédicos na unidade de emergência e bombardeá-los com perguntas. Muito à semelhança dos rastreadores contratados por Sudhir Venkatesh para entrevistar as prostitutas de rua de Chicago, eles queriam reunir dados confiáveis, em tempo real, que dificilmente obteriam de outra maneira. Eis algumas perguntas feitas pelos estudantes:

SUPERFREAKONOMICS

Desde que conversei com você pela última vez, de quais informações você precisou?

Quanto tempo você demorou para consegui-las?

Qual foi a fonte: Telefonema? Livro de referências? Conversa com bibliotecário médico?*

Você obteve resposta satisfatória para a sua pergunta?

Você tomou alguma decisão médica com base nessa resposta?

Como essa decisão impactou o atendimento ao cliente?

Qual foi o impacto financeiro da decisão para o hospital?

O diagnóstico era claro: a unidade de emergência do WHC padecia de caso grave de "datapenia", ou baixa contagem de dados. (Feied também inventou esse neologismo, roubando o sufixo de "leucopenia", ou baixa contagem de glóbulos brancos no sangue.) Os médicos gastavam 60% de seu tempo em "gestão da informação", e apenas 15% em atendimento direto ao cliente. Era uma proporção inaceitável. "Medicina de emergência é especialidade definida não pelos órgãos do corpo nem pela faixa etária, mas, sim, pelo tempo", salienta Mark Smith. "Tudo depende do que você faz nos primeiros 60 minutos."

Smith e Feied descobriram mais de 300 fontes de dados no hospital que não interagiam umas com as outras, como sistema de computação baseado em mainframe, anotações manuscritas, imagens escaneadas, resultados de laboratórios, vídeos streaming de angiografias cardíacas e um sistema de monitoramento para controle de infecções, instalado no computador de uma usuária em planilha do Excel. "E se *ela* saía em férias, era um deus nos acuda, caso fosse necessário rastrear um surto de tuberculose", recorda-se Feied.

Para oferecer aos médicos e paramédicos o que realmente precisavam, era necessário desenvolver um sistema de computação de cima para baixo, a partir do zero. Ele deveria ser enciclopédico (a falta de qualquer dado importante comprometeria seu objetivo; também precisaria dispor de grande capacidade (um único exame de ressonância magnética, por exemplo, consumia grande

---

* Isso aconteceu nos primórdios da Internet, antes do advento da Web.

quantidade de memória); e ainda teria de ser flexível (um sistema que não pudesse incorporar qualquer dado de qualquer departamento do hospital, do passado, do presente ou do futuro seria inútil).

E também deveria ser realmente muitíssimo rápido. Não só porque lentidão é mortal em unidades de emergência, mas também porque, como Feied veio a descobrir na literatura científica, os usuários de computador estão sujeitos à "deriva cognitiva", caso se passe mais de um segundo entre o clique no mouse e a visualização de novos dados na tela. Quando se esvai mais de dez segundos, a mente do usuário se desloca totalmente para outro ponto. É assim que ocorrem erros médicos.

Para construir esse sistema rápido, flexível, potente e enciclopédico, Feied e Smith recorreram ao velho xodó: programação orientada para objetos. Eles passaram a trabalhar com base em nova arquitetura que denominaram "centrada em dados" e "atomizadora de dados". O novo sistema desconstruiria cada dado oriundo de todos os departamentos e os armazenaria de maneira que possibilitasse sua interação com qualquer outro dado ou com todos os outros bilhões de dados.

Infelizmente, nem todo o mundo no WHC era assim tão entusiástico. As instituições são, por natureza, paquidérmicas e inflexíveis, compostas de feudos a serem protegidos e de regras a serem preservadas. Alguns departamentos encaram suas informações como privilégios vitalícios e inamovíveis, aos quais não estão dispostos a renunciar. Os rigorosos códigos de compra do hospital não permitiriam que Feied e Smith comprassem o necessário hardware de computação. Um alto administrador "nos odiava", recorda-se Feied, "e não desperdiçava oportunidades para apedrejar-nos e para evitar que colaborassem conosco. Ele chegava ao ponto de entrar no sistema de pedidos de serviços à noite e deletar nossas solicitações".

E provavelmente não ajudava muito o fato de Feied ser um excêntrico — cujas marcas eram o contrarianismo, a Segway, as gravuras originais de Miró nas paredes de sua sala –, e a obstinação com que, ao ser desafiado, não sossegava até encontrar uma maneira de alcançar a vitória, por persuasão ou por imposição. Até o nome com que batizou seu novo sistema de computação parecia grandioso: Azyxxi, termo que, segundo informava aos curiosos, significava, para os fenícios, "visionário", "capaz de ver longe", mas que, na verdade, admitia, rindo, "simplesmente inventamos".

No fim das contas, Feied ganhou – ou, realmente, os dados venceram. O Azyxxi entrou no ar por meio de um único computador desktop na unidade de emergência do WHC. Feied afixou um aviso na máquina: "Teste beta: não use". (Ninguém nunca disse que ele não era inteligente.) Como tantos Adãos e Evas, os médicos e paramédicos começaram a bicar o fruto proibido e o acharam delicioso. Em poucos segundos conseguiam localizar praticamente qualquer informação necessária. Numa semana, já se formavam filas diante do computador Azyxxi. E não eram apenas profissionais da unidade de emergência: vinham de todo o hospital para haurir os dados. À primeira vista, parecia a criação de um gênio. Mas, não, insiste Feied. Foi "o triunfo da perseverança".

Em poucos anos, a unidade de emergência do WHC passou da pior para a melhor na região de Washington. Embora o Azyxxi tenha quadruplicado a quantidade de informações efetivamente disponível, os usuários gastavam 25% a menos de tempo com "gestão de informações", podendo dedicar duas vezes mais tempo ao tratamento direto dos pacientes. Tradicionalmente, a média do tempo de espera na unidade de emergência era de oito horas; Agora, 60% dos pacientes entravam e saíam em menos de duas horas. A assistência aos pacientes melhorou e os médicos estavam mais felizes (e menos propensos a erros). O volume de pacientes por ano dobrou, de 40 mil para 80 mil, com aumento de apenas 30% no quadro de pessoal. A eficiência melhorou significativamente, o que era muito bom para os resultados do hospital.

Com a comprovação e a divulgação dos benefícios cada vez mais inequívocos do Azyxxi, outros hospitais se mostraram interessados. Por fim, até a Microsoft entrou em cena e comprou o sistema, Craig Feied e tudo o mais. A Microsoft o rebatizou como Amalga e, no primeiro ano, instalou-o em 14 grandes hospitais, como John Hopkins, New York-Presbyterian e Mayo Clinic. Embora tenha sido desenvolvido especificamente para unidades de emergência, mais de 90% de suas aplicações hoje se dispersam por outras áreas hospitalares. Quando da elaboração desta página, o Amalga envolvia, no total, aproximadamente 10 milhões de pacientes, em 350 locais de atendimento; o que abrange mais de 150 terabytes.

Já seria suficiente se o Amalga apenas melhorasse os resultados para os pacientes e tornasse os médicos mais eficientes. Mas essa acumulação maciça de dados gera outras oportunidades. Cria condições para que se detectem sinais de doenças ainda não diagnosticadas, aumenta a eficiência do faturamento e converte em realidade o sonho de registros médicos eletrônicos. E por coletar dados em tempo real em todo o país, o sistema pode atuar como Linha Remota de Alarme Avançado para a captação de sinais de doenças contagiosas e até de ameaças de bioterrorismo.

Também permite que outras pessoas não ligadas à área de saúde – gente como nós, por exemplo – recorram a seus dados para responder a diferentes tipos de perguntas, como: Quem são os piores e os melhores médicos em unidades de emergência?

Por várias razões, avaliar o desempenho de médicos é algo muito traiçoeiro.

A primeira é o viés da seleção: a distribuição dos pacientes entre os médicos não é aleatória. Dois cardiologistas terão clientelas que se diferenciarão em muitas dimensões. É até possível que os clientes do melhor médico apresentem taxa de mortalidade *mais alta*. Por quê? Talvez porque os pacientes com cardiopatias mais graves tendam a procurar o melhor cardiologista. Nesse caso, mesmo que seu tratamento seja mais adequado, os pacientes sob seus cuidados apresentam maior probabilidade de morrer que os do outro médico.

Portanto, avaliar o desempenho de um médico com base nos resultados de seus clientes pode ser no mínimo enganoso. No entanto, isso é o que fazem os "boletins de avaliação" (report cards) dos médicos, sistema de avaliação adotado nos Estados Unidos. Embora atraente sob muitos aspectos, a ideia pode gerar algumas consequências indesejáveis. Ciente de que está sendo avaliado com base nos resultados obtidos para os pacientes, o médico pode "manipular" os dados, eliminando os pacientes de alto risco que mais necessitam de tratamento, para não prejudicar sua pontuação. Com efeito, os estudos sobre o tema revelam que os boletins de avaliação dos hospitais efetivamente prejudicaram os pacientes, em razão exatamente desse tipo de incentivo perverso para os médicos.

A avaliação das qualificações dos médicos também é insidiosa porque o impacto de suas decisões pode não ser detectado em plenitude até muito depois do tratamento. Ao interpretar uma mamografia, por exemplo, nem sempre o médico tem certeza quanto à existência de câncer de mama. Ele pode descobrir a doença semanas depois, caso peça uma biópsia, ou *nunca descobrir*, se não identificar um tumor maligno que acaba matando a paciente. Mesmo quando

SUPERFREAKONOMICS

faz o diagnóstico certo e prevê um problema potencialmente sério, o médico nem sempre tem a certeza de que o paciente seguirá as prescrições. Será que o paciente tomou a medicação? Será que ele mudou a dieta e seguiu o programa de exercícios? Será que ele parou de comer tanto torresmo?

Os dados compilados pela equipe de Craig Feied, da unidade de emergência do WHC, se revelaram muito úteis para responder a algumas perguntas a respeito do desempenho dos médicos. Para começar, o conjunto de dados é enorme, envolvendo cerca de 620.000 visitas por cerca de 240.000 pacientes diferentes, durante quase oito anos, além dos mais de 300 médicos responsáveis pelos atendimentos.

Eles contêm tudo que se precisa saber sobre determinado paciente – não identificado, evidentemente, para nossa análise – desde o momento de sua entrada na unidade de emergência, por conta própria, conduzido em maca ou em cadeira de rodas, ou carregado nos braços de alguém. Os dados abrangem informações demográficas; a queixa do paciente no primeiro atendimento; quanto tempo demorou para procurar um médico; o diagnóstico e o tratamento atribuídos ao paciente; se o paciente foi internado e a duração da internação; se, mais tarde, o paciente voltou a ser internado; o custo total do tratamento; e se e quando o paciente morreu. (Mesmo que o paciente tenha falecido dois anos depois, fora do hospital, a morte é considerada em nossa análise, por meio de cruzamento dos dados do hospital com o Índice de Mortes da Seguridade Social.)

Os dados também mostram os médicos que cuidaram de cada paciente. Além disso, sabemos muito sobre cada médico, como idade, gênero, escola de medicina, hospital onde fez residência e anos de experiência.

A maioria das pessoas associa unidade de emergência a um fluxo contínuo de feridos com armas de fogo e vítimas de acidentes automobilísticos. Na verdade, situações dramáticas como essas representam fração minúscula da movimentação de uma unidade de emergência e, como o WHC dispõe de um centro de trauma Nível I separado, esses casos são muito raros em nossos dados sobre unidade de emergência. Com essa ressalva, a unidade de emergência principal apresenta enorme variedade de queixas de pacientes, que abrangem desde risco de vida real até quadros inteiramente imaginários.

Em média, cerca de 160 pacientes aparecem diariamente. O dia mais cheio é segunda-feira; os mais vazios são os do fim de semana. (Essa tendência é um bom indício de que muitas doenças não são assim tão sérias a ponto de não

POR QUE OS HOMENS-BOMBA DEVEM ADQUIRIR SEGURO DE VIDA?

poderem esperar o encerramento do lazer de sábado e domingo.) A maior demanda ocorre de manhã, em torno das 11 horas, quando o movimento é cinco vezes superior ao de menor demanda, de madrugada, por volta das 5 horas. Seis em cada dez pacientes são mulheres; a idade média é de 47 anos.

A primeira coisa que o paciente faz ao chegar é relatar os seus problemas à enfermeira de triagem. Algumas queixas são comuns: "dificuldade de respiração", "dores no peito", "desidratação", "sintomas de gripe". Outros são muito menos frequentes: "espinha de peixe na garganta", "atingido na cabeça por um livro", várias modalidades de mordida, inclusive de cachorro (cerca de 300), além de picadas de insetos e de aranhas (200). Curiosamente, há mais mordidas humanas (65) que o total de mordidas de ratos e de gatos (30), inclusive um caso insólito de "mordida por um cliente no trabalho". (Infelizmente, o registro de entrada não revela a natureza do trabalho da vítima.)

A grande maioria dos pacientes que chegam à unidade de emergência sai com vida. Apenas um em cada 250 pacientes morre na semana seguinte; 1% morre em um mês e cerca de 5% morrem em um ano. No entanto, avaliar se as condições do paciente envolvem risco de vida nem sempre é fácil, em especial para os próprios pacientes. Imagine que você seja um médico de unidade de emergência com oito pacientes na sala de espera, cada um com uma das oito queixas comuns a seguir relacionadas. Quatro dessas condições apresentam mortalidade relativamente alta, enquanto a letalidade das outras quatro é baixa. Você poderia dizer quais são o quê?

QUEIXAS

DORMÊNCIA	PSIQUIATRIA
DORES NO PEITO	DIFICULDADE DE RESPIRAÇÃO
FEBRE	INFECÇÃO
TONTURA	COÁGULO

Eis a resposta, com base na probabilidade de o paciente morrer nos 12 meses subsequentes:*

---

* Essas e outras taxas de mortalidade são *ajustadas ao risco*, com controle de idade, outros sintomas etc.

SUPERFREAKONOMICS

CONDIÇÕES DE ALTO RISCO	CONDIÇÕES DE BAIXO RISCO
COÁGULO	DORES NO PEITO
FEBRE	TONTURA
INFECÇÃO	DORMÊNCIA
DIFICULDADE DE RESPIRAÇÃO	PSIQUIATRIA

Dificuldade de respiração é, sem dúvida, a condição de alto risco mais comum. Para muitos pacientes, esse quadro pode parecer menos assustador que outros, como dores no peito. Mais eis o que indicam os dados:

	DIFICULDADE DE RESPIRAÇÃO	DORES NO PEITO
IDADE MÉDIA DO PACIENTE	54,5	51,4
PROPORÇÃO DE PACIENTES DE EMERGÊNCIA COM A QUEIXA	7,4%	12,1%
INTERNADOS NO HOSPITAL	51,3%	41,9%
TAXA DE MORTALIDADE EM UM MÊS	2,9%	1,2%
TAXA DE MORTALIDADE EM UM ANO	12,9%	5,3%

Portanto, a probabilidade de morrer até um ano depois da ida à unidade de emergência não é maior entre pacientes com dores no peito que entre a média dos pacientes, enquanto a dificuldade de respiração mais que dobra o risco de morte. Do mesmo modo, em média, cerca de 1 em cada 10 pacientes que aparecem com coágulo, febre ou infecção morrerá em um ano; mas se o paciente relatar tontura, dormência ou problema de psiquiatria, o risco de morrer corresponde a apenas um terço das condições de alto risco.

Com tudo isso em mente, retornemos à pergunta pendente: considerando todos esses dados, como medir a eficácia de cada médico?

O rumo mais simples consistiria simplesmente em recorrer aos dados brutos para a determinação das diferenças na evolução dos pacientes dos diversos médicos. Com efeito, esse método mostraria diferenças radicais entre os médicos. Se os registros forem confiáveis, poucos fatores aleatórios seriam tão importantes em sua vida quanto a identidade do médico a quem você por acaso é encaminhado ao entrar numa unidade de emergência.

POR QUE OS HOMENS-BOMBA DEVEM ADQUIRIR SEGURO DE VIDA?

Porém, considerando as mesmas razões pelas quais os relatórios de desempenho dos médicos não merecem muita fé, esse tipo de comparação é altamente enganoso. Dois médicos na mesma unidade de emergência provavelmente atenderão a grupos de pacientes muito diferentes. Ao meio-dia, por exemplo, os pacientes, em média, tendem a ser dez anos mais velhos que a média dos pacientes de altas horas da noite. Mesmo dois médicos que trabalhem no mesmo turno podem tratar de pacientes muito diferentes, com base em suas qualificações e interesses. Compete à enfermeira de triagem compatibilizar pacientes e médicos da melhor maneira possível. Assim, em determinado turno, um dos médicos pode receber todos os casos de psiquiatria, ou todos os pacientes mais velhos. Como um idoso com dificuldade de respiração apresenta probabilidade de morrer que outro de 30 anos, com os mesmos sintomas, é necessário ter cuidado para não penalizar o médico que, por acaso, é bom com pessoas mais velhas.

O que *realmente* gostaríamos de fazer seria conduzir um experimento aleatório controlado, encaminhando os pacientes ao acaso para os médicos, sem considerar a compatibilidade entre a situação do paciente e as qualificações do médico.

No entanto, estamos lidando com uma situação real, envolvendo seres humanos vivos, cuja função é evitar a morte e o sofrimento de outros seres humanos vivos, razão pela qual esse experimento é impossível, com boas razões.

Se a aleatoriedade na distribuição dos pacientes é inatingível e se a análise da evolução dos pacientes é enganosa, qual é a melhor maneira de avaliar o desempenho dos médicos?

Em virtude da natureza das unidades de emergência, dispõe-se de outro tipo de aleatoriedade de fato e acidental que pode levar à verdade. A chave é que os pacientes geralmente não têm ideia dos médicos em atendimento quando chegam à unidade de emergência. Portanto, os pacientes que aparecem entre as 14 e 15 horas de uma quinta-feira, em outubro, tendem, em média, a apresentar condições semelhantes às dos pacientes que aparecem na quinta-feira seguinte ou ainda na segunda quinta-feira subsequente. Porém, os *médicos* de plantão nessas três quintas-feiras provavelmente não serão os mesmos. Portanto, se os pacientes da primeira quinta-feira apresentarem resultados piores que os dos pacientes da segunda e da terceira quinta-feira, uma explicação provável é que os médicos daquele turno não sejam tão bons quanto os desses dois outros turnos. (Nessa unidade de emergência, havia, em geral, dois ou três médicos por turno.)

SUPERFREAKONOMICS

Evidentemente, também pode haver outras explicações, como má sorte, mau tempo e até a irrupção de epidemias. Porém, quando se analisam os registros de determinado médico, em centenas de turnos, e se constata que a evolução dos pacientes desses turnos foi menos favorável que a média, conta-se com forte indicador de que o médico é a causa básica do problema.

Uma última observação sobre metodologia: como analisamos informações sobre os médicos que trabalham em cada turno, *não* estamos considerando qual médico efetivamente trata de cada paciente. Por quê? Porque sabemos que a função da enfermeira de triagem é compatibilizar pacientes e médicos, o que torna a seleção longe de aleatória. Talvez pareça anti-intuitivo – até um desperdício – ignorar em nossa análise a distribuição específica dos pacientes. Porém, nos cenários em que a seleção é problemática, a única maneira de obter respostas mais realistas é, paradoxalmente, *desconsiderar* o que à primeira vista parece ser informação valiosa.

Portanto, quando se aplica essa abordagem aos dados extremamente esclarecedores de Craig Feied, o que conseguimos descobrir a respeito do desempenho dos médicos?

Ou, em outros termos: se você parar numa unidade de emergência com algum problema grave, o quanto sua sobrevivência dependerá do médico que o atender?

A resposta objetiva é... não muito. Boa parte do que, nos dados brutos, parece resultar do desempenho é, de fato, consequência do acaso na distribuição dos pacientes, em virtude de alguns médicos receberem mais pacientes com doenças menos ameaçadoras.

Isso não significa dizer que não haja diferença entre os melhores e os piores médicos na unidade de emergência. (E, de modo algum, vamos fornecer nomes.) Em determinado ano, os pacientes de excelente médico de unidade de emergência apresentarão taxa de mortalidade nos 12 meses subsequentes quase 10% inferior à média. Talvez não pareça muito, porém, numa unidade de emergência movimentada, com dezenas de milhares de pacientes, um médico excelente pode salvar seis a sete vidas a mais por ano que o pior médico.

Curiosamente, o bom desempenho não se correlaciona, em grande parte, com despesas. Isso significa que os melhores médicos não gastam mais – com exames de laboratório, com internações hospitalares, e assim por diante – que os piores médicos. Essa consideração é importante numa época na qual prevalece a suposição de que o aumento das despesas com assistência médica produz melhores resultados para a saúde dos pacientes. Nos Estados Unidos, o setor de assistência médica responde por mais de 16% do PIB, em comparação com 5% na década de 1960, com projeções de que chegue a 20% por volta de 2015.

Então, quais são as características dos melhores médicos?

Em grande parte, nossas descobertas não são muito surpreendentes. O médico excelente, com grande probabilidade, cursou Faculdade de Medicina de alta qualidade e fez residência em hospital prestigioso, de elevado gabarito. A experiência também é valiosa: cada dez anos adicionais no exercício da função gera os mesmos benefícios da boa residência médica.

Ah, sim: também é bom que o médico da unidade de emergência seja do sexo feminino. Talvez não tenha sido benéfico para as crianças americanas em idade escolar que tantas mulheres inteligentes não tenham seguido a carreira do magistério, ao optarem por faculdades de medicina, mas convém saber que, ao menos com base em nossas análises, essas profissionais são um pouco melhores que seus colegas do sexo masculino no mister de manter as pessoas vivas.

Um fator que *não* parece relevante é a reputação do médico perante os colegas. Pedimos a Feied e a outros médicos em cargo de supervisão no WHC para indicar os melhores colegas da unidade de emergência. Os escolhidos não se revelaram melhores que a média em reduzir as taxas de mortalidade. Eram, contudo, bons em gastar menos dinheiro por paciente.

Portanto, o médico que for escalado para atendê-lo na unidade de emergência sem dúvida é fator importante – mas, no esquema mais amplo, essa escalação é quase tão importante, mas não tanto, quanto outros fatores: sua doença, seu sexo (as mulheres apresentam menor probabilidade que os homens de morrer no ano subsequente) ou seu nível de renda (a mortalidade entre pacientes pobres é muito maior que entre pacientes ricos).

A melhor notícia é que a maioria das pessoas atendidas em unidades de emergência, em geral receosas de que morrerão em breve, correm pouco risco de vida, ao menos no futuro próximo.

No entanto, elas estariam ainda melhor se tivessem simplesmente ficado em casa. Basta ver as evidências fornecidas por uma série de greves gerais de médicos em Los Angeles, Israel e Colômbia. Constatou-se que a taxa de mortalidade caiu significativamente nesses lugares, de 18% a 50%, quando os médicos pararam de trabalhar!

Esse efeito pode ser explicado em parte pelo adiamento de cirurgias eletivas durante a greve. Foi o que Craig Feied imaginou de início ao ler a literatura. Mas ele teve a chance de observar fenômeno semelhante, em primeira mão, quando muitos médicos de Washington deixaram a cidade ao mesmo tempo para participarem de um congresso. Resultado: queda generalizada na mortalidade.

"Quando ocorrem muitas interações médico-paciente, a amplitude aumenta em tudo", diz ele. "Mais pessoas com problemas não fatais tomam mais remédios e se submetem a mais procedimentos, muitos dos quais realmente são inúteis e poucos dos quais são prejudiciais, enquanto os indivíduos com problemas realmente graves raramente são curados e acabam morrendo de qualquer maneira."

Portanto, talvez a ida ao médico prolongue um pouco sua expectativa de vida, se você estiver com algum problema grave, mas aumenta sua chance de morrer no futuro próximo se o seu quadro clínico não for sério. São os caprichos da vida.

Enquanto isso, você dispõe de algumas maneiras para prolongar sua vida, que não têm nada a ver com médicos e hospitais. Você pode, por exemplo, ganhar o Prêmio Nobel. Uma análise abrangendo 50 anos de laureados em Química e Física revelou que os ganhadores eram mais longevos que os apenas indicados. (Portanto, deixemos de lado a sabedoria de Hollywood, segundo a qual "Já é uma honra ser indicado".) E não se diga que a longevidade dos ganhadores é consequência do dinheiro do prêmio. "O status parece operar uma espécie de mágica de boa saúde", afirma Andrew Oswald, um dos autores do estudo. "Atravessar aquela plataforma, em Estocolmo, aparentemente acrescenta cerca de dois anos à vida dos cientistas."

Outra hipótese é ser eleito para o Baseball Hall of Fame. Análise semelhante mostrou que os escolhidos para a posteridade sobrevivem aos preteridos à mediocridade por pequena margem.

Mas e quem não é excepcional em ciências nem em esportes? Bem, ainda resta a alternativa de comprar um plano de previdência privada que lhe proporcione determinada renda anual, mas somente enquanto você estiver vivo. Constatou-se que os detentores de planos de previdência privada vivem mais tempo, e não porque sejam mais saudáveis. As evidências sugerem que a renda contínua proporcionada pela previdência privada oferece um pouco mais de incentivos para sacudir a poeira, dar a volta por cima e agitar a vida.

POR QUE OS HOMENS-BOMBA DEVEM ADQUIRIR SEGURO DE VIDA?

A religião também parece ajudar. Um estudo entre mais de 2.800 cristãos e judeus idosos constatou ser maior a probabilidade de que morram nos 30 dias seguintes que nos 30 dias anteriores às respectivas festas religiosas mais importantes. (Uma das evidências demonstra uma relação causal: os judeus não mostraram aversão a morrer nos 30 dias anteriores à festa *cristã* nem os cristãos sobreviveram muito além das festas religiosas judaicas.) Mais ou menos na mesma linha, dois amigos e rivais de longa data, Thomas Jefferson e John Adams, cada um lutou com denodo para não morrer antes de importante marco histórico. Ambos faleceram com 15 horas de diferença um do outro em 4 de julho de 1826, o quinquagésimo aniversário da ratificação da Declaração da Independência dos Estados Unidos.

Postergar a morte mesmo que por um único dia pode, às vezes, valer milhões de dólares. Veja o caso do imposto sobre herança, que incide sobre o espólio tributável por ocasião da morte. Nos Estados Unidos, a alíquota era de 45%, com isenção sobre os primeiros US$2 milhões. Em 2009, contudo, o limite não tributável saltou para US$3,5 milhões – ou seja, os herdeiros de um parente rico tinham motivos de nada menos que US$1,5 milhão para se consolarem se o parente morresse no primeiro dia de 2009, em vez de no último dia de 2008. Com tal incentivo, não é difícil imaginar os herdeiros proporcionando ao moribundo a melhor assistência médica que o dinheiro é capaz de comprar, pelo menos até o fim do ano. Com efeito, dois acadêmicos australianos constataram que, quando o país revogou seu imposto sobre herança, em 1979, ocorreu grande concentração de mortes, sem precedentes, na semana seguinte à revogação, em comparação com as semanas anteriores.

Durante algum tempo, parecia que o imposto sobre herança nos Estados Unidos deixaria de vigorar por um ano, em 2010, em consequência de acesso de mau humor dos dois partidos, em Washington, que, quando se escreveu esta página, parecia ter sido resolvido. Se o imposto *tivesse sido suspenso*, um genitor no valor de US$100 milhões que morresse em 2010 deixaria integralmente toda essa fortuna para os herdeiros. Porém, com o retorno da tributação, em 2011, os herdeiros deixariam de ganhar mais de US$40 milhões, se o autor da herança cometesse o descalabro de morrer com um dia de atraso, já em 2011. Talvez os políticos rixentos tenham decidido não abrir lacunas na lei tributária ao se darem conta do surto de suicídios assistidos que provavelmente ocorreria nas últimas semanas de 2010.

SUPERFREAKONOMICS

A maioria das pessoas se esquiva da morte a todo custo. Mais de US$40 bilhões são gastos anualmente em todo o mundo com remédios contra o câncer. Nos Estados Unidos, a venda de medicamentos anticancerígenos é a segunda maior de produtos farmacêuticos, depois de remédios para o coração, e vem crescendo a taxas duas vezes superiores às das outras categorias. O grosso dessas despesas vai para quimioterapia, sob várias formas, recurso que se mostrou eficaz em algumas modalidades de câncer, como leucemia, linfoma, doença de Hodgkin e câncer testicular, sobretudo quando diagnosticados cedo.

Porém, na maioria dos casos, a quimioterapia é notoriamente ineficaz. Análise exaustiva dos tratamentos de câncer nos Estados Unidos e na Austrália mostraram que 63% de todos os pacientes sobreviviam em média cinco anos, mas que a quimioterapia mal contribuía para 2% desse resultado. É longa a lista de modalidades de câncer para as quais a quimioterapia produz efeito discernível *zero*, como vários mielomas, sarcoma de tecido mole, melanoma da pele, além das formas que atingem pâncreas, útero, próstata, fígado e rins.

Considere o câncer de pulmão, de longe a modalidade fatal mais comum dessa doença, matando mais de 150.000 pessoas por ano nos Estados Unidos. O tratamento quimioterápico típico para câncer de pulmão do tipo não-pequenas células custa mais de US$40.000, mas ajuda a prolongar a vida do paciente por apenas dois meses, em média. Thomas J. Smith, pesquisador de oncologia, altamente respeitado e médico clínico da Virginia Commonwealth University, analisou novo tratamento quimioterápico promissor para câncer de mama com metástase e concluiu que cada ano adicional de vida saudável proporcionado pela terapia pioneira custaria US$360.000 – caso a sobrevida chegasse efetivamente a tanto. Infelizmente, a realidade ficou aquém da expectativa, o tratamento prolongava a vida do paciente em menos de dois meses.

Custos dessa magnitude impõem tremenda tensão a todo o sistema de assistência médica. Smith observa que os portadores de câncer compõem 20% dos casos do Medicare, mas absorvem 40% de todas as suas verbas para medicamentos.

Alguns oncologistas argumentam que os benefícios da quimioterapia não se manifestam necessariamente nos dados sobre mortalidade e que, mesmo admitindo-se sua ineficácia em nove de dez pacientes, seus efeitos por vezes são maravilhosos para o décimo. Entretanto, considerando seu custo, sua ineficácia frequente e sua toxicidade – quase 30% dos pacientes com câncer de pulmão sob determinado protocolo preferiram interromper o tratamento a conviver com seus efeitos colaterais brutais –, por que será que a quimioterapia é tão difundida?

A motivação do lucro decerto é um fator. Afinal, os médicos são seres humanos que reagem a incentivos. Os oncologistas se incluem entre os médicos mais bem remunerados, seus salários crescem a taxas mais aceleradas que os de outros especialistas e, em geral, mais da metade da renda deles é oriunda da venda e da administração de quimioterápicos. A quimioterapia também ajuda os oncologistas a inflar seus dados sobre sobrevivência de pacientes. Talvez não pareça assim tão importante proporcionar às vítimas terminais de câncer de pulmão mais dois meses de vida, mas talvez a expectativa de vida do paciente antes da quimioterapia fosse de apenas quatro meses. No papel, a proeza talvez pareça impressionante: o médico prolongou em 50% a sobrevida do paciente!

Tom Smith não desconsidera nenhum desses dois motivos, e ainda acrescenta outros dois.

É tentador, diz ele, para os oncologistas exagerar – ou talvez incorrer em excesso de credulidade – quanto à eficácia da quimioterapia. "Se o seu slogan é: 'Estamos ganhando a guerra contra o câncer', isso lhe renderá cobertura na imprensa, doações filantrópicas e verbas orçamentárias", observa. "Se o seu slogan é 'O câncer ainda é um chute na bunda, mas não tanto quanto no passado', o argumento de vendas é diferente. A realidade é que para a maioria das pessoas com tumores sólidos – cérebro, mama, próstata e pulmões – não estamos apanhando tanto assim, mas também não progredimos muito."

Há também o fato de que, mais uma vez, os oncologistas são seres humanos que precisam dizer a outros seres humanos que eles estão morrendo e que, infelizmente, não existe muito a ser feito. "Médicos como eu têm enorme dificuldade em dar notícias muito ruins aos pacientes", afirma Smith, "e, ainda por cima, explicar-lhes como nossos tratamentos são ineficazes."

Se a tarefa é tão difícil para os médicos, sem dúvida também é árdua para os políticos e para os executivos de seguradoras que subsidiam o amplo uso de quimioterapia. Não obstante a montanha de evidências negativas, a quimioterapia parece proporcionar aos pacientes de câncer a última e a melhor esperança de ainda acalentar o que Smith descreve como "o profundo e persistente anseio de não morrer". Todavia, é fácil vislumbrar um ponto no futuro, talvez daqui a 50 anos, quando voltarmos os olhos para os tratamentos oncológicos mais avançados do começo do século XXI e nos perguntarmos: *O que* oferecíamos a nossos pacientes?

A taxa de mortalidade do câncer ajustada à idade manteve-se basicamente inalterada nos últimos 50 anos, em cerca de 200 mortes para cada 100.000 casos. Isso não obstante a declaração do presidente Nixon de "guerra contra o câncer", mais de 30 anos atrás, o que redundou em aumento drástico nos financiamentos de pesquisas e na conscientização pública.

Acredite ou não, essa taxa de mortalidade absoluta efetivamente oculta algumas boas notícias. No mesmo período, a mortalidade ajustada à idade por doenças cardiovasculares despencou, de quase 600 pessoas em 100.000 para algo bem abaixo de 300. O que isso significa?

Muita gente que, nas gerações anteriores, morreria de doenças cardíacas hoje *está vivendo o suficiente para morrer de câncer.* Com efeito, quase 90% das vítimas de câncer de pulmão recém-diagnosticados têm 55 anos ou mais. A idade mediana é 71.

A taxa de mortalidade absoluta do câncer obscurece outra tendência promissora. Para as pessoas com 20 anos ou menos, a mortalidade diminuiu em mais de 50%; na faixa etária de 20 a 40 anos, o declínio foi de 20%. Esses ganhos são reais e animadores – quanto mais não seja porque a incidência de câncer entre esses grupos etários está aumentando. (As razões desse aumento ainda não são conhecidas com clareza, mas, entre os principais suspeitos, estão dieta, comportamentos e fatores ambientais.)

Embora o câncer esteja matando menos pessoas abaixo dos 40 anos, o envolvimento dos Estados Unidos em duas frentes de batalha decerto deve estar aumentando a mortalidade entre os jovens, não?

De 2002 a 2008, os Estados Unidos combatiam em duas guerras sangrentas, no Afeganistão e no Iraque; entre o pessoal militar da ativa, ocorreram em média 1.643 fatalidades por ano. Porém, no mesmo intervalo de tempo, na década de 1980, com os Estados Unidos não participando de grandes guerras, houve mais de 2.100 mortes de militares por ano. Como explicar essa situação?

Para começar, o número de militares era muito maior: 2,1 milhões em 1988, *versus* 1,4 milhão em 2006. Porém, mesmo a *taxa* de mortalidade em 2008 era mais baixa que em certos anos de paz. Parte dessa melhoria provavelmente decorre de avanços na assistência médica. Porém, o fato surpreendente é que a taxa de mortalidade acidental de militares no começo da década de 1980 era mais alta que a taxa de mortalidade por fogo hostil durante todos os anos em que os Estados Unidos combateram no Afeganistão e no Iraque. Parece que o treinamento para a guerra pode ser tão perigoso quanto a guerra em si.

E para pôr as coisas em perspectiva, pense no seguinte: desde 1982, cerca de 42.000 militares da ativa nos Estados Unidos foram mortos – mais ou menos o mesmo número de americanos que morrem em acidentes de trânsito em um único ano.

Se alguém fuma dois maços de cigarro por dia, durante 30 anos, e morre de enfisema, ao menos se pode dizer que a pessoa colheu o que plantou e gozou a vida fumando.

No entanto, não existe esse consolo para as vítimas de ataques terroristas. Não só a morte nesse caso é repentina e violenta, mas também as pessoas nada fizeram para merecê-la. Trata-se de dano colateral; os assassinos não conhecem nem se importam com as vítimas, com as suas realizações, com quem amam e com as pessoas que as amam. A morte foi meramente instrumental e aleatória.

O terrorismo é ainda mais hediondo por ser tão difícil de evitar, pois os terroristas contam com repertório praticamente ilimitado de métodos e alvos. Bombas em trens. Aviões como mísseis contra arranha-céus. Antraz enviado pelo correio. Depois de um ataque como o do 11 de Setembro, nos Estados Unidos, ou o do 7 de Julho, em Londres, mobiliza-se quantidade maciça de recursos para proteger os alvos mais preciosos; porém, existe um fator de Sísifo nessa tarefa. Em vez de blindar todos os possíveis alvos de ataques terroristas, o realmente necessário é descobrir quem são os terroristas e neutralizá-los, *antes* de qualquer ataque.

A boa notícia é que não há assim tantos terroristas. Essa é uma conclusão natural, quando se considera a relativa facilidade de executar ataques terroristas e a relativa infrequência deles. Praticamente não ocorreram atos terroristas em território americano desde o 11 de Setembro; no Reino Unido, provavelmente há mais terroristas, mas, ainda assim, são extremamente raros.

A má notícia é que a escassez de terroristas dificulta sua descoberta antes da consumação dos danos. Tradicionalmente, os esforços antiterroristas se concentram em três atividades: reunião de dados sobre pessoas, o que é difícil e perigoso; monitoração eletrônica de "conversas", o que pode ser como

SUPERFREAKONOMICS

beber água em mangueira de bombeiro; e seguir as trilhas internacionais do dinheiro ilícito –, o que, considerando os trilhões de dólares que circulam pelos bancos do mundo todo dia, é como tentar peneirar toda a areia da praia à procura de uma agulha. Os 19 homens por trás dos ataques do 11 de Setembro financiaram toda a operação com US$303.671,62, ou menos que US$16.000 por pessoa.

Será que haveria uma quarta tática, capaz de detectar terroristas?

Ian Horsley* acredita que sim. Ele não trabalha em órgãos públicos reguladores ou fiscalizadores, nem no governo nem nas Forças Armadas; tampouco seus antecedentes e maneiras sugerem tendências para atos de heroísmo. Ele cresceu no interior da Inglaterra, filho de um engenheiro eletricista, e hoje já se encontra em plena meia-idade. Ainda vive com tranquilidade, longe do bulício ininterrupto de Londres. Embora bastante afável, ele não é de modo algum expansivo ou agitado. Horsley, em suas próprias palavras, é "completamente medíocre e absolutamente inexpressivo".

De início, achou que gostaria de ser contador. Mas deixou a escola quando a namorada do pai o ajudou a conseguir emprego como caixa de um banco. Assumiu novas posições no banco à medida que surgiam, nenhuma delas sobremodo interessante ou lucrativa. Uma dessas oportunidades, em programação de computadores, se revelou um pouco mais instigante, pois lhe proporcionou "conhecimento mais profundo do banco de dados básico que sustenta as operações do banco", diz ele.

Horsley se mostrou diligente, observador arguto do comportamento humano e alguém capaz de distinguir o certo do errado. Até que um dia lhe pediram para farejar fraudes entre os empregados do banco. Com o passar do tempo, progrediu para rastrear falcatruas dos consumidores, que representavam ameaça muito mais ampla para o banco. Os bancos ingleses perdem cerca de US$1,5 bilhão todos os anos com essas trapaças. Nos anos recentes, esses golpes foram facilitados por duas forças: o avanço dos serviços bancários on-line e a competição feroz entre bancos para conquistar novos negócios.

Durante algum tempo, o dinheiro era tão barato e o crédito era tão fácil que qualquer pessoa viva, independentemente do emprego, da cidadania ou do

---

* Por motivos que logo se tornarão óbvios, esse nome é pseudônimo. Todos os outros fatos a respeito dele são reais.

conceito creditício, podia entrar num banco e sair com um cartão de débito. (Na verdade, nem mesmo precisava estar viva: os fraudadores não hesitavam em usar as identidades de pessoas mortas e fictícias.) Horsley definiu os costumes de vários subgrupos. Imigrantes da África Ocidental eram mestres em falsificação de cheques, enquanto os europeus ocidentais se destacavam no roubo de identidades. Esses fraudadores eram incansáveis e criativos: localizavam os call centers de bancos e ficavam à espreita, na tentativa de subornar funcionários para obter informações sobre clientes.

Horsley formou uma equipe de analistas de dados e de descritores de perfis, que desenvolviam programas de computador para vascular a base de dados do banco e detectar atividades fraudulentas. Os programadores eram competentes. Os fraudadores também eram capazes, além de ágeis, engendrando novos esquemas, tão logo os antigos eram detectados. Essas mudanças rápidas aguçaram a capacidade de Horsley de pensar como um trapaceiro. Mesmo durante o sono, a mente dele esquadrinhava bilhões e bilhões de dados do banco, em busca de padrões que denunciassem tentativas de invasão. Seus algoritmos apertavam o cerco cada vez mais.

Tivemos a sorte de conhecer Ian Horsley mais ou menos nessa época e, juntos, começamos a pensar: se os algoritmos dele eram capazes de peneirar fluxos infindáveis de dados sobre serviços bancários de varejo e identificar esquemas de fraude, não seria possível garimpar os mesmos dados para identificar outros malfeitores, como terroristas potenciais?

Essa intuição foi corroborada pelo rastro de dados dos ataques do 11 de Setembro. As histórias bancárias dos 19 terroristas revelam alguns comportamentos que, no conjunto, os distinguem dos clientes bancários típicos:

- Eles abriram suas contas bancárias nos Estados Unidos com dinheiro ou com papéis de alta liquidez, no valor médio de US$4.000, geralmente na agência de um grande banco.
- Em geral, deram como endereço uma caixa postal, cujo número mudava com frequência.
- Alguns deles enviavam e recebiam com regularidade transferências eletrônicas para e de outros países, mas essas transações eram sempre inferiores ao limite que obriga o banco a incluí-las em relatórios específicos.

SUPERFREAKONOMICS

- Tendiam a fazer grandes depósitos e depois efetuar sucessivos saques de pequeno valor.
- Seus históricos não mostravam despesas de subsistência normais, como aluguéis, serviços de utilidade pública, seguro e outros.
- Não se percebia a consistência mensal típica das contas comuns, quanto às épocas de depósitos e saques.
- Não tinham contas de poupança nem alugavam cofres.
- A proporção entre saques em dinheiro e cheques emitidos era inusitadamente alta.

Evidentemente, é mais fácil levantar o perfil bancário retroativo de terroristas comprovados que detectar anomalias e padrões capazes de identificar suspeitos. Tampouco os perfis dos 19 homens – estrangeiros residentes nos Estados Unidos, em treinamento para sequestrar jatos de passageiros – coincidirão necessariamente com o de um homem-bomba inglês, atuando em Londres.

Além disso, quando os dados foram usados no passado para identificar malfeitorias – professores trapaceiros e lutadores de sumô coniventes, sobre os quais escrevemos em *Freakonomics* –, constatou-se incidência relativamente alta de fraudes na população-alvo. Mas na identificação de terroristas prováveis, a área de busca era gigantesca (só o banco de Horsley tinha muitos milhões de clientes), enquanto o alvo a alcançar era muito pequeno.

Digamos, contudo, que fosse possível desenvolver um algoritmo bancário 99% exato. Vamos assumir que o Reino Unido tenha 500 terroristas. O algoritmo identificaria corretamente 495 deles, ou 99%. No entanto, como há aproximadamente 50 milhões de adultos no Reino Unido que não têm nada a ver com terrorismo, o algoritmo também identificaria erroneamente 1% deles como terroristas, ou 500.000 pessoas. No fim das contas, esse algoritmo maravilhoso, com 99% de exatidão, apontaria número muito elevado de falsos-positivos – meio milhão de pessoas que ficariam indignadas, com toda a razão, quando fossem caçadas pelas autoridades sob suspeita de terrorismo.

Nem, evidentemente, as autoridades dariam conta de tamanha carga de trabalho.

Esse é um problema comum em assistência médica. Análise de um teste recente para o diagnóstico de câncer mostrou que 50% dos 68.000 participantes obtiveram pelo menos um resultado falso-positivo, depois de submeter-se a

14 exames. Assim, ainda que os paladinos da assistência médica proponham a realização de triagens universais para o diagnóstico de todos os tipos de doenças, a realidade é que o sistema seria inundado por falsos-positivos e os realmente doentes seriam espremidos pela multidão. O jogador de beisebol Mike Lowell, recente MVP (Most Valuable Player) da World Series, destacou problema semelhante ao discutir um plano para testar todos os jogadores de basquete da liga quanto ao hormônio de crescimento humano. "Se os testes forem 99% exatos, haverá sete falsos-positivos", disse Lowell. "E se um dos falsos-positivos for Cal Ripken? Será que esse resultado não será uma mancha na carreira dele?"

Do mesmo modo, quando se fala em caçar terroristas, exatidão de 99% nem de longe é satisfatória.

Em 7 de julho de 2005, quatro homens-bomba islâmicos atacaram em Londres, um deles num ônibus lotado e três no metrô. Cinquenta e duas pessoas morreram. "Pessoalmente, fiquei arrasado", lembra-se Hosley. "Mal começáramos a trabalhar na identificação de terroristas e achei que talvez, apenas talvez, se tivéssemos iniciado uns dois anos antes, quem sabe não teríamos conseguido evitar o desastre?"

Os terroristas do 7 de Julho deixaram o rastro de alguns dados bancários, mas não muito. Nos meses subsequentes, contudo, um bando de personagens suspeitos prestou um bom serviço a nosso projeto de identificação de terroristas, ao serem presos pela polícia inglesa. Sem dúvida, nenhum daqueles homens era terrorista *comprovado*; quase todos jamais seriam condenados. Mas se eles apresentavam características de terrorista, a ponto de serem presos, talvez fosse possível garimpar seus hábitos para a construção de um algoritmo útil. Quis a sorte que mais de 100 desses suspeitos fossem clientes do banco de Horsley.

O procedimento envolveria dois passos. Primeiro, reunir todos os dados disponíveis sobre aqueles cento e tantos suspeitos e construir um algoritmo baseado nos padrões que distinguiam aqueles homens da população. Depois do refinamento bem-sucedido do algoritmo, seria possível usá-lo para dragar a base de dados do banco, na tentativa de identificar outros possíveis malfeitores.

Considerando que o Reino Unido estava combatendo fundamentalistas islâmicos e não mais, por exemplo, militantes irlandeses, os suspeitos presos quase sempre tinham nomes muçulmanos. Isto viria a ser um dos mais fortes marcadores demográficos para o algoritmo. A chance de alguém cujo primeiro

SUPERFREAKONOMICS

e o último nome não fossem muçulmanos ser terrorista era de 1 em 500.000. Já a chance de uma pessoa com o primeiro *ou* o último nome muçulmano ser terrorista era de 1 em 30.000. Por fim, a chance de alguém com o primeiro *e* o último nome muçulmanos ser terrorista era de 1 em 2.000.

Os terroristas prováveis eram predominantemente homens, mais comumente entre 26 e 35 anos. Além disso, se caracterizavam por probabilidade desproporcional de:

- Ter telefone celular
- Ser estudante
- Morar em casa alugada, em vez de própria

Esses traços por si mesmos dificilmente justificariam a prisão desses suspeitos. (Eles se aplicam a quase todos os assistentes de pesquisa que nós dois já tivemos, e estamos certos de que nenhum deles era terrorista.) Mas quando se acrescentam essas características aos marcadores representados por nomes muçulmanos, mesmo esses traços comuns começam a fortalecer o algoritmo.

Depois de considerar os fatores precedentes, várias outras características se mostraram fundamentalmente neutras, não identificando terroristas de uma maneira ou de outra. São elas:

- Situação empregatícia
- Estado civil
- Residência nas proximidades de uma mesquita

Portanto, ao contrário da percepção comum, um homem solteiro, desempregado, com 26 anos, residindo perto de uma mesquita não era mais tendente a ser terrorista que outro de 26 anos, casado, com emprego, que morasse a cinco milhas da mesquita.

Também havia alguns importantes indicadores negativos. Os dados demonstraram que *dificilmente* pretensos terroristas:

- Têm conta de poupança
- Sacam dinheiro de caixas eletrônicos nas tardes de sexta-feira
- Compram seguro de vida.

O critério de não sacar dinheiro em caixa eletrônico nas tardes de sexta-feira se aplica ao muçulmano que assiste a serviços religiosos obrigatórios nesse dia. O marcador de seguro de vida é um pouco mais interessante. Digamos que você seja um homem com 26 anos, casado, com dois filhos pequenos. Nesse caso, provavelmente faria sentido comprar seguro de vida para garantir a sobrevivência da família na hipótese de você, por acaso, morrer jovem. No entanto, as seguradoras não pagam seguro no caso de suicídio. Portanto, um homem de família, com 26 anos, que imagine algum dia explodir-se em um ataque terrorista jamais gastaria dinheiro com seguro de vida.

Tudo isso sugere que, se um pretenso terrorista quiser disfarçar seu rastro, ele deve ir ao banco e mudar o nome em sua conta bancária para algo muito pouco muçulmano (Ian, talvez). Também não seria prejudicial comprar seguro de vida. O próprio banco de Horsley oferece apólices para iniciantes por apenas pequeno prêmio mensal.

Todos esses critérios, uma vez combinados, mostraram-se muito eficazes na construção de um algoritmo capaz de destilar toda a base de clientes do banco em um grupo relativamente pequeno de possíveis terroristas.

A rede de triagem já era apertada, mas não o suficiente. O que, por fim, tornou-a de fato depuradora foi um último critério que aguçou e sutilizou substancialmente o algoritmo. No interesse da segurança nacional, pediram-nos para não revelar esse detalhe; portanto, vamos chamá-lo de Variável X.

O que faz a Variável X tão especial: Para começar, é um critério comportamental, não demográfico. O sonho das autoridades antiterroristas em todo o mundo é, de alguma maneira, transformar-se em mosca que pousa num canto de uma sala cheia de terroristas. Sob certo aspecto, aparentemente insignificante, mas muito importante, a Variável X cumpre esse papel. Ao contrário de muitos outros critérios do algoritmo, que geram respostas sim ou não, a Variável X mede a *intensidade* de determinada atividade bancária. Embora não rara, com pouca intensidade, na população total, esse comportamento ocorre com frequência muito superior e com intensidade muito mais alta entre os que apresentam outras características de terrorista.

Esse último fator confere ao algoritmo grande poder preditivo. Partindo de uma base de dados de milhões de clientes bancários, Horsley garimpou uma

SUPERFREAKONOMICS

lista de cerca de 30 indivíduos altamente suspeitos. De acordo com a estimativa dele, um tanto conservadora, ao menos 5 desses 30 quase certamente se envolveram em atividades terroristas. Cinco em 30 ainda não é perfeição – o algoritmo deixa passar muitos terroristas e ainda identifica por engano alguns inocentes – mas, decerto, é melhor que 495 em 500.495.

No momento da elaboração desta página, Horsley já havia fornecido a lista de 30 suspeitos a seus superiores hierárquicos; agora, é hora de fazerem a parte deles. Considerando a natureza do problema, Horsley talvez nunca saiba ao certo se foi bem-sucedido. E você, leitor, dificilmente verá evidências diretas do sucesso dele, pois os frutos desse êxito seriam invisíveis, manifestando-se sob forma negativa, como ataques terroristas que nunca aconteceram.

Mas, quem sabe, um dia, no futuro remoto, você não se veja num pub inglês, por acaso ao lado de um estranho, de aparência despretensiosa, com ar modesto, meio retraído. Vocês entabulam conversa, bebem uma cerveja, depois mais uma, e por fim uma terceira. Com a língua já meio solta, ele menciona, quase encabulado, com mal disfarçado orgulho, que ganhou recentemente um título nobiliárquico: agora ele era conhecido como Sir Ian Horsley. Seu amigo de última hora não pode comentar os feitos que lhe renderam o grau de Cavaleiro, mas têm alguma coisa a ver com proteção da sociedade civil contra atentados que infligiriam graves danos. Você lhe agradece profusamente por tamanha benfeitoria e oferece-lhe outra cerveja, e algumas outras. Quando o pub, enfim, fecha, vocês dois saem cambaleando pela calçada. E, então, no momento em que ele desce o meio-fio para atravessar uma rua escura, você imagina uma forma muito singela de demonstrar-lhe gratidão. Você o puxa de volta para a calçada, acena para um táxi, e o empurra para dentro, pagando antecipadamente o motorista. Isso porque, nunca se esqueça, amigos não deixam amigos caminharem bêbados.

CAPÍTULO 3

HISTÓRIAS INCRÍVEIS SOBRE APATIA E ALTRUÍSMO

Em março de 1964, tarde da noite, numa quinta-feira fria e úmida, algo terrível aconteceu na Cidade de Nova York, coisa tão hedionda a ponto de sugerir que os seres humanos são as criaturas mais brutais e egoístas que já perambularam pelo planeta.

Uma mulher de 28 anos, Kitty Genovese, dirigia para casa de volta do trabalho e estacionou o carro, como de costume, numa vaga perto da estação Long Island Rail Road. Ela morava em Kew Gardens, Queens, a mais ou menos 20 minutos de trem de Manhattan. Era um bairro bom, com casas bem dispostas, em terrenos arborizados, alguns edifícios de apartamentos e um pequeno distrito comercial.

Genovese morava em cima de uma fileira de lojas, de frente para a Austin Street. A entrada para o apartamento dela era pelos fundos. Ela saltou do carro e o trancou; quase imediatamente, um homem a perseguiu e a esfaqueou nas costas. Genovese gritou. O assalto ocorreu na calçada, em frente às lojas de Austin Street, onde, do outro lado da rua, se erguia um edifício de apartamentos de dez andares, chamado Mowbray.

O assaltante, cujo nome era Winston Moseley, correu para o carro dele, um Corvair branco, estacionado junto ao meio-fio, a uns 60 metros de distância. Deu marcha a ré no carro e desceu a rua, sumindo de vista.

Genovese, enquanto isso, levantou-se às tontas e cambaleou até o edifício dela. Mas, em pouco tempo, Moseley voltou, estuprou-a e esfaqueou-a de novo, deixando-a à morte. Em seguida, pegou o carro e voltou para casa. Como Genovese, ele era jovem, 29 anos, e também morava no Queens. A esposa dele era enfermeira credenciada; o casal tinha dois filhos. A caminho de casa, Moseley viu outro carro parado diante da luz vermelha do semáforo. O motorista dormia ao volante. Moseley saiu do carro e acordou o homem. Ele não o machucou nem o roubou. Na manhã seguinte, Moseley foi para o trabalho como sempre.

O crime logo ficou famoso. Mas não porque Moseley fosse psicopata — homem de família aparentemente normal que, embora não tivesse registros criminais, descobriu-se ter antecedentes de violência sexual grotesca. Nem porque Genovese fosse ela própria personagem pitoresca, gerente de bar que por acaso era lésbica e que já havia sido presa por jogo. Tampouco porque Genovese fosse branca e Moseley, negro.

O assassinato de Kitty Genovese revestiu-se de triste fama por causa de um artigo publicado na primeira página do *The New York Times*, que começou assim:

> *Durante mais de meia hora, 38 cidadãos respeitáveis, cumpridores da lei, no Queens, viram um assassino perseguir e esfaquear uma mulher, em três investidas separadas e sucessivas, no Kew Gardens... Ninguém chamou a polícia durante o assalto; uma testemunha telefonou depois que a mulher estava morta.*

O assassinato durou cerca de 35 minutos, do começo ao fim. "Se tivéssemos sido chamados quando ele atacou pela primeira vez", disse um policial, "a mulher poderia não estar morta agora."

A polícia havia entrevistado os vizinhos de Genovese na manhã seguinte à noite do assassinato, e o repórter do *Times* também conversou com alguns deles. Ao serem perguntados por que não tinham intervindo ou ao menos telefonado para a polícia, várias foram as desculpas:

HISTÓRIAS INCRÍVEIS SOBRE APATIA E ALTRUÍSMO

— Achamos que era briga de namorados.

— Fomos até a janela para ver o que estava acontecendo, mas a luz de nosso quarto dificultou a visão da rua.

— Eu estava cansado e voltei para o quarto.

O artigo não era muito longo – no máximo umas 1.400 palavras – mas seu impacto foi imediato e explosivo. Até parecia que se chegara ao consenso de que as 38 testemunhas do Kew Gardens representavam o fundo do poço da civilização humana. Políticos, teólogos e editorialistas lincharam os vizinhos pela apatia. Houve quem reivindicasse a divulgação dos endereços das testemunhas para que se fizesse justiça.

O incidente chocou tão profundamente o país que, nos 20 anos seguintes, inspirou mais pesquisas acadêmicas sobre a indiferença dos espectadores que o Holocausto.

Para marcar o 35º aniversário do acontecimento, o presidente Bill Clinton visitou a Cidade de Nova York e falou sobre o crime: "Ele difundiu uma mensagem deprimente sobre o que estava acontecendo naquela época com a sociedade, sugerindo que cada um de nós estava não apenas em perigo, mas também, basicamente, sozinho."

Mais de 35 anos depois, o horror foi lembrado em O *Ponto da Virada*, livro desbravador de Malcolm Gladwell sobre comportamento social, como exemplo do "efeito do espectador", segundo o qual a presença de várias testemunhas durante uma tragédia pode efetivamente *inibir* intervenções.

Hoje, mais de 40 anos depois, a saga de Kitty Genovese aparece nos dez livros-textos mais vendidos para estudantes de cursos de graduação em Psicologia Social. Um deles se refere ao "fascínio das testemunhas em suas janelas, durante os 30 minutos que o assassino demorou para consumar seu delito repugnante, período em que retornou para três ataques separados".

Por que cargas-d'água 38 pessoas se limitaram a observar paralisadas, enquanto a vizinha sofria as mais terríveis violências? Sim, os economistas sempre se referem a como estamos voltados para nossos interesses próprios, mas será que essa demonstração de egoísmo e indiferença não desafia a lógica? Será que nossa apatia realmente chegou ao fundo do poço?

SUPERFREAKONOMICS

O massacre de Genovese, apenas poucos meses depois do assassinato do presidente John F. Kennedy, parecia sinalizar uma espécie de apocalipse social. A criminalidade explodia em cidades em todos os Estados Unidos, e ninguém parecia capaz de detê-la.

Durante décadas, a incidência de crimes contra a pessoa e contra a propriedade nos Estados Unidos se manteve constante e relativamente baixa. Porém, seus níveis começaram a aumentar em meados da década de 1950. Em 1960, a taxa de criminalidade já era 50% mais alta que a média da década de 1950; em 1970, chegava ao *quádruplo* daquele patamar.

Por quê?

Era difícil explicar. Tantas mudanças desencadeavam ondas tão intensas de efeitos simultâneos por toda a sociedade americana – explosão demográfica, antiautoritarismo crescente, expansão dos direitos civis, mudanças generalizadas na cultura popular – que não era fácil isolar os fatores que impulsionavam a criminalidade.

Imagine, por exemplo, que você queira saber se encarcerar mais pessoas realmente reduz a taxa de criminalidade. A resposta não é assim tão óbvia. Talvez os recursos a serem destinados à captura e à reclusão de criminosos possam ser usados de maneira mais produtiva. Talvez sempre que se afasta um bandido da sociedade outro entre em ação e tome seu lugar.

Para responder a essa pergunta com algum tipo de certeza científica, o que realmente você precisa é conduzir um experimento. Suponha que você pudesse selecionar ao acaso um grupo de estados e ordenar que cada um deles soltasse 10.000 prisioneiros. Imagine, também, que você pudesse escolher aleatoriamente outro grupo de estados e determinar que cada um deles aprisionasse 10.000 pessoas, contraventores, talvez, que, do contrário, continuariam soltos. Agora, sente-se e espere alguns anos; depois, meça a taxa de criminalidade nos dois conjuntos de estados. Voilà! Você acabou de realizar o tipo de experimento aleatório e controlado que possibilita determinar a relação entre variáveis.

Infelizmente, os governadores dos estados escolhidos ao acaso provavelmente não aceitariam de bom grado o seu experimento. Nem as pessoas que você mandou para a prisão em alguns estados e tampouco os vizinhos de porta dos prisioneiros que você libertou em outros. Portanto, a probabilidade de você de fato realizar esse experimento é zero.

HISTÓRIAS INCRÍVEIS SOBRE APATIA E ALTRUÍSMO

Eis por que os pesquisadores em geral recorrem ao que é conhecido como *experimento natural,* um conjunto de condições que imitam o experimento almejado, mas que, por várias razões, não é possível. Nesse caso, o que se pretende é uma mudança radical na população carcerária de vários estados, por motivos que não têm nada a ver com a criminalidade nessas unidades federadas.

Felizmente, a American Civil Liberties Union – ACLU foi bastante competente para promover exatamente esse experimento. Nas décadas recentes, a ACLU ajuizou ações contra dezenas de estados para protestar contra a superpopulação nos presídios. Tudo bem, a escolha dos estados não foi em nada aleatória. A ACLU adota essa medida onde os presídios estão mais apinhados e onde tem as melhores chances de ganhar. Porém, as tendências da criminalidade em estados acionados pela ACLU parecem muito semelhantes às de outros estados.

A ACLU obtém sentença favorável em quase todos esses casos, obrigando o estado a reduzir a superpopulação, libertando alguns prisioneiros. Nos três anos subsequentes a essas decisões judiciais, a população carcerária nesses estados cai 15% em relação ao restante do país.

E o que fazem esses prisioneiros libertados? Praticam vasta gama de crimes. Nos três anos seguintes à vitória da ACLU, os crimes contra a pessoa aumentam em 10% e os crimes contra o patrimônio sobem 5% nos estados afetados.

Portanto, dá algum trabalho, mas o uso de abordagens indiretas, como os experimentos naturais, pode nos ajudar a analisar retrospectivamente o aumento dramático na criminalidade na década de 1960 e encontrar algumas explicações.

Um fator importante foi a justiça penal em si. A proporção de prisões em relação à criminalidade caiu drasticamente durante a década de 1960, tanto para crimes contra a propriedade quanto para crimes contra a pessoa. No entanto, além de a polícia prender parcela menor dos delinquentes, as varas criminais eram menos tendentes a trancafiar os indiciados. Na década de 1970, os criminosos passavam 60% menos tempo atrás das grades que na hipótese de terem cometido o mesmo delito uma década antes. No todo, a redução das punições durante a década de 1960 parece ter sido responsável por mais ou menos 30% do aumento da criminalidade.

A explosão demográfica do pós-guerra foi outro fator. Entre 1960 e 1980, a proporção da população americana com idades entre 15 e 24 anos aumentou em quase 40%, surto sem precedentes na faixa etária com maior probabilidade de se envolver com o crime. Porém, mesmo essa mudança demográfica radical não pode responder por mais que cerca de 10% do agravamento da criminalidade.

Portanto, juntos, o *baby boom* e o declínio na taxa de encarceramento explicam menos da metade do pico na criminalidade. Embora numerosas outras hipóteses tenham sido aventadas, inclusive a grande migração de afro-americanos do sul rural para as cidades do norte e o retorno dos veteranos do Vietnã, com as cicatrizes da guerra – tudo isso, no agregado, ainda não é suficiente para explicar o surto na criminalidade. Décadas depois, muitos criminologistas continuam perplexos.

A resposta pode estar bem diante de nossos narizes, literalmente: televisão. Talvez Beaver Cleaver e sua família perfeita, da série de televisão "Leave it to Beaver", que fez grande sucesso nos Estados Unidos, não tenha sido apenas uma das baixas da mudança nos tempos (O último episódio da série foi ao ar em 1963, ano em que Kennedy foi assassinado.) É possível que o personagem e o contexto tenham sido, na verdade, *causa* do problema.

Sempre se supôs que a violência nos programas de televisão estimula comportamentos violentos, mas esse pressuposto não é comprovado pelos dados. Apresentamos aqui argumento inteiramente diferente. Nossa alegação é que as crianças que passam muitas horas diante da televisão, mesmo assistindo apenas aos programas mais inócuos, envolvendo famílias e personagens infantis, são mais tendentes a participar de atividades criminosas na idade adulta.

O teste dessa hipótese não é fácil. Não há como comparar grupos aleatórios de crianças que assistiram a muito ou pouco televisão. As que ficavam grudadas na televisão decerto são diferentes das outras sob diversos aspectos, além do de espectadores aficionados.

Estratégia mais confiável seria comparar cidades que receberam sinal de televisão desde cedo com outras que só contaram com esse progresso muito depois.

Já observamos neste livro que a TV a cabo chegou a diferentes áreas da Índia em sucessivas épocas, efeito escalonado que possibilitou a mensuração do impacto da televisão sobre as mulheres indianas do meio rural. O lançamento da televisão nos Estados Unidos foi ainda mais acidentado, em consequência, principalmente, de uma interrupção de quatro anos, de 1948 a 1952, quando

HISTÓRIAS INCRÍVEIS SOBRE APATIA E ALTRUÍSMO

a Federal Communications Commission suspendeu a concessão de licença a novas emissoras, para reconfigurar o espectro de transmissão.

Alguns lugares dos Estados Unidos começaram a receber sinais em meados da década de 1940, enquanto outros só tiveram televisão dez anos depois. Acontece que se constataram enormes diferenças nas tendências da criminalidade entre as cidades que receberam televisão cedo e aquelas em que a televisão chegou bem mais tarde. Nesses dois conjuntos de cidades, as incidências de crimes contra a pessoa antes do surgimento da televisão eram semelhantes. Porém, em 1970, a prática dessa modalidade de delito era duas vezes mais alta nas cidades que receberam televisão logo no começo que naquelas em que a televisão chegou mais tarde. Quanto aos crimes contra a propriedade, as cidades pioneiras na nova mídia começaram com taxas muito *mais baixas* na década de 1940 que as retardatárias, mas acabaram com taxas muito mais elevadas.

Evidentemente, pode haver outras diferenças entre os dois grupos de cidades. Para contornar esse aspecto, podemos comparar crianças que nasceram na mesma cidade, por exemplo, em 1950 e 1955. Assim, numa cidade que recebeu televisão em 1954, estamos comparando uma faixa etária que não teve televisão nos quatro primeiros anos de vida com outra faixa etária que sempre teve televisão, desde o nascimento. Em consequência da adoção escalonada da televisão, o momento do corte entre as faixas etárias que cresceram com e sem televisão nos primeiros anos de vida varia muito entre as cidades. Daí decorre a possibilidade de prever especificamente as cidades em que o aumento da criminalidade tenderá a ocorrer antes que em outras – assim como a idade provável dos criminosos.

E, então, no fim das contas, será que a entrada da televisão exerceu algum efeito discernível sobre a taxa de criminalidade das cidades?

A resposta, na verdade, parece ser sim. Para cada ano adicional em que os jovens foram expostos à televisão em seus primeiros 15 anos, constatamos, mais tarde, aumento de 4% no número de prisões por crimes contra a propriedade e de 2% nas prisões por crimes contra a pessoa. De acordo com nossas análises, o impacto total da televisão na taxa de criminalidade na década de 1960 foi um aumento de 50% nos crimes contra a propriedade e de 25% nos crimes contra a pessoa.

E por que será que a televisão exerceu impacto tão dramático?

SUPERFREAKONOMICS

Nossos dados não oferecem resposta segura. O efeito é mais intenso para crianças que foram submetidas a maior exposição, desde o nascimento até os quatro anos. Como a maioria das crianças até quatro anos não assiste a programas violentos, é difícil argumentar que o conteúdo é o problema.

Talvez as crianças que viram muita televisão nunca se socializaram adequadamente ou nunca aprenderam a entreter-se. Talvez a televisão tenha exacerbado nos despossuídos o desejo de ter as coisas que não possuíam, mesmo que para tanto precisassem roubar e até matar. Ou talvez nem tivesse nada a ver com as crianças em si; quem sabe o papai e a mamãe não tenham deixado de lado os filhos, ao descobrirem que ver televisão era muito mais divertido que cuidar da prole?

Mas também é possível que os primeiros programas de televisão realmente *tenham estimulado* comportamentos criminosos. "The Andy Griffith Show", enorme sucesso que debutou em 1960, apresentava um xerife amistoso que não portava armas e seu ajudante trapalhão, chamado Barney Fife. Será que os pretensos criminosos que viram o par na televisão não concluíram que simplesmente não era preciso ter medo da polícia?

Como sociedade, passamos a aceitar que algumas maçãs podres cometem crimes. Mas essa resignação ainda não explica por que nenhum dos vizinhos de Kitty Genovese – pessoas comuns, gente boa – por algum motivo não a ajudaram, nem mesmo chamando a polícia. Todos testemunhamos atos de altruísmo, grandes e pequenos, quase todos os dias. (É até possível que também pratiquemos os nossos.) Assim sendo, por que ninguém demonstrou altruísmo naquela noite, no Queens?

Uma pergunta como essa parece situar-se fora do escopo da economia. Decerto, apertos de liquidez, preços do petróleo e até obrigações de dívidas colateralizadas (CDOs) interessam à economia – mas comportamentos sociais como altruísmo? É isso que os economistas realmente fazem?

Durante centenas de anos, a resposta foi não. Porém, mais ou menos na época do assassinato de Genovese, alguns economistas infiéis passaram a importar-se profundamente com essas questões. O principal deles foi Gary Becker, com quem já nos encontramos na Introdução deste livro. Não satisfeito em apenas avaliar as escolhas econômicas das pessoas, Becker tentou considerar os sentimentos que conduzem a essas opções.

Algumas das pesquisas mais instigantes de Becker foram sobre o altruísmo. Ele argumentou, por exemplo, que a mesma pessoa capaz de pautar-se apenas pelo egoísmo nos negócios poderia ser admiravelmente altruísta em outras circunstâncias – no entanto, um aspecto importante de suas considerações (afinal, Becker é economista), ele sustentou que o altruísmo, mesmo no âmbito familiar, tinha um elemento estratégico. Anos depois, os economistas Doug Bernheim, Andrei Shleifer e Larry Summers demonstraram empiricamente o argumento de Becker. Usando dados de um estudo diacrônico do governo americano, eles mostraram que um pai idoso internado em asilo tende a ser mais visitado pelos filhos adultos se estes estiverem contando com herança polpuda.

Mas, espere, você diria: talvez a prole das famílias ricas seja simplesmente mais zelosa em relação aos pais idosos.

Essa conjectura é razoável – situação em que você esperaria que o filho único de pais ricos seria ainda mais virtuoso. Porém, os dados não demonstram aumento nas visitas aos asilos de idosos se a família rica tiver só um filho; a solicitude só aumenta quando são ao menos dois filhos. Essa constatação sugere que as visitas são mais frequentes por causa da competição entre os irmãos pelo espólio. O que poderia parecer o bom e velho altruísmo intrafamiliar talvez não passe de imposto antecipado sobre a expectativa de herança.

Alguns governos, conscientes da realidade do mundo, chegaram ao ponto de obrigar por lei os filhos adultos a visitar ou a sustentar os papais e mamães idosos. Em Cingapura, o estatuto é conhecido como Lei de Sustento dos Pais.

No entanto, não raro deparamos com manifestações extraordinárias de altruísmo, e não apenas no âmbito familiar. Os americanos, em especial, são reconhecidamente generosos, doando cerca de US$300 bilhões por ano para a filantropia, mais de 2% do PIB do país. Basta remontar ao último furacão ou terremoto de proporções calamitosas e lembrar-se da multidão de bons samaritanos que socorreram os flagelados com dinheiro e tempo.

Mas por quê?

Tradicionalmente, os economistas assumem que as pessoas, em geral, tomam decisões racionais, com base em seus interesses próprios. Assim sendo, por que cargas-d'água essa pessoa racional – o *homo economicus*, como tem sido chamado – doaria parte de seu dinheiro, ganho a duras penas, a alguém que não conhece, residente num lugar que mal consegue localizar no mapa, em troca de nada mais que não sabe bem o quê? Como discernir se um ato é altruísta

SUPERFREAKONOMICS

ou autosserviente? Se você ajuda um vizinho a reconstruir um celeiro destruído por um incêndio, você o faz por ser uma pessoa de princípios ou por saber que seu próprio celeiro também pode pegar fogo um dia? Quando um magnata doa milhões à universidade em que estudou, seu propósito é a promoção da educação e do conhecimento ou dar seu nome ao novo ginásio esportivo?

O discernimento dessas motivações no mundo real é extremamente difícil. Embora seja fácil observar as ações – ou, no caso de Kitty Genovese, a *ina*ção –, é muito mais difícil compreender as intenções por trás das ações.

É possível explorar experimentos naturais, como as iniciativas da ACLU, para avaliar o altruísmo? Seria o caso de observar uma série de calamidades, por exemplo, para ver o quanto atraíram em contribuições filantrópicas. Porém, com tantas variáveis, seria difícil desenlear o altruísmo do emaranhado de outras motivações. Um terremoto estropiante na China não é o mesmo que uma seca causticante na África, que também é diferente de um furacão devastador em New Orleans. Cada desastre tem seu próprio tipo de "apelo" – e, igualmente importante, as doações são profundamente influenciadas pela cobertura da mídia. Recente estudo acadêmico constatou que determinado desastre se beneficiou com aumento de 18% em ajuda filantrópica para cada artigo de jornal com 700 palavras e de 13% para cada 60 segundos de cobertura pelos noticiários de televisão. (Quem pretender levantar dinheiro para um desastre no Terceiro Mundo deve torcer para que ele aconteça em dia de poucas notícias.) E esses desastres são, em si mesmos, anomalias – especialmente os mais ruidosos, como ataques de tubarão – que, provavelmente, não têm muito a ver com nosso padrão de altruísmo.

Com o tempo, esses economistas infiéis adotaram abordagem diferente: Como é muito difícil medir o altruísmo no mundo real, por que não desvencilhar-se de todas as complexidades inerentes à realidade e levar os sujeitos para o laboratório?

Os experimentos de laboratório são, evidentemente, os pilares das ciências físicas, e assim têm sido desde quando Galileu Galilei testou sua teoria da aceleração, por meio de uma esfera de bronze que deixou rolar pela gravidade num plano inclinado de madeira. Galileu acreditava – corretamente, como se veio a constatar – que uma pequena criação como a dele poderia contribuir para a melhor compreensão das mais importantes criações conhecidas pela humanidade: as forças terrestres, a dinâmica celeste e o funcionamento da vida humana em si.

Mais de três séculos depois, o físico Richard Feynman reafirmou o primado dessa crença. "O teste de todo o conhecimento é a experimentação", disse. "A experimentação é o único 'juiz' da verdade científica." A eletricidade que você usa, o remédio que você engole contra o colesterol, a página, tela ou alto-falante por meio do qual você toma conhecimento destas palavras – tudo é produto de muita experimentação.

Os economistas, contudo, nunca confiaram tanto assim no laboratório. A maioria dos problemas com que se preocupam tradicionalmente – o efeito do aumento dos impostos, por exemplo, sobre as causas da inflação – são difíceis de captar em laboratório. No entanto, se o laboratório tem sido capaz de desvendar os mistérios científicos do universo, decerto também poderia ajudar a compreender algo tão benigno quanto o altruísmo.

Esses novos experimentos, tipicamente, assumem a forma de jogo, conduzido por professores universitários e praticado pelos estudantes. Essa trajetória foi pavimentada pelas mentes maravilhosas de John Nash e de outros economistas, que, na década de 1950, fizeram numerosos experimentos envolvendo o Dilema do Prisioneiro, problema da teoria dos jogos que veio a ser considerado teste clássico da cooperação estratégica. (Ele foi inventado para suscitar, recolher e reunir insights sobre o impasse nuclear entre os Estados Unidos e a União Soviética.)

No começo da década de 1980, o Dilema do Prisioneiro havia inspirado um jogo de laboratório denominado Ultimatum, que consiste no seguinte: dois jogadores, que se mantêm anônimos entre si, têm a chance única de dividir determinada importância em dinheiro. A Jogadora 1 (vamos chamá-la de Annika) recebe US$20 e é instruída a oferecer qualquer quantia, de US$0 a US$20, à Jogadora 2 (vamos chamá-la de Zelda). Zelda deve decidir entre aceitar ou rejeitar a oferta de Annika. Se aceitar, elas dividem o dinheiro, de acordo com a oferta de Annika. Mas, se ela rejeitar, as duas vão para casa de mãos vazias. Ambas as jogadoras conhecem todas as regras do jogo.

Para os economistas, a estratégia é óbvia. Como mesmo um centavo é mais valioso que nada, faz sentido para Zelda aceitar qualquer oferta, até de um centavo – e, portanto, é lógico para Annika *oferecer* apenas um centavo e ficar com US$19,99.

SUPERFREAKONOMICS

Porém, que se danem os economistas, não era assim que os participantes agiam. As Zeldas, em geral, rejeitavam ofertas inferiores a US$3. Aparentemente, ficavam tão irritadas com propostas irrisórias que se dispunham a pagar para expressar sua insatisfação. Não que as ofertas irrisórias fossem muito comuns. Em média, as Annikas ofereciam às Zeldas mais de US$6. Considerando as regras do jogo, a intenção implícita em ofertas assim tão grandes era eliminar a hipótese de rejeição. Mas, ainda assim, a média de US$6 – quase um terço da quantia total – parecia muito generosa.

Essa tendência significa altruísmo?

Talvez, mas provavelmente não. O jogador do Ultimatum que faz a oferta tem algo a ganhar – evitar a rejeição –, sendo mais generoso nas ofertas. Como geralmente acontece no mundo real, comportamentos aparentemente generosos no Ultimatum se ligam inextrincavelmente a motivações potencialmente egoístas.

Entra, assim, em cena nova e engenhosa versão do Ultimatum, denominada Dictator. Mais uma vez, pequena importância em dinheiro é dividida entre duas pessoas. Porém, neste caso, apenas uma pessoa decide. (Daí o nome: o "ditador" é o único jogador relevante.)

O experimento original Dictator funcionava assim: Annika recebia US$20 e era informada de que poderia dividir o dinheiro com alguma Zelda anônima, de uma de duas maneiras: (1) a metade exata, cada pessoa ficando com US$10; ou (2) Annika ficando com US$18 e dando apenas US$2 a Zelda.

O Dictator era brilhante em sua simplicidade. Como jogo de lance único entre dois jogadores anônimos, ele parecia descartar todos os fatores complexos do altruísmo no mundo real. A generosidade não era recompensada nem o egoísmo era punido, pois o segundo jogador (o que não era o ditador) não tinha meios para punir o ditador se este agisse com egoísmo. A anonimidade, por seu turno, eliminava a influência de qualquer possível sentimento pessoal do doador em relação ao receptor. Os americanos, por exemplo, tendem a ter sentimentos diferentes para com as vítimas do Furacão Katrina, de um terremoto na China ou de uma seca na África. Também é provável que se solidarizem de maneiras diversas com a vítima de um furacão e com a vítima de AIDS.

Portanto, o jogo Dictator parecia ir direto ao âmago de nossos impulsos altruístas. Como *você* o jogaria: imagine que você seja o ditador, que se defronta com a escolha de dar metade dos seus US$20 ou dar apenas US$2.

HISTÓRIAS INCRÍVEIS SOBRE APATIA E ALTRUÍSMO

O mais provável é que você... divida o dinheiro em quantias iguais. Foi o que fizeram três em cada quatro participantes nos primeiros experimentos do Dictator. Espantoso!

O Dictator e o Ultimatum produziram resultados tão instigantes que os jogos logo incendiaram a comunidade acadêmica. Foram repetidos centenas de vezes, em numerosas versões e em diversos contextos, não só por economistas, mas também por psicólogos, sociólogos e antropólogos. Em estudo histórico, publicado na forma de livro como *Foundations of Human Sociality*, um grupo de acadêmicos de destaque viajaram pelo mundo para testar o altruísmo em 15 sociedades pequenas, como os caçadores e coletores da Tanzânia, os índios Aché, no Paraguai, e os Mongóis e os Cazaques, na Mongólia.

Como veio a constatar-se, não importava que o experimento fosse conduzido na Mongólia ou no South Side de Chicago: as pessoas doavam. A essa altura, o jogo já havia sido modificado para que o ditador pudesse oferecer qualquer quantia (de US$0 a US$20), em vez de limitar-se às duas opções originais (US$2 ou US$10). Nessa nova versão, as doações eram em média de US$4, ou 20% do total.

A mensagem não poderia ter sido mais clara: o altruísmo parecia inerente aos seres humanos. Além de edificante – no mínimo parecia indicar que os vizinhos de Kitty Genovese eram anomalias grotescas –, essa conclusão também sacudia os fundamentos da economia tradicional. "Na última década", afirmou *Foundations of Human Sociality*, "as pesquisas em economia experimental desmentiram a representação do *Homo economicus* nos livros-textos".

Os não economistas deviam ser perdoados se exultassem de satisfação. O *Homo economicus*, aquela criatura hiper-racional e movida pelo interesse próprio, que os cientistas funéreos cultivaram desde o começo dos tempos, estava morto (se é que algum dia existiu). Aleluia!

Se esse novo paradigma – *Homo altruisticus*? – era má notícia para os economistas tradicionais, a novidade parecia positiva para quase todo o mundo. A filantropia e os setores de mitigação de desastres, em especial, tinham motivos para empolgação. Mas as implicações eram muito mais amplas. Qualquer pessoa, desde os ocupantes dos mais altos cargos no governo, até os pais que nutrem a expectativa de criar filhos com mentalidade cívica, deve inspirar-se nas descobertas do Dictator – pois se o ser humano é altruísta por natureza, a sociedade pode recorrer ao altruísmo para resolver seus problemas mais desconcertantes.

Veja o caso de transplante de órgãos. O primeiro transplante de rim bem-sucedido foi realizado em 1954. Para o leigo, parecia mais um milagre: alguém que certamente morreria de insuficiência renal agora podia viver com um órgão de reposição implantado em seu corpo.

De onde vem esse novo rim? A fonte mais conveniente é um cadáver ainda fresco, da vítima de um acidente automobilístico, talvez, ou de outro tipo de óbito que tenha deixado órgãos sãos. O fato de a morte de uma pessoa ter salvado a vida de outra apenas intensificava o senso de milagre.

Mas, com o decorrer do tempo, os transplantes se tornaram vítima do próprio sucesso. A oferta normal de cadáveres era insuficiente para atender a demanda por órgãos. Nos Estados Unidos, a taxa de mortes no trânsito estava em declínio, ótima notícia para os motoristas, mas péssima notícia para os pacientes na fila de espera de um rim como condição de sobrevivência. (Ao menos, as mortes em acidentes com motocicletas continuaram subindo, graças, em parte, às muitas leis estaduais que permitem aos motociclistas – ou aos "doadorciclistas" [donorcyclists], como os cirurgiões os denominam, a dirigir sem capacetes.) Na Europa, alguns países promulgaram leis estipulando o "consentimento presumido"; em vez de pedir que as pessoas sejam doadores de órgãos em caso de acidente, o Estado passa a ter o direito de extrair seus órgãos, na falta de manifestação expressa em contrário dele ou da família. Porém, mesmo assim, a oferta de rins nunca foi suficiente para atender à demanda.

Felizmente, os cadáveres não são a única fonte de órgãos. Nascemos com dois órgãos, mas precisamos de apenas um para sobreviver – o segundo é apenas um acidente feliz da evolução –, ou seja, um doador vivo pode renunciar a um rim para salvar a vida de alguém e ainda levar vida normal. Isso é altruísmo!

Muitas são as histórias de doações de rim entre cônjuges, irmãos, pais e filhos e até velhos amigos. Mas e se você estivesse morrendo e não contasse com amigo ou parente disposto a ceder-lhe um rim?

Um país, o Irã, de tal maneira se preocupou com a escassez de rins que adotou um programa que seria considerado barbárie em muitos outros países. É o tipo de ideia com que alguns economistas teriam sonhado, imbuídos da crença no *Homo economicus:* o governo iraniano *compra* um rim de pessoas vivas, mais ou menos US$1.200, além de um complemento por conta do receptor.

HISTÓRIAS INCRÍVEIS SOBRE APATIA E ALTRUÍSMO

Entrementes, nos Estados Unidos, durante depoimento no Congresso, um médico empreendedor, chamado Barry Jacobs, descreveu seu próprio plano de compra de órgãos. Sua empresa, a International Kidney Exchange, Ltd., traria cidadãos do Terceiro Mundo para os Estados Unidos, removeria um de seus rins, pagaria pelo órgão e os enviaria de volta para o país de origem. Jacobs foi vilipendiado até por levantar a hipótese. Seu crítico mais vigoroso foi um jovem congressista do Tennessee, chamado Al Gore, que indagou, ironicamente, se esses sem-rim "não estariam dispostos a reduzir o preço, pelo privilégio de verem a Estátua da Liberdade, o Capitólio ou algo mais".

O Congresso de imediato aprovou uma lei, o National Organ Transplant Act, que tornou ilegal "para qualquer pessoa, conscientemente, adquirir, receber ou de alguma outra forma transferir qualquer órgão humano, por considerações pecuniárias, para uso em transplantes entre humanos".

Sem dúvida, um país como o Irã pode permitir que as pessoas comprem e vendam órgãos humanos como se fossem galinhas vivas em um mercado. Mas, decerto, os Estados Unidos não tiveram nem estômago nem necessidade de tomar essa iniciativa desesperada. Afinal, alguns dos pesquisadores acadêmicos mais brilhantes do país já haviam concluído, em bases científicas, que os seres humanos são altruístas pela própria natureza. Talvez esse altruísmo fosse apenas antiga redundância evolutiva, como aquele segundo rim. Mas o que importava sua *origem* remota? Os Estados Unidos deveriam liderar o avanço, uma lanterna de popa a guiar os outros países, recorrendo orgulhosamente a nosso altruísmo inato para arregimentar doadores de rim, imbuídos do propósito nobre de salvar dezenas de milhares de vidas todos os anos.

Os jogos Ultimatum e Dictator inspiraram um surto na economia experimental, que, por seu turno, instigou uma subárea denominada economia comportamental. Mistura de economia tradicional e psicologia, a nova disciplina procurava analisar as motivações humanas elusivas e, não raro, enigmáticas. Gary Becker vinha refletindo sobre a questão havia décadas.

Com seus experimentos, os economistas comportamentalistas continuaram a manchar a reputação do *Homo economicus*, que a cada dia parecia menos movido pelo interesse próprio. Quem questionasse essas conclusões, que verificasse os últimos resultados de laboratório sobre altruísmo, cooperação e equidade.

103

SUPERFREAKONOMICS

Um dos mais prolíficos economistas experimentais da nova geração era John List, de Sun Prairie, Wisconsin. Ele se tornara economista por acidente e seu pedigree acadêmico era bem menos sofisticado que o de seus pares mais velhos. Sua família era de caminhoneiros. "Meu avô veio da Alemanha, onde era agricultor", diz List. "Então, ele percebeu que os caminhoneiros ganhavam mais dinheiro que ele, apenas para levar os grãos até o moinho, e então decidiu vender tudo e comprar um caminhão."

Os Lists eram uma família inteligente, trabalhadora e atlética, mas as atividades acadêmicas não eram para eles de importância transcendental. O pai de John começou a dirigir caminhões aos 12 anos; John, por seu turno, também tentou entrar no negócio da família. Mas se rebelou e foi para a universidade, o que aconteceu apenas porque conseguiu uma bolsa de estudos parcial para a Universidade of Wisconsin-Stevens Point, também para jogar golfe. Durante as férias escolares ele ajudava o pai a descarregar alimentos para gado ou a levar cargas de artigos de papelaria para Chicago, a três horas e meia de caminhão.

Durante os treinos de golfe, em Stevens Point, ele percebeu que um grupo de professores de Economia tinha tempo para jogar golfe quase todas as tardes. Foi quando List decidiu tornar-se professor de Economia, para o que contribuiu o fato de gostar da disciplina.

Para fazer o curso de pós-graduação, ele escolheu a University of Wyoming. Não era, de modo algum, um programa de primeira linha, mas mesmo assim ele se sentiu em desvantagem. No primeiro dia, quando os alunos descreveram em sala de aula alguns de seus antecedentes pessoais, List percebeu que todos os olhares convergiram em sua direção, ao declarar que se formara por Stevens Point. Todos tinham frequentado escolas como Columbia e University of Virginia. Concluiu, então, que sua única chance era trabalhar mais que os colegas. Nos anos seguintes, escreveu mais trabalhos e fez mais exames de qualificação que qualquer colega – e, como muitos jovens economistas, começou a envolver-se com experimentos de laboratório.

Quando chegou a hora de candidatar-se a um emprego como professor, List enviou o currículo para 150 instituições. A reação foi, digamos, pouco efusiva. Mas ele efetivamente conseguiu emprego na University of Central Florida, em Orlando, onde assumiu intensa carga letiva e ainda treinava as equipes masculinas e femininas de esqui aquático. Ele era um economista operário, se é que isso alguma vez existiu. E ainda escrevia sucessivos trabalhos e conduzia muitos experimentos; suas equipes de esqui aquático até se classificaram para disputar campeonatos nacionais.

Depois de alguns anos, List foi convidado para associar-se a Vernon Smith, chefe do laboratório de experimentos econômicos da University of Arizona. O emprego lhe renderia US\$63.000, muito mais que seu salário na UCF. Por lealdade, List expôs a oferta ao reitor, na expectativa de que a UCF ao menos contrapropusesse o mesmo salário.

– Por US\$63.000 – disseram-lhe – acho que conseguimos substituí-lo.

A permanência dele no Arizona foi breve, pois logo foi recrutado pela University of Maryland. Enquanto lecionava lá, também serviu no Conselho de Assessores Econômicos da Presidência dos Estados Unidos. List foi o único economista que participou da delegação americana enviada à Índia para ajudar nas negociações do Protocolo de Quioto.

Agora, ele era personagem central da economia experimental, área que nunca estivera tão animada. Em 2002, o Prêmio Nobel de Economia foi compartilhado por Vernon Smith e Daniel Kahneman, psicólogo cujas pesquisas sobre processo decisório lançaram as bases da economia comportamental. Esses homens e outros de sua geração desenvolveram os cânones de pesquisa que fundamentalmente desafiaram o *status quo* da economia clássica. E List seguia com perseverança as pegadas deles, aplicando diferentes versões do Dictator e de outros jogos de laboratório comportamentalistas.

Porém, desde seus dias em Stevens Point, ele também vinha conduzindo experimentos de campo diferentes, cujos participantes não sabiam tratar-se de um experimento. Com base nesses estudos, ele descobriu que as constatações em laboratório nem sempre refletiam o mundo real. (Os economistas são conhecidos por admirarem as provas teóricas; daí o velho gracejo: *Sem dúvida funciona na prática, mas será que funciona na teoria?*)

Alguns de seus experimentos mais interessantes envolveram figurinhas de jogadores de beisebol, em Virginia. List participava desses eventos havia anos. Como estudante de graduação, ele vendia figurinhas esportivas, dirigindo até Des Moines, Chicago, ou Minneapolis, ou para onde houvesse bom mercado.

Em Virginia, List percorria as salas de negociações e recrutava, ao acaso, clientes e dealers, pedindo-lhes que participassem de um experimento

SUPERFREAKONOMICS

econômico que ele estava realizando numa sala dos fundos. Era mais ou menos assim: Um cliente dizia o quanto estava disposto a pagar por uma única figurinha esportiva, escolhendo um de cinco preços predeterminados. Essas ofertas variavam de US$4 a US$50. Então, o distribuidor dava ao cliente a figurinha que deveria corresponder ao preço oferecido. Todos os clientes e dealers participavam de cinco dessas transações, embora com diferentes parceiros em cada rodada.

Quando o cliente define primeiro o preço – como os homens brancos que frequentavam as prostitutas de rua de Chicago –, o dealer dispõe de plenas condições para trapacear, dando ao cliente uma figurinha de valor inferior ao preço ofertado. Além disso, o dealer está em melhor situação para estimar o valor justo das figurinhas. Porém, os compradores também contavam com alguns trunfos: se achavam que os vendedores *trapaceariam*, simplesmente ofereciam preços baixos em cada rodada.

E, então, o que aconteceu? Em média, os clientes faziam ofertas bastante altas e os dealers lhes davam figurinhas de valor compatível, sugerindo que os compradores confiavam nos vendedores e a confiança dos compradores era devidamente recompensada.

Essas constatações não surpreenderam List. Ele simplesmente já demonstrara que os resultados que se obtinham em laboratório com estudantes universitários podiam ser repetidos fora do laboratório, com os operadores de figurinhas esportivas, ao menos quando os participantes sabem que o pesquisador está registrando com cuidado suas ações.

Então, ele realizou experimento diferente, na sala de negociações real. Mais uma vez, ele recrutou clientes ao acaso. Porém, desta vez, ele pediu que procurassem os dealers em seus postos, sem que os dealers soubessem que estavam sendo observados.

O protocolo era simples. O cliente fazia uma de duas ofertas ao dealer: "Dar-me a melhor figurinha de Frank Thomas que você puder, por US$20" ou "Dar-me a melhor figurinha de Frank Thomas que você puder, por US$65.

O que aconteceu?

Ao contrário do comportamento escrupuloso na sala dos fundos, os dealers sempre depenavam os clientes, dando-lhes figurinhas de qualidade inferior à que seria justa pelo preço ofertado. Essa situação se repetia em ambas as ofertas, de US$20 e de US$65. Mas List encontrou nos dados uma divisão

HISTÓRIAS INCRÍVEIS SOBRE APATIA E ALTRUÍSMO

interessante: os dealers de outras cidades trapaceavam com mais frequência que os dealers da própria cidade. E isso fazia sentido. O dealer local provavelmente estava mais preocupado em preservar sua reputação. É até possível que receasse alguma retaliação – quem sabe uma tacada de beisebol na cabeça, depois que o cliente descobrisse que havia sido logrado.

As trapaças na sala de negociações real levaram List a indagar se, talvez, toda aquela "confiança" e "honestidade" que ele havia testemunhado na sala dos fundos não eram, de modo algum, demonstrações de virtude, mas, sim, apenas consequência do escrutínio do experimentador? E se a mesma situação se aplicasse ao altruísmo?

Apesar de todas as evidências de altruísmo reunidas por seus pares e por seus colegas mais idosos, em experimentos de laboratório, List estava céptico. Seus experimentos de campo apontavam para outra direção, confirmando sua experiência pessoal. Quando ele tinha 19 anos, entregou uma carga de artigos de papelaria em Chicago. A namorada, Jennifer, o acompanhara na viagem. (Eles depois se casaram e têm cinco filhos.) Quando chegaram ao depósito, quatro homens estavam na plataforma de desembarque, sentados num sofá. Era o auge do verão e o dia estava escaldante. Um deles disse que estavam no intervalo para descanso.

List perguntou quanto tempo duraria o intervalo.

"Bem, não sabemos", respondeu o homem. "Acho bom vocês mesmos descarregarem o caminhão."

Segundo o costume, os ajudantes de depósito é que deveriam descarregar o caminhão, ou ao menos ajudar. Não havia dúvida de que daquela vez não seria assim. "Bem, se vocês não querem ajudar, tudo bem", respondeu List. "Mas me dêem a chave da empilhadeira."

Eles riram e disseram que não sabiam onde estava a chave.

E, assim, List e Jennifer começaram a descarregar o caminhão, caixa por caixa. Ensopados de suor e sentindo-se humilhados, os dois trabalharam duro, sob os olhares zombeteiros dos quatro homens. Finalmente, quando sobravam apenas algumas caixas, um dos ajudantes de repente achou a chave da empilhadeira e acabou de descarregar o caminhão.

Experiências como essa levaram John List a questionar com seriedade se o altruísmo realmente corre nas veias da humanidade, como sugerem experimentos como o Dictator e outros.

SUPERFREAKONOMICS

Sim, as pesquisas sobre comportamento humano foram muito aclamadas, inclusive rendendo um prêmio Nobel. Porém, quanto mais List refletia sobre o assunto, mais ficava em dúvida sobre se essas descobertas refletiam a realidade ou se estavam simplesmente erradas.

———

Em 2005, graças em grande parte a esses experimentos de campo, List foi convidado a trabalhar como professor estável na Universidade de Chicago, onde talvez se ofereça o curso de Economia mais famoso do mundo. Não era o que deveria acontecer. É lei quase inexorável da academia que os professores assumam posição estável em instituição menos prestigiosa não só que aquela em que começaram a lecionar, mas também que aquela que lhes conferiu o PhD John List, ao contrário, fez como o salmão que desova rio abaixo, em águas abertas. De volta a Wisconsin, a família não se mostrou impressionada. "Eles não compreendiam o meu fracasso", diz ele, "por que ainda não estou em Orlando, onde o clima é realmente ótimo, em vez de em Chicago, onde a criminalidade é alta."

Àquela altura, ele conhecia a literatura sobre altruísmo tão bem quanto outros professores. Mas estava um pouco mais familiarizado com o mundo real. "O intrigante", escreveu, "é que nem eu nem minha família ou amigos (nem as famílias e os amigos deles) nunca tenham recebido um envelope anônimo recheado de dinheiro. Como isso é possível, se dezenas de estudantes em todo o mundo ostensivamente demonstraram suas preferências por fazer doações em experimentos de laboratório, enviando dinheiro, no anonimato, a almas também anônimas?"

Assim sendo, List dispôs-se, definitivamente, a verificar se as pessoas são altruístas por natureza. Sua ferramenta foi o Dictator, a mesma que fomentara a sabedoria convencional. Mas ele tinha alguns ajustes escondidos na manga, que consistiriam em recrutar um grupo de voluntários entre os estudantes e conduzir algumas versões diferentes do experimento.

Ele começou com o Dictator clássico. O primeiro jogador (que, mais uma vez, chamaremos de Annika) recebia algum dinheiro e decidia entre não dar nada, dar parte do dinheiro ou dar todo o dinheiro. List constatou que 70% das Annikas davam algum dinheiro a Zelda e que a "doação" média correspondia a 25% do total. Esse resultado era perfeitamente compatível com as

HISTÓRIAS INCRÍVEIS SOBRE APATIA E ALTRUÍSMO

descobertas do Dictator típico e perfeitamente consistente com a premissa do altruísmo inato.

Na segunda versão, List ofereceu a Annika outra opção: Ela ainda podia dar a Zelda qualquer quantia, mas, se preferisse, dispunha da alternativa de *tirar* US$1 de Zelda. Se o ditador fosse altruísta, esse pequeno ajuste no jogo não teria importância alguma. Tudo o que List fez foi expandir o "conjunto de escolhas" do ditador, criando uma opção irrelevante para todos os jogadores, a não ser os mais sovinas.

No entanto, apenas 35% de todas as Annikas nessa nova versão modificada, "tire-um-dólar-se-quiser" deram algum dinheiro a Zelda. Quase 45% não deram nem um tostão, enquanto os restantes 20% tiraram 1 dólar de Zelda.

E agora? O que aconteceu com todo aquele altruísmo?

Mas List não parou aqui. Na terceira versão, disseram a Annika que Zelda também recebera a mesma quantia que fora dada a ela, Annika. E que ela poderia roubar de Zelda todo o pagamento – ou, se preferisse, poderia dar a Zelda qualquer quantia do próprio dinheiro.

O que aconteceu? Agora, apenas 10% das Annikas deram qualquer dinheiro a Zelda, enquanto mais de 60% delas tiraram dinheiro de Zelda. Mais de 40% das Annikas tiraram todo o dinheiro de Zelda. Sob a influência dos ajustes de List no experimento, um bando de altruístas de repente – e com muita facilidade – se transformou numa gangue de ladrões.

A quarta e última versão do experimento de List foi idêntica à terceira – o ditador poderia ficar com toda a pilha de dinheiro do outro jogador – mas com uma pequena alteração. Em vez de receber algum dinheiro para jogar, como é o padrão nesses experimentos de laboratório, Annika e Zelda primeiro tinham de trabalhar. (List precisava encher alguns envelopes para outro experimento e, com recursos limitados para pesquisa, ele matava dois coelhos com uma só cajadada.)

Depois de trabalhar, era hora de jogar. Annika ainda tinha a escolha de tirar todo o dinheiro de Zelda, como mais de 60% delas fizeram na versão anterior. Mas, agora, com ambos os jogadores tendo trabalhado para ganhar o dinheiro, apenas 28% das Annikas tiraram dinheiro de Zelda. Dois terços das Annikas não deram nem tiraram um tostão.

Ele reverteu a sabedoria convencional sobre altruísmo, introduzindo novos elementos num experimento de laboratório inteligente, para torná-lo um pouco mais parecido com o mundo real. Se sua única escolha no laboratório consistir em dar algum dinheiro, você provavelmente dará. Mas, no mundo real, essa raramente é sua única opção. A versão final do experimento, na qual os participantes foram incumbidos de encher os envelopes, foi talvez a mais convincente. Ela sugere que quando alguém ganhou dinheiro com trabalho e honestidade e acredita que outra pessoa agiu da mesma maneira, ela não dá o que ganhou nem tira o que não lhe pertence.

Mas como ficam nisso tudo todos os economistas comportamentalistas premiados que haviam identificado altruísmo à solta?

"Para mim, já está muito claro que a maioria das pessoas interpretou erroneamente seus dados", diz List. "Em minha opinião, esses novos experimentos puseram o dedo na ferida. Com certeza o que vimos não foi altruísmo."

List, laboriosamente, escalou sua carreira, de filho de motorista de caminhão ao topo de um grupo de acadêmicos de elite, que estavam reescrevendo as regras do comportamento econômico. Agora, para ser coerente com seus princípios científicos, ele precisava traí-los. À medida que suas descobertas começaram a transpirar, ele de repente se transformou, nas palavras dele, "no cara, sem dúvida, mais odiado do pedaço".

List ao menos pode consolar-se com a alta probabilidade de estar certo. Consideremos algumas das forças que tornam inacreditáveis os experimentos de laboratório.

A primeira é o viés da seleção. Lembre-se da natureza enganosa dos boletins de desempenho dos médicos. Os melhores cardiologistas da cidade provavelmente atraem os pacientes mais doentes e mais desesperados. Portanto, se a avaliação se basear apenas na taxa de mortalidade, o médico pode receber nota baixa, embora seja excelente profissional.

Do mesmo modo, será que os participantes voluntários do jogo Dictator são mais cooperativos que a média? Muito provavelmente sim. Alguns acadêmicos, muito antes de John List, já haviam observado que os experimentos comportamentais nos laboratórios universitários são "a ciência dos calouros que se apresentam como voluntários para participar de pesquisas e que também cumprem seus compromissos com os pesquisadores". Além disso, esses voluntários tendem a ser "idealistas ingênuos das ciências", que "tipicamente têm... maior necessidade de aprovação e menor grau de autoritarismo que os não voluntários".

Ou, talvez, quem *não* for idealista, simplesmente não participa desse tipo de experimento. Foi o que List observou durante seu estudo sobre figurinhas de jogadores de beisebol. Quando ele estava recrutando voluntários para a primeira rodada, que ele identificou com clareza como experimento econômico, ele anotou os dealers que se recusaram a participar. Na segunda rodada, em que despachou clientes para ver se os dealers desprevenidos os depenaria, List constatou que os dealers que se recusaram a participar da primeira rodada foram, em média, os maiores trapaceiros.

Outro fator que polui os experimentos de laboratório é o escrutínio. Quando os cientistas trazem para o laboratório um pedaço de urânio, bicho-da-farinha ou uma colônia de bactérias, esses objetos dificilmente mudarão seu comportamento apenas por estarem sendo observados por alguém com avental branco.

Quando se trata de seres humanos, contudo, o escrutínio exerce efeito poderoso. Você avança o sinal de trânsito quando vê um carro de polícia – ou, cada vez mais nos dias de hoje, quando sabe da existência de "pardal" em determinado cruzamento? Acho que não. A probabilidade de você lavar as mãos no banheiro do escritório é maior quando sua chefe já está lavando as dela? Acho que sim.

Não raro mudamos nosso comportamento quando sabemos que estamos sendo observados, mesmo da maneira mais sutil. Na University de Newcastle upon Tyne, na Inglaterra, uma professora de Psicologia, Melissa Bateson, realizou, disfarçadamente, um experimento na sala dos professores de seu próprio departamento. Por costume, os membros do corpo docente pagam o café e outras bebidas deixando o dinheiro numa "caixa da honestidade". Toda semana, Bateson afixava nova lista de preços. Os preços sempre eram os mesmos, mas a pequena fotografia no alto da lista mudava. Nas semanas ímpares, a foto era de flores; nas semanas pares, a foto era de um par de olhos humanos. Ao se perceberem sob a observação dos olhos, os colegas de Bateson deixavam *quase três vezes mais dinheiro* na caixa da honestidade. Portanto, não ria das aves que se assustam com os espantalhos, pois também os seres humanos têm medo de espantalhos.

Como o escrutínio afeta o jogo Dictator? Imagine que você seja um estudante – um calouro, provavelmente – que se apresentou como voluntário para

SUPERFREAKONOMICS

jogar. O professor que dirige o experimento pode ficar na retaguarda, mas, sem dúvida, ele está presente para registrar as escolhas dos participantes. Lembre-se de que as quantias são relativamente baixas, apenas US$20. Lembre-se, também, de que você recebeu esse dinheiro apenas para participar; você não trabalhou para ganhar o dinheiro.

Agora lhe perguntam se você gostaria de dar parte de seu dinheiro a um colega anônimo, que *não recebeu* os US$20 de mão beijada. Você realmente não faz questão de ficar com todo o dinheiro, faz? Você talvez não simpatize com esse professor, em especial; é possível até que não goste dele – mas ninguém quer parecer mesquinho aos olhos dos outros. *E, então, você decide: mas que droga! É melhor dar um pouco do dinheiro.* Nem o otimista mais ingênuo não chamaria isso de altruísmo.

Além do viés da seleção e do escrutínio, ainda existe outro fator a levar em conta. O comportamento humano é influenciado por um conjunto extremamente complexo de incentivos, de costumes sociais, de referências estruturantes e das lições aprendidas com a experiência – numa palavra, do contexto. Agimos de certa maneira porque, diante das escolhas e incentivos de determinada circunstância, parece mais produtivo agir assim. Isso também é conhecido como comportamento racional, que, por sua vez, é a própria essência da economia.

Não que os participantes do Dictator não se comportassem no contexto. Ao contrário. Agiam conforme as circunstâncias. Mas o contexto de laboratório é inevitavelmente artificial. Como escreveu um pesquisador acadêmico mais de um século atrás, os experimentos de laboratório têm o poder de transformar as pessoas em "autômatos estúpidos", que podem exibir "alegre disposição para ajudar o investigador de todas as maneiras possíveis, reportando-lhe exatamente aquilo que ele está ansioso por descobrir". O psiquiatra Martin Orne advertiu que o laboratório encoraja o que seria mais bem denominado de cooperação forçada. "Quase qualquer pedido concebível que poderia ser feito ao sujeito por um pesquisador de reputação", escreveu, "é legitimado pela expressão quase mágica: 'Isso é um experimento'".

O argumento de Orne foi confirmado de maneira um tanto espetacular por pelo menos dois infaustos experimentos de laboratório. Em estudo de 1961-62, desenvolvido para explicar por que os oficiais nazistas obedeciam às ordens brutais dos superiores, Stanley Milgram, psicólogo de Yale, reuniu voluntários para seguir suas instruções e aplicar uma série de choques elétricos

HISTÓRIAS INCRÍVEIS SOBRE APATIA E ALTRUÍSMO

cada vez mais dolorosos – pelo menos eles *pensavam* que os choques fossem dolorosos; tudo era uma montagem – em parceiros de laboratórios que não eram vistos. Em 1971, Philip Zimbardo, psicólogo de Stanford, realizou um experimento em que reproduzia um presídio, com alguns voluntários atuando como guardas e com outros representando prisioneiros. Os guardas começaram a comportar-se de maneira tão sádica que Zimbardo teve de interromper o experimento.

Quando se considera o que Zimbardo e Milgram conseguiram que seus voluntários de laboratório fizessem, não admira que os estimados pesquisadores que conduziram o jogo Dictator, com o objetivo inócuo de transferir poucos dólares de um para outro estudante de graduação, conseguissem, na expressão de List, "induzir quase qualquer nível de doação que eles almejassem".

Quando se observa o mundo com os olhos de um economista como John List, percebe-se que muitos atos aparentemente altruístas não mais parecem tão altruístas.

Talvez pareça altruísta doar US$100 à emissora de rádio local, mas, em troca, você recebe um ano de audiência sem culpa (e, se tiver sorte, talvez até ganhe uma bolsa de lona). Os cidadãos americanos são, de longe, os líderes mundiais em contribuições filantrópicas *per capita*, mas o Código Tributário dos Estados Unidos está entre os mais generosos quanto à dedutibilidade dessas despesas.

A maioria das doações é o que os economistas denominam *altruísmo impuro* ou *altruísmo do brilho caloroso*. Você dá não só por querer ajudar, mas também porque ao dar você parece bom, ou se sente bem, ou talvez não se considere tão mau.

Pense nos mendigos. Gary Becker já escreveu que a maioria das pessoas que dão dinheiro a pedintes age assim porque "a aparência desagradável ou o apelo persuasivo dos mendigos incute-lhes desconforto e culpa". Essa é a razão pela qual as pessoas muitas vezes atravessam a rua para evitar um mendigo, mas raramente se desviam de seu caminho para dar-lhe algo.

E quanto à política de doação de órgãos dos Estados Unidos, baseada na crença inabalável de que o altruísmo atenderá à demanda – será que está dando certo?

Não muito. Hoje, nos Estados Unidos, 80.000 pessoas estão na fila de espera por um rim, mas apenas 16.000 transplantes serão realizados este ano.

O hiato torna-se cada vez maior. Mais de 50.000 candidatos a receptores morreram nos últimos 20 anos, com pelo menos 13.000 saindo da lista de espera, por se tornarem doentes demais para resistirem à cirurgia.

Se o altruísmo fosse a resposta, a demanda por rins seria atendida pela oferta imediata de doadores. Mas não tem sido assim. Essa situação levou algumas pessoas – inclusive, o que não é surpreendente, Gary Becker – a sugerir o desenvolvimento de um mercado bem regulado de órgãos humanos, no qual os doadores em vida receberiam compensação em dinheiro, bolsas de estudo, isenções fiscais, ou outras formas. Até agora, a proposta tem sido rejeitada com repugnância generalizada e, por enquanto, parece politicamente inviável.

Lembre-se de que o Irã regulou um mercado semelhante quase 30 anos atrás. Embora esse mercado tenha suas falhas, qualquer pessoa no país que precise de transplante de rim não fica em fila de espera, pois a demanda tem sido plenamente atendida. O americano médio provavelmente não considerará o Irã um país de mentalidade avançada; no entanto, algum crédito merece o único país do planeta que reconhece o altruísmo pelo que é – e, muito importante, pelo que não é.

Se as pesquisas de John List provam alguma coisa, é que perguntas do tipo "O ser humano é por natureza altruísta?" não são o tipo de questão certa. As pessoas não são "boas" ou "más". As pessoas são pessoas e, como tal, reagem a incentivos. Quase sempre os indivíduos são manipuláveis – para o bem *ou* para o mal –, bastando, para tanto, encontrar as alavancas certas.

E, então, os seres humanos são capazes de comportamentos generosos, solidários e até heroicos? Sim, sem dúvida. E também são capazes de atos impiedosos de apatia? Sim, sem dúvida.

O assassinato brutal de Kitty Genovese diante de 38 pessoas impassíveis é algo inesquecível. O mais intrigante nesse caso é como bastava um mínimo insignificante de altruísmo para que alguém telefonasse para a polícia do aconchego seguro de sua casa. Essa é a razão por que a mesma pergunta – Como aquela gente pode agir de maneira tão hedionda? – continua incomodando depois de tantos anos.

Porém, talvez seja possível formular uma pergunta mais adequada: *Será que a atitude daqueles espectadores foi de fato tão horrível?*

HISTÓRIAS INCRÍVEIS SOBRE APATIA E ALTRUÍSMO

A base de quase tudo que já foi escrito ou dito sobre o assassinato de Genovese foi o artigo provocante do *New York Times*, que só foi publicado duas semanas depois do crime. Ele fora concebido durante um almoço entre dois homens: A. M. Rosenthal, editor metropolitano do jornal, e Michael Joseph Murphy, comissário de polícia da cidade.

O assassino de Genovese, Winston Moseley, já estava preso e havia confessado o crime. A história não era grande notícia, mormente no *Times*. Tratava-se apenas de mais um homicídio, lá longe, no Queens, não o tipo de coisa a que um jornal daquele gabarito desse muito espaço.

Curiosamente, contudo, Moseley também confessou um segundo assassinato, embora a polícia já tivesse prendido outro homem por aquele crime.

"Que tal essa dupla confissão no Queens?", Rosenthal perguntou a Murphy durante o almoço. "Seja como for, o que você acha dessa história?"

Em vez de responder, Murphy mudou de assunto.

"A história do Queens é algo diferente", respondeu, e, então, disse a Rosenthal que 38 pessoas haviam assistido ao assassinato de Kitty Genovese sem telefonar para a polícia.

"Trinta e oito!", exclamou Rosenthal.

"Sim, 38", confirmou Murphy. "Estou nesse negócio há muito tempo, mas este caso supera qualquer outro."

Rosenthal, conforme escreveu depois, "não tinha dúvidas de que o comissário estava exagerando". Se esse realmente fosse o caso, não faltavam incentivos a Murphy para agir dessa maneira. A história de dois homens presos pelo mesmo assassinato sem dúvida podia causar embaraços à polícia. Além disso, considerando a brutalidade e a duração do ataque a Genovese, que culminou com sua morte, a polícia ainda estava vulnerável a críticas. Por que *eles* não chegaram a tempo de salvar a vida dela?

Apesar do ceticismo de Rosenthal, ele despachou Martin Gansberg, copidesque veterano do jornal, que recentemente fora promovido a repórter, para Kew Gardens. Quatro dias depois, um dos lides mais indeléveis da história do jornalismo apareceu na primeira página do *Times*:

> *Durante mais de meia hora, 38 cidadãos respeitáveis, cumpridores da lei, no Queens, viram um assassino perseguir e esfaquear uma mulher, em três investidas separadas e sucessivas, no Kew Gardens...*

SUPERFREAKONOMICS

Para um repórter recém-promovido e para um editor ambicioso como Rosenthal – ele depois escreveu um livro, *Thirty-Eight Witnesses*, sobre o caso e chegou a principal editor do *Times* –, aquilo era um arrasa-quarteirão de grande impacto. Não é todo dia que um par de humildes jornalistas pode narrar uma história que marcará a agenda pública durante décadas vindouras sobre um tema tão inebriante quanto apatia cívica. Portanto, *eles* decerto tinham fortes incentivos para narrar a história.

Mas aquilo era verdade?

A melhor pessoa para responder a essa pergunta talvez seja Joseph De May Jr., 60 anos, advogado de Direito Marítimo, residente em Kew Gardens. Semblante descontraído e espontâneo, cabelos negros rarefeitos, olhos castanhos claros e muita disposição, De May, numa revigorante manhã de verão, não muito tempo atrás, nos acompanhou numa caminhada pelo bairro.

"O primeiro ataque ocorreu mais ou menos aqui", disse ele, parando na calçada, defronte a uma pequena loja, em Austin Street. "E Kitty deixou o carro lá, no estacionamento da estação ferroviária", prosseguiu, apontando para uma área a pouco mais de 30 metros.

O bairro mudou pouco desde o crime. Os edifícios, as ruas, as calçadas e as áreas de estacionamento continuam como eram na época. O Mowbray, edifício de apartamentos bem conservado, ainda se ergue no outro lado da rua, em frente ao local do primeiro ataque.

De May mudou-se para o bairro em 1974, dez anos depois do assassinato de Genovese. Aquele acontecimento não era algo a que ele dedicava muitas reflexões. Vários anos atrás, De May, membro da sociedade histórica local, construiu um site na Internet sobre a história de Kew Gardens. Depois de algum tempo, achou que deveria acrescentar uma seção sobre o assassinato de Genovese, pois aquela era a única razão pela qual Kew Gardens era conhecido no mundo exterior, se é que era realmente conhecido.

Ao reunir velhas fotografias e recortes de reportagens, ele começou a encontrar discrepâncias com a história oficial de Genovese. À medida que reconstruía o crime atentamente, vasculhando documentos legais e entrevistando veteranos daqueles tempos, aos poucos se convencia de que a lenda sobre as 38 testemunhas apáticas era, para dizer o mínimo, colorida demais e um tanto mitológica. Como advogado que é, De May dissecou o artigo do *Times* e identificou seis erros factuais só no primeiro parágrafo.

HISTÓRIAS INCRÍVEIS SOBRE APATIA E ALTRUÍSMO

Ao se referir às 38 pessoas, a lenda descreve o "fascínio das testemunhas em suas janelas, durante os 30 minutos que o assassino demorou para consumar seu repugnante delito, período em que retornou para três ataques separados", mas *"ninguém chamou a polícia durante o assalto"*.

A verdadeira história, de acordo com De May, teria sido mais ou menos a seguinte:

O primeiro ataque ocorreu por volta das 3h20, quando a maioria das pessoas estava dormindo. Genovese gritou por ajuda, quando Moseley a esfaqueou nas costas. O grito acordou alguns moradores do Mowbray, que correram para as janelas.

A calçada não era bem iluminada e talvez tenha sido difícil entender o que estava acontecendo. Conforme o próprio depoimento de Moseley, "Era tarde da noite e eu estava convencido de que ninguém poderia ver bem lá fora, de suas janelas". O que alguém provavelmente *teria visto* lá de cima era um homem em cima de uma mulher.

Pelo menos um dos moradores do Mowbray, um homem, gritou da janela: "Deixa a garota em paz!", o que levou Moseley a correr de volta para o carro, estacionado a menos de um quarteirão. "Vi que ela tinha se levantado e que não estava morta", depôs Moseley. Ele, então, deu marcha a ré no carro para que não vissem a placa.

Genovese esforçou-se para levantar e lentamente contornou o edifício para chegar à entrada de seu apartamento. Mas ela não completou o percurso, desmaiando no vestíbulo de um prédio vizinho.

Mais ou menos dez minutos depois do primeiro ataque, Moseley voltou. Não se sabe ao certo como ele a rastreou no escuro; talvez tenha acompanhado uma trilha de sangue. Ele a atacou de novo no vestíbulo e, então, fugiu definitivamente.

O artigo do *Times*, como a maioria das matérias jornalísticas sobre crimes, sobretudo naquela época, baseou-se principalmente em informações prestadas pela polícia. Primeiro, a polícia disse que Moseley atacou Genovese três vezes, conforme publicado no jornal. Mas, na verdade, foram apenas dois ataques. (A polícia acabou corrigindo a primeira informação, mas, como no jogo do Telefone, o erro prevaleceu.)

Assim, o primeiro ataque, que foi breve, ocorreu no meio da noite, numa calçada escura. E o segundo ataque aconteceu algum tempo depois, num ves-

117

SUPERFREAKONOMICS

tíbulo fechado, fora do campo de visão de qualquer pessoa que tivesse visto o primeiro ataque.

Quais foram, então, as "38 testemunhas"?

Esse número, também fornecido pela polícia, foi um exagero grosseiro. "Encontramos apenas meia dúzia de pessoas que realmente viram o que estava acontecendo e que poderiam depor", lembrou-se, depois, um dos promotores. Aí se incluía um vizinho que, segundo De May, pode ter testemunhado parte do segundo ataque, mas, ao que tudo indica, ele estava tão bêbado que não quis ligar para a polícia.

Mas, ainda assim, mesmo que o assassinato não tenha sido um espetáculo tão sangrento e prolongado, que se desenrolou diante de dezenas de vizinhos, por que ninguém pediu ajuda à polícia?

Até essa passagem da lenda talvez seja falsa. Quando De May lançou seu site, um dos seus visitantes foi Mike Hoffman. Ele ainda não completara 15 anos quando Genovese foi assassinada, e morava no segundo andar do Mowbray.

Segundo o relato de Hoffman, ele foi acordado por algum tumulto na rua. Abriu a janela do quarto, mas não conseguiu entender o falatório. Imaginou que talvez fosse uma briga de namorados e, mais zangado que preocupado, gritou para que calassem a boca.

Hoffman afirma que também ouviu gritos de outras pessoas e, quando abriu a janela, viu um homem correndo. Para não perdê-lo de vista, foi para outra janela em seu quarto, mas a figura já havia desaparecido na escuridão. Voltou para a primeira janela e viu uma mulher na calçada, tentando ficar em pé. "Foi quando meu pai entrou no quarto e berrou comigo por tê-lo acordado."

Hoffman disse ao pai o que acontecera. "O cara bateu na mulher e fugiu!" Hoffman e o pai viram quando a mulher, caminhando com grande dificuldade, virou a esquina. Então, tudo ficou em silêncio. "Meu pai telefonou para a polícia, para o caso de a mulher estar muito machucada e precisar de atendimento médico", diz Hoffman. "Naquele tempo, ainda não havia o 911. Tínhamos de discar para a telefonista e esperar a transferência para a polícia. A ligação para a polícia demorou vários minutos e meu pai finalmente relatou o que tinha visto e ouvido, e que a mulher foi embora andando, mas parecia tonta. Depois disso, não vimos nem ouvimos mais nada e todos fomos dormir."

Só na manhã seguinte os Hoffmans tomaram conhecimento do que aconteceu. "Fomos entrevistados por detetives e soubemos que ela deu a volta pelos

HISTÓRIAS INCRÍVEIS SOBRE APATIA E ALTRUÍSMO

fundos do prédio do outro lado da rua e que o cara voltou para acabar o serviço", disse Hoffman. "Lembro que meu pai disse à polícia que se eles tivessem vindo quando ele telefonou provavelmente ela ainda estaria viva."

Hoffman acredita que a resposta da polícia foi demorada porque a situação que ele descreveu não era de assassinato em andamento, mas, sim, de briga doméstica – o que, conforme as aparências, tinha acabado. O atacante fugira e a vítima fora embora, ainda que às tontas, por conta própria. Depois de uma chamada de baixa prioridade como aquela, diz Hoffman, "os policiais não guardam os biscoitos com tanta rapidez quanto no caso de chamada por homicídio".

A polícia reconhece que alguém realmente telefonou depois do segundo ataque, no vestíbulo, e afirma que chegaram pouco depois. Mas Hoffman acredita que o socorro pode ter sido consequência do primeiro telefonema de seu pai. Ou, talvez, houve mais de uma chamada: Joseph De May ouviu outro morador do Mowbray que alega ter telefonado para a polícia depois do primeiro ataque.

É difícil dizer até que ponto são confiáveis as lembranças que Hoffman ainda tem dos acontecimentos. (Ele efetivamente assinou um depoimento de suas recordações.) Também não se pode afirmar ao certo que a versão revisionista de De May é totalmente exata. (Em favor de sua credibilidade, ele observa que "número indeterminado de testemunhas oculares reagiram mal" naquela noite, e talvez pudessem ter feito mais para ajudar; ele também reluta em se considerar a fonte infalível de tudo sobre o caso Genovese.)

Tanto De May quanto Hoffman, ambos têm incentivos para desonerar os vizinhos da má reputação que os persegue desde o assassinato de Genovese. Isto dito, De May se esforça para não ser apologista dos vizinhos e Hoffman parece ser testemunha muito boa – alguém que, agora no fim da casa dos 50 e morando na Flórida, passou 20 anos na Cidade de Nova York como policial e que se aposentou como tenente.

Agora, considerando os vários incentivos em jogo, qual o menos verossímil: a versão de De May-Hoffman sobre os acontecimentos ou a sabedoria convencional de que toda uma vizinhança limitou-se a assistir à carnificina, recusando-se a prestar socorro?

Antes de responder, considere também as circunstâncias em que Winston Moseley acabou preso. Aconteceu poucos dias depois do assassinato de Genovese. Por volta das 15 horas, em Corona, outro bairro do Queens, Moseley foi visto retirando uma televisão da casa de uma família, de sobrenome Bannister, e levando-a para seu carro.

Um vizinho se aproximou e perguntou o que ele estava fazendo. Moseley disse que estava ajudando na mudança dos Bannisters. O vizinho voltou para casa e telefonou para outro vizinho para perguntar se os Bannisters estavam de fato mudando.

"Absolutamente não", respondeu o segundo vizinho. E telefonou para a polícia, enquanto o primeiro vizinho foi até o carro de Moseley e soltou o cabo do distribuidor.

Quando Moseley voltou para o carro e viu que não conseguia dar a partida, fugiu a pé, mas foi perseguido e preso por um policial. Sob interrogatório, admitiu espontaneamente o assassinato de Kitty Genovese poucas noites antes.

Assim, o homem que se tornou infame por ter matado uma mulher cujos vizinhos não intervieram acabou sendo preso graças à... intervenção de um vizinho.

CAPÍTULO 4

**CONSERTAR ESTÁ NA MODA –
E É BARATO E SIMPLES.**

A realidade inevitável é que as pessoas gostam de queixar-se, em especial de como o mundo moderno é ruim em comparação com o passado.

No entanto, essas queixas quase sempre são injustificadas. Praticamente sob qualquer aspecto que se imagine – guerra, crime, renda, educação, transportes, segurança do trabalho e saúde – o século XXI é muito mais hospitaleiro para os seres humanos, em média, do que qualquer outra época.

Considere o nascimento. Nos países industrializados, a atual taxa de mortalidade materna em decorrência de parto é de nove mulheres em cada 100.000 nascimentos. Apenas 100 anos atrás, essa proporção era quase 50 vezes mais alta.

Um dos riscos mais graves no parto era algo conhecido como febre puerperal, que quase sempre era fatal para a mãe e para a criança. Na década de 1840, alguns dos melhores hospitais da Europa – o London General Lying-in

Hospital, a Paris Maternité, a Dresden Maternity Hospital – sofriam com o mal. As mulheres chegavam saudáveis ao hospital para dar à luz e, então, pouco depois, contraíam a febre devastadora e morriam.

Talvez o melhor hospital da época fosse o Allgemeine Krankenhaus, ou Hospital Geral, em Viena. Entre 1841 e 1846, seus médicos acompanharam o nascimento de mais de 20.000 bebês; quase 2.000 mães, ou uma em cada dez, morreram. Em 1847, a situação piorou: *Uma em cada seis mães morreu de febre puerperal.*

Esse foi o ano em que Ignatz Semmelweiss, jovem médico húngaro, tornou-se assistente do diretor da maternidade do Hospital Geral de Viena. Semmelweis, homem solidário e muito sintonizado com o sofrimento alheio, se sentia tão inconformado com aquela perda devastadora de vidas humanas em consequência do parto que ficou obcecado pela busca de solução.

Ao contrário de muitas pessoas sensíveis, Semmelweis conseguia deixar de lado as emoções e concentrar-se nos fatos conhecidos e desconhecidos.

A primeira coisa inteligente que fez foi reconhecer que os médicos não tinham ideia das causas da febre puerperal. É até possível que negassem a própria ignorância, mas a taxa de mortalidade exorbitante era prova em contrário. Uma retrospectiva das possíveis causas da febre aponta vários palpites:

- "Erros de procedimento no começo da gravidez, como usar cintas e espartilhos muito justos que, com o peso do útero, retêm as fezes no intestino, com o risco de fragmentos de material pútrido serem levados para a corrente sanguínea."
- "A atmosfera, o miasma ou... pela metástase do leite, pela supressão loquial, por influências cosmotelúricas, por predisposição pessoal..."
- "Poluição do ar nas maternidades."
- "Presença de médicos do sexo masculino, que talvez "agridam o recato das mães parturientes, induzindo à mudança patológica."
- "Contrair resfriados, ingerir dietas inadequadas, levantar-se cedo demais na sala do parto para caminhar até o leito."

É interessante observar que, em geral, atribuía-se a culpa às mulheres, o que talvez se explique pelo fato de todos os médicos na época serem homens. Embora a medicina do século XIX possa parecer primitiva hoje, os médicos eram considerados quase deuses em sabedoria e autoridade. No entanto, a febre puerperal envolvia uma contradição problemática: quando as mulheres partejavam em casa, com a ajuda de parteiras, como ainda era comum, a probabilidade de morrerem de febre puerperal era no mínimo 60 vezes menor que quando davam à luz em hospitais.

Como poderia ser mais perigoso ter bebê num hospital moderno, com os médicos mais bem treinados, do que em um colchão por vezes sujo e irregular, em casa, com uma parteira mal preparada?

Para resolver o enigma, Semmelweis passou a trabalhar como detetive de dados. Ao compilar estatísticas sobre taxa de mortalidade em seu próprio hospital, ele descobriu um padrão bizarro. O hospital tinha duas enfermarias separadas, uma atendida por médicos e estagiários do sexo masculino, outra por parteiras e estagiárias do sexo feminino. A diferença entre a taxa de mortalidade nas duas enfermarias era enorme:

ANO	ENFERMARIA DE MÉDICOS			ENFERMARIA DE PARTEIRAS		
	NASCIMENTOS	MORTES	TAXA	NASCIMENTOS	MORTES	TAXA
1841	3.036	237	7,8%	2.442	86	3,5%
1842	3.287	518	15,8%	2.659	202	7,6%
1843	3.060	274	9%	2.739	164	6%
1844	3.157	260	8,2%	2.956	68	2,3%
1845	3.492	241	6,9%	3.241	66	2%
1846	4.010	459	11,4%	3.754	105	2,8%
TOTAL	20.042	1.989		17.791	691	
TAXA MÉDIA			9,9%			3,9%

Por que cargas-d'água a taxa de mortalidade na enfermaria de médicos correspondia a mais que o dobro da taxa de mortalidade na enfermaria de parteiras?

Será que, matutava Semmelweis, as mulheres pacientes encaminhadas para as enfermarias de médicos estavam mais doentes, mais fracas ou de alguma outra maneira mais debilitadas?

Não, não podia ser isso. As pacientes eram distribuídas entre as enfermarias em ciclos alternados de 24 horas, dependendo do dia da semana em que chegavam ao hospital. Considerando a natureza da gravidez, a mãe gestante vinha para o hospital quando chegava a hora de ter o bebê, não no dia mais conveniente. Esse método de distribuição não era tão rigoroso quanto um experimento aleatório controlado, mas, para os objetivos de Semmelweis, a realidade sugeria que as taxas de mortalidade divergentes não eram consequência de diferenças nas populações de pacientes.

Assim, um dos palpites mais ousados dos listados anteriormente talvez *fosse* correto: Será que a presença de homem nessa atividade feminina tão delicada de alguma maneira matava as mães?

Semmelweis concluiu que também essa hipótese era muito improvável. Depois de analisar as taxas de mortalidade de *neonatos* nas duas enfermarias, ele novamente constatou que a dos médicos era muito mais letal que a das parteiras: 7,6% *versus* 3,7%. Mas não havia qualquer diferença entre as taxas de mortalidade de bebês do sexo masculino e de bebês do sexo feminino. Conforme observou Semmelweis, era improvável que neonatos se sentissem "agredidos por terem sido partejados por homens". Portanto, não era razoável suspeitar que a simples presença de homens fosse responsável pela morte das mães.

Também havia a teoria de que os pacientes encaminhados para a enfermaria de médicos, tendo tomado conhecimento das altas taxas de mortalidade lá, ficavam tão "assustados que contraíam a doença". Semmelweis tampouco comprou essa explicação: "Podemos assumir que muitos soldados que participam de batalhas sangrentas também temem a morte. Contudo, esses soldados não contraem febre puerperal."

Não. Algum outro fator exclusivo da enfermaria de médicos contribuía para aquela morbidez.

A essa altura, Semmelweis já estabelecera alguns fatos:

- Mesmo as mulheres mais pobres que tinham os bebês na rua e *depois* vinham para o hospital não contraíam a febre.

CONSERTAR ESTÁ NA MODA – E É BARATO E SIMPLES.

- As mulheres que se dilatavam por mais de 24 horas "quase invariavelmente ficavam doentes".
- Os médicos não pegavam a doença das mulheres nem dos neonatos; portanto, quase certamente, a doença não era contagiosa.

No entanto, ele continuava perplexo. "Tudo devia ser questionado; tudo parecia inexplicável; tudo suscitava dúvidas", escreveu. "A única realidade irrefutável era a grande quantidade de mortes."

Finalmente, ele deparou com a resposta, no rastro de uma tragédia. Um velho professor por quem Semmelweis tinha grande admiração morreu subitamente, depois de um infortúnio. Ele estava orientando um aluno durante uma autópsia quando o bisturi do estudante resvalou e cortou o dedo do professor. As doenças de que o morto padecera antes de morrer – pleurite bilateral, pericardite, peritonite e meningite – eram, constatou Semmelweis, "idênticas às de que haviam morrido tantas centenas de pacientes da maternidade".

O caso do professor não tinha mistério. Ele morrera de "resíduos cadavéricos que foram introduzidos em seu sistema vascular", observou Semmelweis. Será que as mulheres que morriam também estavam sendo contaminadas por aquelas partículas em sua corrente sanguínea?

Evidentemente!

Nos últimos anos, o Hospital Geral de Viena e outros hospitais universitários de primeira classe se dedicaram cada vez mais à compreensão da anatomia humana. A ferramenta de ensino era a autópsia. Será que haveria maneira mais eficaz de os estudantes de Medicina sentirem os contornos de uma doença do que segurar nas mãos órgão doente, e peneirar pistas no sangue, na urina e na bile? No Hospital Geral de Viena, todos os pacientes falecidos – inclusive as mulheres que morriam de febre puerperal – eram levados imediatamente para a sala de autópsias.

Mas os médicos e os alunos muitas vezes iam para a maternidade diretamente da mesa de necrópsias, depois de, na melhor das hipóteses, lavarem as mãos com displicência. Embora só uma ou duas décadas depois a comunidade médica viesse a aceitar a teoria dos germes – segundo a qual muitas doenças são causadas por micro-organismos vivos, não pelo espírito animal, pelo ar viciado ou por espartilhos muito apertados –, Semmelweis compreendeu o que estava acontecendo. Os médicos é que eram responsáveis pela febre puerperal, transferindo "partículas cadavéricas" dos mortos para as mulheres que davam à luz.

Isso explicava por que a taxa de mortalidade na enfermaria de médicos era tão mais alta que a da enfermaria de parteiras. Também esclarecia por que a morte era mais frequente entre mulheres atendidas na enfermaria de médicos que entre mulheres que davam à luz em casa ou mesmo nas ruas, e por que as mulheres com dilatação mais prolongada eram mais suscetíveis à febre: quanto mais tempo a mulher ficava naquele estado, maior era a frequência com que seu útero era cutucado e futucado por um bando de médicos e de estudantes, suas mãos ainda gotejando secreções e excreções da última autópsia.

"Nenhum de nós sabia", lamentou Semmelweis mais tarde, "que nós mesmos estávamos provocando tantas mortes."

Graças a ele, a praga finalmente foi contida. Ele determinou que todos os médicos e estudantes desinfetassem a mão com uma solução de cloro depois de lidarem com cadáveres. A taxa de mortalidade na enfermaria de médicos despencou para não mais que 1%. Nos 12 meses seguintes, a intervenção de Semmelweis salvou a vida de 300 mães e de 250 bebês – e isso apenas em uma enfermaria, em um único hospital.

Como já dissemos, a lei das consequências não intencionais é um dos mais fortes determinantes. Os governos, por exemplo, não raro promulgam leis com o objetivo expresso de proteger seus públicos mais vulneráveis, mas a boa intenção não raro surte o efeito contrário.

Veja o caso da lei Americans with Disabilities Act (ADA), promulgada para proteger da discriminação trabalhadores com deficiências. Intenção nobre, não? Sem dúvida – mas os dados demonstram de maneira convincente que o resultado líquido foi *menos* empregos para americanos com deficiências. Por quê? Depois da promulgação do ADA, os empregadores ficaram tão receosos de não terem condições para punir ou demitir maus trabalhadores com deficiências que, como prevenção, simplesmente deixaram de contratar trabalhadores nessas condições.

A lei Endangered Species Act, de proteção às espécies ameaçadas, criou incentivo perverso semelhante. Quando os proprietários receiam que suas terras sejam hábitat atraente para animais ameaçados de extinção ou mesmo para

CONSERTAR ESTÁ NA MODA – E É BARATO E SIMPLES.

animais em vias de serem enquadrados nessa situação, eles passam a desmatar, para tornar a área menos hospitaleira. Entre as vítimas recentes desse embuste estão o caburé-ferrugem (Glaucidium brasilianum) e o pica-pau do penacho vermelho (Picoides borealis). Alguns economistas ambientalistas argumentam que "o Endangered Species Act está na verdade ameaçando, ao invés de proteger as espécies".

Os políticos às vezes tentam raciocinar como economistas e usam o preço para estimular bons comportamentos. Nos últimos anos, muitos governos passaram a basear a taxa de lixo no volume. Se as pessoas forem obrigadas a pagar por saco adicional de lixo, prossegue o argumento, elas terão forte estímulo para produzir menos lixo.

Porém, esse novo método de precificação também incentiva as pessoas a abarrotar cada vez mais seus sacos de lixo (tática agora conhecida pelos profissionais de recolhimento e tratamento de lixo no mundo inteiro como "Seattle Stomp") ou simplesmente jogar o lixo em terrenos baldios (que é o que aconteceu em Charlottesville, Virgínia). Na Alemanha, os evasores da taxa de lixo jogaram tanto resto de comida nos vasos sanitários que a rede de esgotos ficou infestada de ratos. Na Irlanda, a nova taxa de lixo provocou alta acentuada na queima de resíduos nos quintais – o que foi nocivo não só para o meio ambiente, mas também para a saúde pública: o ST. James's Hospital, em Dublin, registrou quase o triplo de casos de pacientes que se queimaram ao incinerar lixo.

Há milênios, leis bem-intencionadas produzem efeitos contrários ao almejado. Um estatuto judaico mencionado na Bíblia exigia que os credores perdoassem as dívidas dos devedores nos anos sabáticos, ou a cada sete anos. Para os mutuários, não havia como superestimar o apelo dessa remissão total, uma vez que as punições por inadimplência eram severas: o credor podia até deter em servidão os filhos do devedor.

No entanto, o credor encarava de maneira diferente esse programa de perdão de dívidas. Por que emprestar dinheiro a um artesão de sandálias, se ele puder simplesmente rasgar o título no sétimo ano?

E, assim, os credores contornaram o sistema, concedendo empréstimos apenas nos anos imediatamente seguintes ao sabático e fechando o cofre nos anos cinco e seis. A consequência foi uma contração do crédito cíclica, que punia exatamente os pretensos beneficiários da lei.

Porém, na história das consequências não intencionais, poucas são páreo para a revelada por Ignatz Semmelweis: os médicos, em busca de conhecimentos que salvassem vidas, realizaram milhares e milhares de autópsias, que, por seu turno, resultaram na perda de milhares e milhares de vidas.

Evidentemente, a dedução brilhante de Semmlweis sobre como eliminar o flagelo foi extremamente auspiciosa. Mas nosso argumento principal, e o tema deste capítulo, é que a solução de Semmelweis – determinar que os médicos fizessem a assepsia das mãos com um pouco de cloreto de cal – foi extremamente simples e barata. Em um mundo próspero, os consertos simples e baratos por vezes são malvistos. Estamos aqui para defender essas soluções.

Temos outro exemplo convincente, embora um tanto edulcorante, do campo da obstetrícia: o fórceps. Em tempos idos, quando o bebê na hora do nascimento se apresentava com os pés ou com o bumbum primeiro, era alta a probabilidade de que ele entalasse no útero, pondo em perigo a mãe e a ele próprio. O fórceps, uma espécie de tenaz ou pinça, possibilitava que o médico ou a parteira virasse o bebê dentro do útero e o puxasse corretamente, ou seja, com a cabeça primeiro, como um leitão assado saindo do forno.

Por mais eficaz que fosse, o fórceps não salvava tantas vidas quanto seria de se esperar, por um motivo inesperado. Supõe-se que o instrumento foi inventado no começo do século XVII, por um obstetra londrino chamado Peter Chamberlen. Na verdade, o fórceps funcionava tão bem que Chamberlen o manteve em segredo, compartilhando-o apenas com os filhos e netos, que mantiveram o negócio da família. Assim, só em meados do século XVIII o fórceps passou ao domínio público, concretizando todo o seu potencial.

Qual foi o custo desse entesouramento tecnológico? De acordo com o cirurgião e autor Atul Gawande, "deve ter sido milhões de vidas perdidas".

A coisa mais elementar sobre soluções baratas e simples é que em geral elas resolvem problemas que parecem insolúveis. No entanto, invariavelmente, um Semmelweis ou uma equipe de Semmelweises despontam no horizonte e salvam a humanidade. A História está apinhada de exemplos. No começo da Era Cristã, cerca de 2.000 anos atrás, havia cerca de 200 milhões de pessoas na Terra. No ano 1.000, esse número aumentara para apenas 300 milhões. Mesmo em 1750, havia nada mais que 800 milhões de pessoas. A fome era preocupação constante e os gurus afirmavam que o planeta provavelmente não suportaria muito mais crescimento. A população da Inglaterra vinha *decrescendo* – "basicamente porque", escreveu um historiador, "a agricultura não tinha condições de atender às pressões de alimentar mais gente".

Entra em cena a Revolução Agrícola. Várias inovações, nenhuma delas muito complexa – plantações de alto rendimento, melhores ferramentas e uso mais eficiente do capital – mudaram a agricultura e, em seguida, a superfície do planeta. Na América do século XVIII, "precisava-se de 19 em 20 trabalhadores para alimentar a população do país e produzir excedentes para exportação", escreveu o economista Milton Friedman. Duzentos anos depois, apenas 1 em 20 trabalhadores era necessário para alimentar população muito mais numerosa e também fazer dos Estados Unidos "o maior exportador de alimentos do mundo".

A Revolução Agrícola liberou milhões de trabalhadores que impulsionaram a Revolução Industrial. Em 1850, a população mundial crescera para 1,3 bilhão; em 1900, era de 1,7 bilhão; em 1950, chegara a 2,6 bilhões. E, então, a espécie humana realmente decolou. Nos 50 anos seguintes, a população mais do que dobrou, superando em muito os 6 bilhões. Caso se tivesse de escolher uma única bala de prata responsável por esse surto, seria o nitrato de amônia, fertilizante incrivelmente barato e eficaz. Não haveria exagero em afirmar que o nitrato de amônia alimenta o mundo. Se ele desaparecesse da noite para o dia, diz o economista agrícola Will Masters, "a dieta da maioria das pessoas retrocederia a montes de cereais e leguminosas, com os produtos animais e frutícolas reservados para ocasiões muito especiais e para os ricos".

Reflita sobre o caso da baleia. Caçada desde a antiguidade, no século XIX ela se tornou o motor econômico que ajudou os Estados Unidos a converter-se em potência. Cada centímetro cúbico do animal poderia ser convertido em *algo*, razão pela qual a baleia foi para um país em rápido crescimento como que um hipermercado onde se encontrava tudo: matéria-prima para a fabricação de tintas e vernizes, têxteis e couro; de velas e sabões; de roupas e, evidentemente, de alimentos (a língua, em especial, era iguaria supimpa). A baleia era adorada, mormente, pelo sexo mais sofisticado, renunciando a partes de seu corpo para a fabricação de corpetes, colares, para-sóis, perfumes, escovas para cabelo e

SUPERFREAKONOMICS

tinturas para tecido. (Este último produto, dentre todas as fontes, era extraído do excremento da baleia.) De todos os derivados, o mais valioso era o óleo da baleia, lubrificante para todos os tipos de máquinas e, ainda mais importante, combustível para iluminação. Como declara o autor Eric Jay Dolin, em *Leviathan*, "o óleo de baleia da América iluminou o mundo".

De uma frota mundial de 900 navios baleeiros, 735 eram americanos, que caçavam nos quatro oceanos. Entre 1835 e 1872, esses navios retiraram dos mares 300.000 baleias, média superior a 7.700 por ano. Nos bons anos, a receita total oriunda do óleo e do osso excedia a US$10 milhões, equivalente hoje a cerca de US$200 milhões. A pesca da baleia era trabalho perigoso e difícil, mas constituía o quinto maior setor econômico dos Estados Unidos, empregando 70.000 pessoas.

E então, o que parecia recurso inexaurível, de repente e, em retrospectiva, obviamente, estava ameaçado de extinção. Navios demais estavam caçando baleias de menos. Um barco que antes passava um ano no mar para encher seus porões com óleo de baleia agora precisava de quatro anos. Os preços do óleo de baleia, em consequência, dispararam, sacudindo a economia americana. Hoje, indústria como aquela seria considerada "grande demais para falir", mas o setor baleeiro realmente estava falindo, com sérias repercussões para toda a economia nacional.

Foi quando um ferroviário aposentado, chamado Edwin L. Drake, usando motor a vapor para impulsionar uma sonda a 22 metros de profundidade, através de xisto e rocha, descobriu petróleo em Titusville, Pensilvânia. O futuro borbotou na superfície. Por que arriscar a vida e os membros, caçando leviatãs em todos os mares, precisando arrastá-los e descarná-los, quando tanta energia jazia à espera, nos porões do país, para ser bombeada para fora?

O petróleo foi não só uma solução barata e simples, mas também, como o óleo da baleia, demonstrou extraordinária versatilidade. Podia ser usado como óleo para iluminação e aquecimento, como lubrificante e como combustível para automóveis; era matéria-prima para plásticos e até para meias de náilon. A nova indústria do petróleo também criou muitos empregos para os baleeiros desempregados e, como bônus, ainda exerceu com mais eficácia a função que seria atribuída à legislação de proteção às espécies ameaçadas, salvando as baleias da extinção quase certa.

CONSERTAR ESTÁ NA MODA – E É BARATO E SIMPLES.

No começo do século XX, a maioria das doenças infecciosas – varíola, tuberculose, difteria e outras – estavam em vias de erradicação. Mas a pólio recusava-se a capitular.

Seria difícil inventar doença mais devastadora. "Era doença de criança; não havia prevenção; não se conhecia a cura; todas as crianças, em todos os lugares, poderiam contraí-la"; diz David M. Oshinsky, autor de *Polio: An American Story*, livro ganhador do Prêmio Pulitzer. "E tudo isso significava que os pais estavam absolutamente histéricos."

A pólio também era um grande mistério, exacerbando-se no verão, por motivos desconhecidos. (Em caso clássico de falsa correlação e causalidade, alguns pesquisadores aventaram a hipótese de o sorvete – consumido em quantidades muito maiores no verão – provocar a pólio.) De início se pensou que o principal alvo fossem filhos de imigrantes pobres, mormente meninos, residentes em favelas, mas logo se constatou que também vitimava meninas, assim como crianças em subúrbios arborizados. Até Franklin Delano Roosevelt, muito longe das comunidades pobres de imigrantes e já bem distante da infância, aos 39 anos, contraiu a doença.

Todos os surtos da doença deflagravam novos acessos de quarentena e pânico. Os pais mantinham os filhos longe de amigos, piscinas, parques e bibliotecas. Em 1916, a mais devastadora epidemia de pólio até então registrada assolou a Cidade de Nova York. De 8.900 casos relatados, 2.400 foram fatais, a maioria crianças com menos de cinco anos. A de 1952 foi ainda mais arrasadora, com 57.000 casos em todo o país, 3.000 fatais e 21.000 resultando em paralisia permanente.

Sobreviver aos piores casos de pólio era pouco melhor que morrer. Algumas vítimas ficavam hemiplégicas da cintura para baixo e sentiam dores constantes. Quem adquiria paralisia respiratória praticamente sobrevivia em "pulmões de aço", enorme tanque que exercia a função dos músculos do tórax. Com o crescimento da população de vítimas de pólio, o custo da assistência médica atingia proporções espantosas. "Em uma época em que apenas menos de 10% das famílias do país tinham alguma forma de seguro-saúde", escreve Oshinsky, "as despesas com a internação de uma vítima de pólio (cerca de US$900 por ano) efetivamente eram superiores ao salário anual médio (US$875)."

Os Estados Unidos já eram o país mais poderoso do planeta, vencedor de duas guerras mundiais, potência abençoada, cujo futuro despontava com fulgor ofuscante. Mas pairava sobre o país o receio legítimo de que o flagelo da pólio consumiria parcela tão desmesurada dos orçamentos públicos a ponto de também estropiar a economia nacional.

E, então, desenvolveu-se a vacina – uma série de vacinas, na realidade – e a pólio foi extirpada.

Chamar a vacina de solução "simples" talvez pareça desconsideração com o esforço ingente de todos que ajudaram a combater a praga: os pesquisadores médicos (mormente Jonas Salk e Albert Sabin); os voluntários que levantaram fundos (a Marcha dos Tostões [March of Dimes], descreve Oshinsky, foi "o maior exército filantrópico já visto pelo país"); e até os mártires não humanos (importaram-se milhares de macacos para testar as vacinas experimentais).

Por outro lado, não existe solução médica mais simples que a vacina. Veja as duas principais maneiras de combater doenças. A primeira é inventar procedimentos ou tecnologias que ajudem a resolver o problema já existente (cirurgia de coração aberto, por exemplo); esses consertos tendem a ser muito onerosos. A segunda é desenvolver medicamentos que previnam o problema, ou seja, que impeçam seu surgimento; no longo prazo, essa segunda solução tende a ser extremamente barata. Pesquisadores da área de assistência médica estimam que, não fosse a vacina, os Estados Unidos hoje estariam cuidando de no mínimo 250.000 portadores de paralisia infantil, a um custo anual de ao menos US$30 bilhões. E aí não se inclui "o custo intangível do medo, do sofrimento e da morte".

A pólio é um exemplo contundente, mas são incontáveis as soluções médicas simples e baratas. Novos medicamentos contra úlcera reduziram a taxa de cirurgia em mais ou menos 60%; nova rodada de drogas ainda mais acessíveis economiza cerca de US$800 milhões ao ano para os portadores da doença. Nos 25 anos subsequentes à adoção do lítio no tratamento da depressão maníaca, economizaram-se quase US$150 bilhões em custos de hospitalização. Até a simples adição de flúor aos sistemas de abastecimento de água evitou cerca de US$10 bilhões por ano em despesas com dentistas.

Como já observamos, as mortes por doenças cardíacas caíram substancialmente nas décadas recentes. Mas será que esse progresso é consequência apenas de tratamentos dispendiosos, como transplantes e enxertos, angioplastias e stents?

Na verdade, não. Esses procedimentos são responsáveis por parcela extremamente pequena do aprimoramento. Cerca de metade do declínio decorre da redução de fatores de risco, como colesterol alto e pressão sanguínea elevada, ambos os males tratados com medicamentos relativamente baratos. E boa parte da redução remanescente se explica por tratamentos de custo irrisório, como aspirina, heparina, inibidores ECA e bloqueadores beta.

No começo da década de 1950, as viagens de automóvel eram extremamente populares nos Estados Unidos, com cerca de 40 milhões de carros nas estradas. Porém, na 35ª convenção anual da National Automobile Dealers Association, realizada em janeiro de 1952, um vice-presidente da BFGoodrich, empresa de pneus, advertiu que a estrada poderia ficar esburacada a qualquer momento. "Se continuar em alta, a taxa de mortalidade em rodovias poderá acarretar sérios danos para a indústria automobilística, na medida em que muita gente deixar de dirigir."

Quase 50.000 pessoas morreram em acidentes de trânsito nos Estados Unidos em 1950. Esse é mais ou menos o número de mortes hoje. Mas essa comparação direta é muito ilusória, pois naquela época, a quantidade de automóveis e as distâncias percorridas eram muito menores que as de hoje. A quantidade de mortes por milha era muito maior em 1950 que hoje.

Por que tantas fatalidades naquela época? Os suspeitos são muitos – carros defeituosos, estradas mal projetadas, motoristas descuidados –, mas também se sabia muito pouco sobre a mecânica dos choques de automóveis. E a indústria automobilística não se interessava muito pelo assunto.

Entra em cena Robert Strange McNamara. Hoje ele é mais lembrado como o maligno secretário de Defesa dos Estados Unidos durante a Guerra do Vietnã. Uma das razões por que se considerava McNamara tão destrutivo era a mania de ele decidir com base em análises estatísticas, em vez de em aspectos emocionais ou em fatores políticos. Em outras palavras, ele se comportava como economista.

E essas características não eram mera coincidência. Ele estudou Economia em Berkeley e ingressou na Harvard Business School, onde, ainda jovem, lecionou Contabilidade. Com a eclosão da Segunda Guerra Mundial, alistou-se como voluntário. Em razão de suas habilidades analíticas, foi lotado no Escritório de Controle Estatístico da Força Aérea do Exército dos Estados Unidos (United States Army Air Forces – USAAF), precursora da atual Força Aérea dos Estados Unidos (United States Air Force – USAF), criada em 1947.

SUPERFREAKONOMICS

A equipe dele usava os dados como arma de guerra. Por exemplo, a taxa de cancelamento de missões de combate entre bombardeiros que decolavam da Inglaterra para incursões diurnas na Alemanha foi considerada inusitadamente alta, cerca de 20%. Os pilotos apresentavam várias explicações para não alcançar os alvos: mau funcionamento dos sistemas elétricos, deficiência dos sinais de rádio ou doença. Porém, análise mais minuciosa dos dados levou McNamara a concluir que essas razões eram "papo-furado". A verdadeira explicação, disse, era medo. "Muitos pilotos morriam em missão, todos sabiam disso, e buscavam razões para não sobrevoar o alvo."

McNamara relatou sua conclusão ao oficial comandante, o obstinado Curtis LeMay, que passou a pilotar o avião-líder em missões de bombardeio e a mandar para a Corte Marcial qualquer piloto que desse meia-volta. A taxa de cancelamento, disse McNamara, "caiu da noite para o dia".

Depois da guerra, a Ford Motor Company convidou McNamara e outros de sua equipe na Força Aérea para aplicar aquela magia estatística na indústria automobilística. McNamara queria voltar a Harvard, mas ele e a esposa haviam acumulado enormes despesas médicas – inclusive com pólio. Assim, ele aceitou a proposta de emprego na Ford. Rapidamente galgou a hierarquia, embora não fosse "car guy", em nenhum sentido tradicional. "Ao contrário", como depois escreveu um historiador, "ele estava impregnado de novos conceitos, como segurança, economia de combustíveis e utilitários básicos".

McNamara se preocupava, em especial, com as mortes e lesões decorrentes de acidentes automobilísticos e perguntou aos "car guys" quais eram as causas do problema. Responderam-lhe que não se dispunha de muitas estatísticas.

Como alguns pesquisadores aeronáuticos em Cornell tentavam reduzir a letalidade de acidentes aéreos, McNamara os incumbiu de também estudar os acidentes automobilísticos. Depois de protegerem crânios humanos com diferentes materiais e os lançarem escada abaixo nos alojamentos de Cornell, os pesquisadores constataram que os seres humanos não eram páreo para os materiais duros usados no interior dos automóveis. "Nas batidas, o motorista geralmente era trespassado no volante", diz McNamara. "Os ocupantes do veículo acidentado sofriam graves lesões ao baterem no para-brisa, na barra superior de encaixe do para-brisa ou no painel de instrumentos. McNamara determinou, então, que os novos modelos Ford fossem equipados com volantes de direção mais seguros e com painéis de instrumentos acolchoados.

No entanto, a melhor solução, percebeu, era também a mais simples. Em vez de preocupar-se com o lugar onde bateria a cabeça dos passageiros, ao serem arremessados durante o acidente, não seria melhor impedir o arremesso dos passageiros pela batida? A exemplo dos aviões, por que não equipar os automóveis com cintos de segurança?

"Calculei o número de mortes que seriam evitadas a cada ano, que era muito alto", disse. "E essa solução praticamente não envolvia custos nem grande incômodo para os usuários."

McNamara determinou que todos os carros em uso pela própria Ford fossem equipados com cintos de segurança. "Um dia", lembra-se ele, "ao visitar uma linha de montagem no Texas, fui recebido no aeroporto pelo gerente. Quando entrei no carro dele e afivelei os cintos, ele perguntou: 'O que há, você não confia em mim como motorista?'"

Aquele gerente, por acaso, expressou um sentimento difuso a respeito dos cintos de segurança em automóveis. Os chefes de McNamara os consideravam "inconvenientes, dispendiosos e desnecessários", diz ele. Mesmo assim, aceitaram a recomendação dele e instalaram cintos de segurança nos novos modelos da Ford.

Evidentemente, McNamara estava certo: o cinto de segurança acabaria salvando muitas vidas. Mas a palavra-chave aqui é "acabaria".

O racionalista brilhante deparara com um princípio básico frustrante da natureza humana: *mudar comportamentos é difícil*. Os mais inteligentes engenheiros, economistas, políticos ou pais podem atinar com soluções baratas e simples para um problema, mas, se exigirem mudanças de comportamento, é possível que não funcionem. Todos os dias, bilhões de pessoas em todo o mundo se comportam de maneira sabidamente prejudicial para elas – fumando, jogando em excesso ou dirigindo motocicleta sem capacete.

Por quê? Porque querem persistir no erro! Porque o comportamento impróprio lhes proporciona prazer, vibração ou quebra da monotonia diária. E conseguir que mudem o comportamento, mesmo com argumentos irrefutáveis, não é fácil.

E assim foi com o cinto de segurança. O Congresso dos Estados Unidos começou a definir normas de segurança federais em meados da década de 1960; porém, mesmo 15 anos depois, o uso de cintos de segurança era ridiculamente baixo: apenas 11% dos motoristas. Com o passar do tempo, os números subiram aos poucos, graças a vários pequenos incentivos: a ameaça de multa por infração de trânsito; campanhas de conscientização pública; alarmes sonoros e luminosos incômodos se o cinto de segurança não estivesse afivelado; e, por fim, a ampla aceitação social de que cinto de segurança não era insulto às habilidades de qualquer motorista. O seu uso subiu para 21% em meados da década de 1980; para 49%, em 1990; para 61% na metade dos anos 1990; chegando hoje a mais de 80%.

Essa é uma das principais razões da grande queda da taxa de fatalidade por milha em acidentes automobilísticos nos Estados Unidos. Os cintos de segurança reduzem o risco de morte em nada menos que 70%; desde 1975, salvaram mais ou menos 250.000 vidas. Os acidentes de trânsito ainda são responsáveis por mais de 40.000 mortes por ano; porém, em termos relativos, dirigir já não é tão perigoso. As baixas são tão altas porque os americanos, em geral, passam muitas horas em seus carros; perfazendo cerca de três trilhões de milhas por ano, o que significa uma morte a cada 75 milhões de milhas dirigidas – ou, em outros termos, se você dirigir 24 horas por dia a 30 milhas por hora, só deverá morrer em acidente de carro depois de dirigir 285 anos sem parar. Em comparação com as taxa de mortalidade em muitos países da África, da Ásia e do Oriente Médio, onde o uso de cintos de segurança é muito menos difuso, dirigir nos Estados Unidos não é muito mais perigoso que ficar sentado no sofá da sala.

E os cintos de segurança, por cerca de US$25, são um dos dispositivos salva-vidas de melhor índice custo-eficácia. Por ano, a instalação de cintos de segurança produzidos nos Estados Unidos custa cerca de US$500 milhões, o que significa, numa estimativa grosseira, cerca de US$30.000 por vida salva. Como esse número se compara com o de outro dispositivo de segurança muito mais complexo, os air bags? Considerando o gasto anual superior a US$4 bilhões com esses equipamentos, nos Estados Unidos, os air bags custam cerca de US$1,8 *milhão* por vida salva.

Robert McNamara, que faleceu recentemente aos 93 anos, nos disse, pouco antes de morrer, que ainda queria chegar à adesão de 100% no uso de cintos de segurança. "Muitas mulheres não usam cintos de segurança transversais, por se sentirem desconfortáveis, uma vez que eles não levam em conta os seios", disse. "À primeira vista, poderiam ser redesenhados para se tornarem menos incômodos e, portanto, de uso ainda mais difuso."

Não sei se ele está certo quanto ao uso de cintos de segurança por mulheres. Mas, sem dúvida, eles não foram bem projetados para determinado grupo de usuários: crianças.

Às vezes, vale a pena enquadrar-se em condição hierárquica mais baixa. Quando uma família de quatro membros sai de carro, as duas crianças geralmente são despachadas para o banco traseiro, enquanto a mamãe e o papai se instalam no banco dianteiro. As crianças têm mais sorte do que imaginam: Em caso de acidente, o banco de trás é muito mais seguro que o da frente. A afirmação se aplica ainda mais a adultos, que são maiores e, portanto, com maior tendência a baterem em alguma coisa dura, ao serem arremessados para a frente, em consequência do choque abrupto. Infelizmente, embora não haja nada demais em destinar o banco de trás às crianças, de status inferior, quando os pais saem juntos sozinhos para um passeio, ficaria um pouco esquisito um deles ir no banco de trás, enquanto o outro vai na frente, no banco do mártir.

Os cintos de segurança agora são acessórios de fábrica em todos os modelos de automóvel. Mas foram projetados para adultos, não para crianças. Ao tentar afivelar o cinto de segurança traseiro do carro em seu filho de três anos, você verá que o cinto do colo ficará muito solto e o do ombro passará pelo pescoço, pelo nariz ou pela testa da criança, dependendo do tamanho dela, em vez de pelo ombro.

Felizmente, como vivemos num mundo que acalenta e protege as crianças, encontrou-se uma solução: o assento de segurança para crianças, em geral conhecido como cadeirinha infantil para automóveis. Lançada na década de 1960, a cadeirinha foi adotada, de início, apenas pelos pais mais cuidadosos. Graças às campanhas de médicos, de especialistas em segurança de trânsito e – surpresa! – dos fabricantes de cadeirinhas, elas se tornaram muito comuns. Por fim, o governo se juntou ao grupo. Entre 1978 e 1985, todos os estados americanos tornaram ilegal o transporte de crianças em automóveis sem que estejam afiveladas em assentos de segurança infantis – as cadeirinhas –, produzidos de acordo com padrões de segurança federais.

Até então, os acidentes automobilísticos eram a principal causa de mortes de crianças nos Estados Unidos, como ainda são até hoje, mas a taxa de mortalidade tem caído em ritmo acelerado. Boa parte do crédito se deve às cadeirinhas.

Evidentemente, a segurança não é gratuita. Os americanos gastam mais de US$300 milhões por ano com a compra de aproximadamente 4 milhões de cadeirinhas. Uma única criança, em geral, terá de usar três tipos diferentes, à medida que cresce: voltadas para trás (rear-facing seat), para crianças de nove meses a três anos, aproximadamente; voltadas para a frente (front-facing seat), para crianças de quatro anos a seis anos, mais ou menos; e almofadas de ajuste (booster seats), para crianças maiores, até os 10 anos, ou acima, dependendo do tamanho e peso. Além disso, se a criança tiver um ou dois irmãos, os pais talvez tenham de comprar uma minivan ou um utilitário esportivo para acomodar tantas cadeirinhas.

E a solução da cadeirinha infantil para automóveis não é tão simples quanto muita gente supõe. Qualquer cadeirinha é um conjunto de tiras, travas e suportes, produzidos por dezenas de fabricantes, que deve ser encaixado no banco e afixado pelo cinto de segurança do automóvel – cuja configuração varia de acordo com *seu* fabricante, assim como o formato e o contorno do banco traseiro do veículo. Além disso, os cintos de segurança foram projetados para sustentar um ser humano grande, não um objeto de plástico inanimado. Conforme a National Highway Traffic Safety Administration (NHTSA), mais de 80% dessas cadeirinhas são instaladas de maneira inadequada. Eis por que tantos pais recorrem à polícia ou aos bombeiros locais para ajudá-los na instalação de assentos de segurança para crianças. E essa também é a razão por que a NHTSA promove o National Standardized Child Passenger Safety Training Program (Programa Nacional de Treinamento em Normas de Segurança para Passageiros Infantis), com duração de quatro dias, destinado a profissionais de segurança pública, baseado em manual de 345 páginas, tratando, inclusive, da instalação adequada das cadeirinhas.

Mas e daí se as cadeirinhas não são tão simples e baratas? Nem todas as soluções podem ser tão elegantes quanto seria desejável. Sem dúvida, vale a pena os policiais sacrificarem quatro dias de trabalho para dominar esse valioso dispositivo de segurança. O importante é que as cadeirinhas, ou assentos de segurança para crianças, são *eficazes*, capazes de salvar vidas de crianças. E, de acordo com a NHTSA, elas realmente reduzem o risco de morte de crianças de um a quatro anos em nada menos que 54%

Pais curiosos poderiam perguntar: Redução de 54% em comparação com o quê? O órgão dispõe de um conjunto valioso de dados públicos, o Fatality

CONSERTAR ESTÁ NA MODA – E É BARATO E SIMPLES.

Analysis Reporting System (FARS), compilação de relatórios policiais sobre todos os acidentes fatais nos Estados Unidos, desde 1975. Nele se encontram todas as variáveis imagináveis – quantidade e tipo dos veículos envolvidos, velocidade, hora do acidente, onde os passageiros estavam sentados no carro – inclusive as espécies de equipamentos de segurança que estavam sendo usados, se havia algum.

Ocorre que a probabilidade de uma criança acomodada numa cadeirinha morrer em acidente automobilístico é 54% inferior à de uma criança solta, sem equipamento de segurança, no banco traseiro. Isso faz sentido. Os acidentes automobilísticos envolvem choques violentos e muitas coisas terríveis podem acontecer com uma massa de carne e osso, solta no interior de um compartimento de metal e plástico, que avança em alta velocidade, talvez a mais de 100 quilômetros por hora, e, de súbito, para de mover-se, abruptamente, ao chocar-se com outro objeto. A força da inércia é violenta.

Mas até que ponto a nova solução, complexa e custosa (a cadeirinha infantil para automóveis) é melhor que a velha solução simples e barata (o cinto de segurança), embora esta última não se destinasse a crianças?

Os cintos de segurança simplesmente não funcionam para crianças com menos de dois anos. São muito pequenos e, nessa faixa etária, a cadeirinha é o melhor equipamento de segurança. E quanto às crianças mais velhas? Nos Estados Unidos, a legislação sobre o tema é estadual. Porém, em muitos casos, as cadeirinhas são de uso obrigatório para crianças até seis ou sete anos. O quanto as crianças se beneficiam com as cadeirinhas?

Análise rápida dos dados da (FARS), abrangendo quase 36 anos de acidentes, revela resultado surpreendente. Para crianças com mais de dois anos, a taxa de mortalidade em acidentes, envolvendo ao menos um caso fatal, é quase idêntica para cadeirinhas e cintos:

EQUIPAMENTO DE SEGURANÇA	INCIDENTES	MORTES	TAXA DE MORTALIDADE INFANTIL
CHILD SAFETY SEATI	6.835	1.241	18,2%
ADULT SEAT BELT	9.664	1.750	18,1%

É possível que esses dados brutos sejam enganadores. Talvez as crianças instaladas em cadeirinhas tenham participado de acidentes mais violentos. Ou talvez seus pais dirijam mais à noite, ou em rodovias mais perigosas, ou em veículos menos seguros.

Porém, até as análises econométricas mais rigorosas dos dados do FARS produzem os mesmos resultados. Em acidentes recentes e antigos, em veículos grandes e pequenos, em acidentes envolvendo um veículo ou muitos veículos, não há evidência de que as cadeirinhas sejam melhores que os cintos para salvar vidas de crianças com mais de dois anos. Em certos tipos de acidentes – batidas na traseira, por exemplo – as cadeirinhas, na verdade, apresentam desempenho um pouco pior.

Portanto, como admite a NHTSA, o problema talvez seja a má instalação das cadeirinhas. (Você poderia argumentar que um equipamento de segurança, já com 40 anos, instalado corretamente por apenas 20% dos usuários, talvez não seja bom equipamento de segurança; em comparação com as cadeirinhas, os preservativos masculinos usados pelos indianos parecem praticamente infalíveis.) Será que a cadeirinha *é* um equipamento de segurança miraculoso, mas que ainda não aprendemos a usar de maneira adequada?

Para responder a essa pergunta, procuramos dados sobre testes de choque para a comparação lado a lado de cintos de segurança e assentos de segurança. E não é difícil encontrar esses dados. Afinal, todas as cadeirinhas lançadas no mercado devem ter sido submetidas a testes de choque para receber aprovação pelo governo federal americano. Mas parece que os pesquisadores poucas vezes ou nunca realizaram testes paralelos com bonecos infantis. Portanto, resolvemos fazê-los nós mesmos.

A ideia era simples. Encomendamos dois testes de choque, um com bonecos de crianças de seis anos, sentadas em cadeirinhas e afiveladas em cintos de colo e ombro, e outro com bonecos de crianças de seis anos, em almofadas de ajuste e presas em cintos de colo e ombro. Em cada caso, o teste simularia colisão frontal a 30 milhas (48 quilômetros) por hora.

Tivemos dificuldade em encontrar um laboratório de teste de acidentes, embora estivéssemos dispostos a pagar US$3.000. (É... Fazer ciência não é barato.) Depois de recebermos resposta negativa do que nos pareceu serem todas as instalações de testes dos Estados Unidos, finalmente encontramos um laboratório disposto a aceitar nosso dinheiro. No entanto, seu diretor impôs a condição de não revelarmos o nome da organização, com o receio de perder clientes entre os fabricantes de cadeirinhas, que representavam a base do negó-

CONSERTAR ESTÁ NA MODA – E É BARATO E SIMPLES.

cio. Porém, ele se disse "fã da ciência" e também se mostrou curioso em relação aos resultados.

Depois de voarmos para essa localidade misteriosa, compramos algumas cadeirinhas no Toys "R" Us e fomos até o laboratório. No entanto, quando o engenheiro responsável ouviu os detalhes de nosso experimento, ele se recusou a participar. Era algo idiota, garantiu. *Evidentemente*, o desempenho das cadeirinhas será muito melhor – e, além disso, se colocássemos um de seus bonecos caros no cinto de colo e ombro, o impacto provavelmente o despedaçaria.

Pareceu-nos estranha aquela preocupação com a saúde de um boneco de teste de choque – afinal, eles não são feitos para serem despedaçados? – mas, depois que concordamos em reembolsar o laboratório se o boneco seguro pelo cinto fosse danificado, o engenheiro partiu para o trabalho, resmungando.

As condições do laboratório garantiam que as cadeirinhas apresentariam desempenho ótimo. Elas foram afixadas em bancos traseiros com formato tradicional, o que garantia encaixe adequado, por um engenheiro experiente em teste de choque, que devia ser muito mais competente que a maioria dos pais na instalação de cadeirinhas infantis em banco traseiro de automóveis.

A tarefa era repulsiva do começo ao fim. Cada boneco de criança, trajando shorts, camisetas e tênis, estava conectado a fios para a medição dos danos no peito e na cabeça.

Primeiro veio o par de três anos, um colocando em uma cadeirinha e o outro usando cinto de colo e ombro. O trenó pneumático foi disparado com estrépito assustador. Em tempo real, não se via muito (exceto que, para nosso alívio, o boneco seguro pelo cinto continuou inteiro). Porém, assistindo em câmara lenta ao vídeo da cena, percebia-se que a cabeça, as pernas e os braços eram arremessados para a frente, os dedos agitando-se no ar, antes de a cabeça retroceder. Em seguida, vieram os bonecos de seis anos.

Em minutos, recebemos os resultados: os cintos de segurança para adultos passaram sobejamente nos testes de choque. Com base nos dados sobre o impacto na cabeça e no tórax, crianças reais, nas cadeirinhas e nos cintos, provavelmente não sofreriam danos sérios em circunstâncias idênticas.

E, então, como se saiu o velho cinto de segurança?

Eles superaram todas as especificações técnicas referentes a assentos de segurança para crianças, ou cadeirinhas infantis para automóveis. Ou, em outras palavras: se submetêssemos nossos dados sobre os bonecos presos pelo cinto de segurança ao governo federal e afirmássemos que eles eram referentes à mais recente e eficaz cadeirinha infantil para automóveis, nosso "novo" produto – muito semelhante à mesma tira de náilon de Robert McNamara, na década de 1950 – seria aprovado com menção honrosa. Uma vez que o velho cinto de segurança é capaz de atender aos padrões de segurança do governo referentes a assentos de segurança para crianças, talvez não seja de admirar que os fabricantes de cadeirinhas infantis para automóveis lancem produtos incapazes de superar o desempenho dos cintos de segurança. Triste, talvez, mas não surpreendente.

Como seria de esperar, nosso desapreço pelas cadeirinhas infantis para automóveis nos inclui em minoria insignificante. (Se os autores não fossem pais de seis filhos, talvez fôssemos rotulados de pedófobos. Um argumento convincente contra nossa tese é a chamada "síndrome do cinto de segurança". Destacados pesquisadores em segurança infantil, advertindo que os testes de choque com bonecos tipicamente não tinham sensores para medir os danos ao pescoço e ao abdômen, contam histórias tenebrosas de unidades de emergência sobre os danos infligidos às crianças pelos cintos de segurança. Esses pesquisadores coletaram dados em entrevistas com pais cujos filhos foram vítimas de acidentes automobilísticos e concluíram que as almofadas de ajuste (booster seats) reduzem significativamente os danos (quase 60%) em comparação com os cintos de segurança isoladamente.

Esses pesquisadores, muitos dos quais realmente cuidam de crianças acidentadas, decerto são bem-intencionados, mas será que estão certos?

Por várias razões, entrevistar pais não é o método ideal de obter dados confiáveis. Os pais podem estar traumatizados pelo acidente e talvez tenham lembranças equivocadas dos detalhes. Também há a questão de os pais – cujos nomes os pesquisadores extraíram do banco de dados de seguradoras – estarem dizendo a verdade. Ainda que seu filho não estivesse usando equipamento de segurança no momento do acidente, você talvez sinta fortes pressões sociais (ou, dependendo dos critérios da seguradora, pressões financeiras) para garantir que seu filho seguia todas as normas de segurança por ocasião do desastre. Como o relatório da polícia informará se o veículo tinha cadeirinha, você não poderá mentir a esse respeito. Mas, como todo banco traseiro tem cinto de segurança, mesmo que seu filho não estivesse com o cinto, você dirá que estava, e seria difícil provar o contrário.

CONSERTAR ESTÁ NA MODA – E É BARATO E SIMPLES.

Será que existem outras fontes de dados, além de entrevistas com os pais, que nos ajudem a responder a essa importante questão sobre ferimentos em crianças?

Os dados da FARS não servem para esse propósito, pois abrangem apenas acidentes fatais. No entanto, identificamos três outros conjuntos de dados que contêm informações sobre todos os acidentes. O primeiro é um banco de dados de âmbito nacional e os dois outros são de escopo estadual: New Jersey e Wisconsin. Juntos, eles abrangem mais de 9 milhões de acidentes. O conjunto de dados de Wisconsin foi particularmente útil, pois ligava cada paciente aos dados de alta no hospital, oferecendo-nos condições para melhor avaliarmos a extensão dos ferimentos.

O que a análise desses dados revela?

Para evitar ferimentos graves, os cintos de segurança de colo e ombro mais uma vez apresentaram desempenho tão bom quanto o dos assentos de segurança para crianças, na faixa etária de dois a seis anos. No entanto, para prevenir ferimentos leves, os assentos de segurança para crianças realmente se mostraram mais eficazes, reduzindo a probabilidade de lesões em mais ou menos 25%, quando comparados com os cintos de segurança.

Portanto, ainda não jogue fora suas cadeirinhas infantis para automóveis. (Isso seria ilegal em todos os 50 estados). As crianças são tão valiosas que mesmo o benefício relativamente pequeno que as cadeirinhas parecem oferecer, ao evitar pequenos ferimentos, as justifica como investimento. Além disso, outro benefício de difícil quantificação é a paz de espírito dos pais.

Ou, sob outra perspectiva, esse talvez seja o maior *custo* dos assentos de segurança para crianças ou cadeirinhas infantis para automóveis: proporcionam aos pais senso de segurança indevido, a certeza ilusória de que fizeram o possível para proteger os filhos. Essa complacência nos poupa do esforço de buscar melhores soluções, algo que talvez seja mais simples, mais barato e ainda mais eficaz, salvando mais vidas.

Imagine que você seja incumbido de partir da estaca zero para garantir a segurança de todas as crianças que viajam em carros. Você realmente acha que a melhor solução seja começar com um dispositivo otimizado para adultos e usá-lo para segurar um segundo equipamento com dimensões adequadas para crianças? Você realmente estipularia que esse outro equipamento fosse fabricado por dezenas de diferentes fabricantes e, ainda assim, servisse em todos os veículos, embora o banco de cada veículo tenha seu próprio desenho?

Portanto, eis uma proposta radical: Considerando que metade dos passageiros que usam o banco detrás são crianças, por que não *projetar os cintos de segurança especificamente para crianças*? Não faria mais sentido adotar uma solução comprovada – que, ainda por cima, é barata e simples – e adaptá-la, por meio de tiras ou correias ajustáveis ou de assentos ou almofadas dobráveis e retráteis (que já existem, embora não sejam muito comuns) – em vez de insistir em soluções custosas e incômodas, que não funcionam muito bem?

Mas a situação parece avançar na direção oposta. Em vez de buscar melhor solução para a segurança das crianças em automóveis, os governos estaduais em todos os Estados Unidos vêm aumentando o limite etário para o uso obrigatório de cadeirinhas. A União Europeia foi ainda mais longe, exigindo que a maioria das crianças use almofadas de ajuste (booster seats) até os 12 anos.

Infelizmente, os governos não são exatamente famosos pelo desenvolvimento de soluções baratas e simples; ao contrário, tendem a preferir alternativas mais dispendiosas e embaraçosas. Observe que nenhum dos exemplos de sucesso descritos neste capítulo foram criações de autoridades públicas. Até a vacina contra a pólio foi desenvolvida, de início, por um grupo privado, a National Foundation for Infant Paralysis. O presidente Roosevelt, pessoalmente, forneceu o capital inicial – interessante notar que mesmo um presidente em exercício tenha escolhido o setor privado para empreendimento de tal monta – e a fundação, então, levantou capital adicional e realizou os testes com o produto.

Tampouco foi o governo que instalou cintos de segurança em automóveis. Robert McNamara achou que a inovação proporcionaria vantagem competitiva à Ford. Mas ele estava redondamente errado. A Ford enfrentou dificuldades em comercializar os cintos de segurança, pois a novidade parecia lembrar aos clientes que dirigir era intrinsecamente inseguro. A situação levou Henry Ford II a queixar-se a um repórter: "McNamara está vendendo segurança, enquanto a Chevrolet está vendendo carros."

Enquanto isso, alguns problemas parecem além de qualquer solução simples ou algo parecido. Pense na devastação infligida com regularidade pela Mãe Natureza. Em comparação, as mortes no trânsito parecem banalidade.

CONSERTAR ESTÁ NA MODA – E É BARATO E SIMPLES.

Desde 1900, mais de 1,3 milhão de pessoas em todo o mundo morreram em consequência de furacões. Nos Estados Unidos, a carnificina não foi tão sangrenta – cerca de 20.000 mortes –, mas as perdas financeiras têm sido grandes, mais de US$10 bilhões por ano, em média. No espaço de apenas dois anos recentes, 2004 e 2005, seis furacões, inclusive o exterminador Katrina, provocaram, em conjunto, danos de US$153 bilhões no sudoeste dos Estados Unidos.

Por que esse recrudescimento de uns tempos para cá? Mais pessoas se mudaram para áreas sujeitas a furacões (afinal, é bom morar perto do mar) e muitas delas construíram residências de veraneio muito caras, o que aumenta as perdas totais. A ironia é que muitos desses proprietários foram atraídos para o litoral em razão da *menor incidência* de furações nas últimas décadas – e, talvez, pelos prêmios de seguro, em consequência, mais baixos.

De meados da década de 1960 a meados dos anos 1990, a formação de furacões foi reduzida por fenômeno conhecido como oscilação Atlântica Multidécadas (Atlantic Multidecadal Oscilation), ciclo recorrente de 60 a 80 anos, durante o qual o Oceano Atlântico se esfria e depois se aquece gradualmente. A mudança de temperatura não é drástica, apenas uns dois graus, mas é suficiente para atenuar os furacões durante os anos frios e, como temos visto recentemente, para agravá-los durante os anos quentes.

Sob alguns aspectos, os furacões não seriam problema tão insuperável. Ao contrário de outros, como o câncer, suas causas são bem conhecidas, sua incidência é previsível e mesmo a hora da ocorrência é conhecida. Os furacões do Atlântico em geral acontecem entre 15 de agosto e 15 de novembro. Eles avançam na direção oeste, pelo "Corredor dos Furacões" (Hurricane Alley), trecho horizontal do oceano, que se estende da costa oeste da África até o Caribe e prossegue para o sudeste dos Estados Unidos. Os furacões são basicamente máquinas de calor, tempestades maciças que se formam quando a camada mais superior das águas oceânicas ultrapassa determinada temperatura (26,7 graus centígrados). Essa é a razão por que eles se constituem apenas quando se aproxima o fim do verão, período em que o sol já aqueceu durante alguns meses os mares.

No entanto, apesar de toda essa previsibilidade, os furacões parecem ser batalha perdida para os seres humanos Quando se formam, realmente não há como combatê-los. Só resta fugir.

Porém, nas cercanias de Seattle, mora um intelectual aventureiro, chamado Nathan, que acredita, assim como alguns amigos, ter boa solução para o problema dos furacões. Nathan tem formação em Física, o que é fundamental, pois significa que ele conhece as propriedades térmicas que definem os furacões. Estes não são apenas dínamos; mais que isso, são dínamos sem interruptor para desligá-los. Quando começam a acumular energia, é impossível parar o processo; e o fenômeno é poderoso demais para ser empurrado de volta ao mar com um grande ventilador.

Eis por que Nathan e amigos – a maioria deles, como Nathan, cientistas excêntricos de alguma espécie – consideram possível dissipar a energia térmica *antes* de acumular-se e tornar-se incontrolável. Em outras palavras: evitar que a água no Corredor dos Furacões se torne bastante quente para formar furacões destrutivos. Os exércitos por vezes adotam políticas de "terra arrasada", destruindo qualquer coisa que possa ser valiosa para o inimigo. Nathan e amigos querem praticar a política de "oceano resfriado", para evitar que o inimigo devaste bens valiosos.

Porém, sempre há quem pergunte, isso não significa brincar com a Mãe Natureza?

"É *evidente* que isso é brincar com a Mãe Natureza!", ironiza Nathan. "E isso é ruim?"

Na verdade, se não tivéssemos brincado com a Mãe Natureza, usando nitrato de amônia para aumentar a produtividade agrícola, muitos leitores deste livro provavelmente não existiriam hoje. (Ou, quem sabe, estivessem muito ocupados para ler, catando raízes e frutos o dia inteiro). A erradicação da pólio também foi um tipo de intervenção na Mãe Natureza. Como são os diques e enrocamentos para evitar inundações – ainda que, como no caso do Furacão Katrina, essas construções humanas às vezes falhem.

A solução antifuracão proposta por Nathan é tão simples que até um escoteiro poderia imaginá-la (pelo menos um muito inteligente), podendo ser desenvolvida com materiais comprados na Home Depot, ou talvez até catados nos depósitos de lixo.

"O truque é modificar a temperatura da superfície da água", explica Nathan. "O mais interessante em tudo isso é que a camada superficial de água quente é muito fina, em geral com cerca de 30 metros. E logo abaixo dela encontra-se grande massa de água muito fria. Qualquer pessoa que pratique mergulho nessas áreas pode sentir a enorme diferença."

CONSERTAR ESTÁ NA MODA – E É BARATO E SIMPLES.

A água superficial aquecida é mais leve que a água da camada inferior e, portanto, se mantém na superfície. "Logo, o que precisamos fazer é consertar essa situação", afirma.

É um enigma instigante – toda aquela água fria, trilhões e trilhões de litros, pouco abaixo da superfície quente, mas impotente para desativar o desastre potencial.

Porém, Nathan tem uma solução. Trata-se basicamente de "uma câmara de ar com saia", diz ele, com uma risada. Ou seja, um grande anel flutuante, com diâmetro entre 9 e 90 metros, em cuja circunferência interna se fixa um longo cilindro. O anel pode ser feito com velhos pneus de caminhão, cheios de concreto espumado e atados uns aos outros por cabos de aço. O cilindro, estendendo-se talvez até 180 metros de profundidade oceano adentro, poderia ser confeccionado com polietileno, o mesmo plástico usado em sacas de compras.

"É isso!", descreve Nathan, exultante.

Como funciona? Imagine uma dessas câmaras de ar com saia – gigantesca e bizarra medusa artificial – flutuando no oceano. Quando uma onda de água quente estoura sobre essa estrutura, o nível da água dentro do anel sobe acima da superfície do oceano. "Essa elevação do nível da água, acima da superfície circundante, no interior de um tubo como esse", explica Nathan, "é denominada 'cabeça hidráulica'."

Cabeça hidráulica é uma força criada pela energia transmitida às ondas pelo vento, que empurra a água quente da superfície para dentro do longo cilindro plástico, a qual, sob pressão, sai pela outra extremidade, bem mais no fundo, longe da superfície. Com o movimento incessante das ondas, a cabeça hidráulica empurra ininterruptamente água quente da tona para profundidades mais frias, o que reduz a temperatura da superfície dos oceanos. O processo é de baixo impacto, não polui e produz efeito duradouro. Uma molécula de água da superfície quente leva cerca de três horas para percorrer o cilindro plástico e jorrar pela outra extremidade.

Agora, considere a instalação de grandes quantidades de medusas artificiais nas áreas dos oceanos onde se formam furacões. Nathan imagina barreiras desse tipo entre Cuba e a Península do Iucatá, no México, e na costa sudeste dos Estados Unidos. Também seriam muito úteis no Mar do Sul da China e no Mar de Coral, junto à costa da Austrália. Quantos seriam necessários? Dependendo do tamanho, alguns milhares talvez fossem suficientes para evitar furacões no Caribe e no Golfo do México. Uma versão simples e descartável dessa geringonça poderia ser construída por aproximadamente US$100 cada uma, mas os maiores custos seriam os referentes a reboque e ancoragem. Também há a possibilidade de versões mais duráveis e sofisticadas, unidades sob controle remoto, transportáveis para onde fossem mais necessárias. Versão inteligente ainda mais avançada até poderia ajustar a velocidade com que esfria a água da superfície, por meio da variação do volume de bombeamento de água quente.

As boias mais dispendiosas imaginadas por Nathan custariam US$100.000. Mesmo a esse preço, a distribuição delas em todo o mundo custaria nada mais que US$1 bilhão – um décimo do valor dos danos anuais infligidos por furacões em imóveis, apenas nos Estados Unidos. Como Semmelweis constatou em relação à assepsia das mãos em hospitais e como milhões de usuários aprenderam a respeito de comprimidos baratos de aspirina e de estatina na profilaxia de problemas cardíacos, alguns gramas de prevenção podem valer muitas toneladas de cura.

Nathan ainda não tem certeza quanto à eficácia de sua proposta. Durante meses ela foi submetida a intensa modelagem em computador; em breve, será testada em águas reais. Mas todas as indicações são de que ele e amigos inventaram um exterminador de furacões.

Mesmo que o esquema não seja capaz de eliminar totalmente as tempestades tropicais, esse resultado provavelmente nem seria prudente, uma vez que esses fenômenos violentos são parte do ciclo natural do clima e produzem as tão necessárias precipitações pluviométricas sobre a superfície terrestre. Seu grande benefício será atenuar as tempestades de categoria 5 em outras menos destrutivas. "Poderemos controlar o ciclo das monções em áreas tropicais", entusiasma-se Nathan, "e regularizar os extremos cíclicos do regime de chuvas no Sahel da África, para evitar surtos de inanição.

As barreiras também poderão melhorar a ecologia dos oceanos. Ao se aquecerem todos os verões, as águas superficiais perdem oxigênio e nutrientes, criando zonas mortas. O bombeamento das águas quentes para baixo promove a circulação de águas frias e oxigenadas para a superfície, enriquecendo substancialmente a vida marinha. (O mesmo efeito pode ser visto hoje em torno de plataformas de exploração de petróleo.) As boias flutuantes também podem contribuir para afundar o excesso de dióxido de carbono absorvido pela superfície dos oceanos nas décadas recentes.

CONSERTAR ESTÁ NA MODA – E É BARATO E SIMPLES.

Resta em aberto, contudo, a questão de como e por quem essas boias serão instaladas. O Departamento de Segurança Interna dos Estados Unidos solicitou ideias sobre a mitigação de furacões a vários cientistas, inclusive Nathan e amigos. Embora os órgãos públicos dificilmente optem por soluções baratas e simples – simplicidade definitivamente não faz parte do DNA deles –, talvez esse caso específico seja exceção, pois os benefícios potenciais são enormes e os prejuízos possíveis são mínimos.

Por mais perigosos que sejam os furacões, hoje paira sobre a humanidade ameaça natural muito mais assustadora, algo que põe em risco a própria civilização, tal como a conhecemos: o aquecimento global. Se Nathan e amigos, esses pensadores inteligentes e criativos, que não têm medo de soluções simples, pudessem fazer alguma coisa *a esse respeito*...

CAPÍTULO 5

O QUE AL GORE E O MONTE PINATUBO TÊM EM COMUM?

As manchetes têm sido angustiantes, para dizer o mínimo.

"Alguns especialistas acreditam que a humanidade está à beira de novo padrão de clima global adverso, para o qual está mal preparada", proclamou um artigo do *New York Times*. E citou climatologistas segundo os quais "esta mudança climática é uma ameaça para os povos do mundo".

Artigo da revista *Newsweek*, citando relatório da National Academy of Sciences, advertiu que a mudança climática "forçaria ajustes econômicos e sociais em escala mundial". Pior ainda, "os climatologistas receiam que os líderes políticos não adotem medidas objetivas para compensar neutralizar a mudança climática e nem mesmo para atenuar seus efeitos".

Quem, em juízo perfeito, não se assusta com a hipótese do aquecimento global?

Porém, esse não é o tema a que se referem esses cientistas. Os artigos mencionados, da década de 1970, versavam sobre os efeitos do *esfriamento global*.

Os alarmes haviam soado porque a temperatura média do solo no Hemisfério Norte caíra 0,28°C, de 1945 a 1968. Além disso, ocorrera grande aumento na cobertura de neve e, entre 1964 e 1972, também se constatou redução de 1,3% na intensidade dos raios solares que atingiam os Estados Unidos. A *Newsweek* informou que o declínio da temperatura, embora relativamente pequeno em termos absolutos, "levara o planeta a cerca de um sexto do percurso rumo à média da Era do Gelo".

O grande medo era um colapso do sistema agrícola. Na Inglaterra, o esfriamento já havia encurtado a estação de cultivo em duas semanas. "Os surtos de fome daí resultantes podem ser catastróficos", admoestou o artigo da *Newsweek*. Alguns cientistas propuseram soluções de aquecimento radicais, como derreter a calota polar ártica, cobrindo-a com fuligem negra.

Hoje, evidentemente, a ameaça é a oposta. Não mais se receia que a Terra fique fria demais, mas, sim, quente demais. E a fuligem negra, em vez de salvação, converteu-se em grande maldição. Lançamos borbotões infindáveis de carbono na atmosfera, resíduo de todo o combustível fóssil que queimamos para aquecer e esfriar, alimentar e transportar, e, não menos importante, para entreter as multidões.

No entanto, assim agindo, tudo indica que transformamos nosso tenro planeta numa estufa, construindo no firmamento como que uma redoma que retém na atmosfera terrestre boa parte do calor do sol, impedindo que ele se dissipe para o espaço. Não obstante os receios quanto ao "esfriamento global", a temperatura média do solo em âmbito global subiu 0,7°C nos últimos 100 anos, tendência que se acelerou de uns tempos para cá.

"Hoje, estamos maltratando tanto a Terra", escreve James Lovelock, renomado cientista ambientalista, "que é até possível que o planeta se rebele e retorne ao estado quente de 55 milhões de anos atrás, fenômeno que, se ocorrer, matará boa parte da população terrestre e seus descendentes".

Basicamente, os climatologistas chegaram ao consenso de que a temperatura da Terra está subindo e, cada vez mais, reconhecem que a atividade humana em muito contribuiu para essa situação. Porém, as maneiras como os seres humanos afetam o clima não são assim tão óbvias.

O QUE AL GORE E O MONTE PINATUBO TÊM EM COMUM?

Geralmente se acredita que carros, caminhões e aeroplanos geram proporção desmesurada dos gases do efeito estufa. Recentemente, essa constatação tem levado muita gente bem-intencionada a comprar um Prius ou outro carro híbrido. Porém, sempre que um feliz proprietário de Prius vai de carro até o supermercado, é provável que esteja neutralizando a contribuição positiva de seu veículo para a redução dos gases do efeito estufa, ao menos se fizer compras na seção de carnes.

Como assim? Porque as vacas, bem como os carneiros e outros animais que ruminam o bolo alimentar, chamados ruminantes, são poluidores contumazes. Suas exalações, flatulências, eructações e ventosidades, do mesmo modo que seus excrementos, emitem metano, que, de acordo com medida comum, é cerca de *25 vezes mais potente* como gás do efeito estufa que o dióxido de carbono liberado pelos carros (e, a propósito, pelos humanos). Os ruminantes do planeta são responsáveis por cerca de 50% mais dos gases do efeito estufa que todo o setor de transportes.

Mesmo o movimento "locavore", que estimula as pessoas a comerem alimentos de produção local, não ajuda muito a esse respeito. Estudo recente de dois pesquisadores de Carnegie Mellon, Christopher Weber e H. Scott Matthews, descobriram que a compra de alimentos de produção local na realidade aumenta as emissões de gases do efeito estufa. Por quê?

Mais de 80% das emissões associadas a alimentos se concentram na fase de produção, e os grandes agronegócios são muito mais eficientes que os pequenos produtores. O transporte representa apenas 11% das emissões associadas a alimentos, cujo componente relacionado com a entrega do produtor ao varejista gera somente 4%. A melhor maneira de ajudar, sugerem Weber e Mathew, é mudar a dieta. "Deslocar o equivalente em calorias a menos de um dia por semana de carne vermelha e laticínios para frango, peixe, ovos ou legumes e verduras promove maior redução dos gases do efeito estufa que a compra de alimentos fornecidos por produtores locais", escrevem.

Outra recomendação é substituir carne de boi por carne de canguru – pois quis o destino que os gases intestinais do canguru não contivessem metano. Mas imagine a campanha de marketing que seria necessária para induzir as pessoas a comer "gurubúrguers"! E pense em como seria difícil para os criadores de gado fazer lobby para proibir a venda de carne de canguru. Felizmente, uma equipe de cientistas australianos está atacando

153

SUPERFREAKONOMICS

o problema sob abordagem diferente, tentando reproduzir cópias exatas da bactéria existente no estômago dos cangurus, com o propósito de depois transplantá-las para bovinos.

Por várias razões, o aquecimento global é questão especialmente árdua.

Primeiro, os climatologistas não podem fazer experimentos. A esse respeito, eles são mais como economistas que como físicos ou biólogos. O objetivo deles é extrair correlações dos dados existentes, sem dispor do recurso de suspender durante dez anos as emissões oriundas de carros (ou de bovinos).

Segundo, a ciência é demasiado complexa. O impacto de qualquer atividade humana isolada – por exemplo, da triplicação do tráfego aéreo – depende de muitos fatores diferentes: dos gases emitidos, sem dúvida, mas também da maneira como o voo dos aviões afeta fenômenos como convecção na atmosfera e formação de nuvens.

Para prever as temperaturas na superfície do planeta, é preciso levar em conta esses e muitos outros fatores, como evaporação, chuvas e, sim, emissões animais. No entanto, mesmo os modelos climáticos mais sofisticados não são muito eficazes na representação dessas variáveis, deficiência que, obviamente, torna muito difícil a previsão do futuro do clima. Em comparação, os modelos de risco adotados pelas instituições financeiras modernas parecem muito confiáveis – mas, como mostraram os recentes colapsos bancários, essa capacidade preditiva nem sempre é confiável.

A imprecisão inerente à climatologia significa que não sabemos com certeza se a trajetória em curso acarretará aumento de temperatura de dois ou de dez graus. Nem mesmo sabemos ao certo se até um aumento acentuado da temperatura média gerará desastres circunscritos ou hecatombe planetária, provocando o fim da civilização tal como a conhecemos.

É esse espectro de catástrofe, não importa quão remoto, alçou o aquecimento global para o proscênio das políticas públicas. Se tivéssemos a certeza de que o aquecimento global imporia custos inequívocos e vultosos, a economia do problema se resumiria em simples análise de custos e benefícios. Será que os benefícios futuros da redução de emissões superam os custos presentes? Ou seria melhor adiar a redução das emissões – ou mesmo, talvez, poluir à vontade e aprender a viver num mundo mais quente?

O economista Martin Weitzman analisou os melhores modelos climáticos disponíveis e concluiu que o futuro apresenta chance de 5% de um cenário de pior hipótese – aumento da temperatura média superior a 10ºC.

Obviamente, é grande a incerteza mesmo nessa estimativa da incerteza. Assim, como atribuir valor a essa probabilidade relativamente pequena de catástrofe mundial?

O economista Nicholas Stern, que elaborou relatório enciclopédico sobre o aquecimento global para o governo inglês, sugeriu que destinássemos 1,5% do produto global bruto por ano – o equivalente a US$1,2 trilhão – à solução do problema.

Porém, como sabe a maioria dos economistas, as pessoas em geral relutam em gastar muito dinheiro com a prevenção de problemas futuros, mormente quando sua probabilidade de ocorrência é tão incerta. Boa razão para esperar é a possibilidade de, no futuro, dispormos de opções muito menos dispendiosas que as de hoje para evitar o problema.

Embora, por formação, os economistas tenham sangue frio-suficiente para sentar e analisar com calma as opções excludentes associadas a catástrofes globais, os mortais comuns são um pouco mais vibrantes. E a maioria das pessoas reage à incerteza com mais emoção – medo, culpa, paralisia – do que seria recomendável. A incerteza também nos induz a reagir de maneira muito inadequada às piores possibilidades. (Lembre-se da última vez em que você ouviu um barulho estranho, à noite, fora de seu quarto.) No caso do aquecimento global, as piores possibilidades assumem proporções de desastres bíblicos: elevação do nível dos oceanos, calor infernal, pragas e mais pragas, caos planetário.

Compreende-se, portanto, que o movimento para estancar o aquecimento global tenha assumido características de religião. O dogma de fé é que a humanidade recebeu de Deus um Éden prístino, cometeu o pecado mortal de poluí-lo e agora deve purgar a culpa para não perecer no apocalipse global. James Lovelock, sumo sacerdote desse culto, escreve em linguagem confessional, compatível com qualquer liturgia: "Abusamos da energia e superpovoamos a Terra... É tarde demais para o desenvolvimento sustentável; a única salvação agora é a retirada sustentável."

"Retirada sustentável" é um pouco como vestir traje de luto, é sair por aí em penitência. Para os cidadãos do mundo desenvolvido, em especial, isso significaria consumir menos, dirigir menos – e, embora seja canhestro dizê-lo em voz alta, aprender a conviver com o despovoamento gradual do planeta.

Se o moderno movimento de conservação tem um santo padroeiro, esse ícone é, decerto, Al Gore, ex-vice-presidente dos Estados Unidos e ganhador do Prêmio Nobel. Seu filme documentário *Uma Verdade Inconveniente*, pintou com cores vivas para milhões de espectadores os perigos do superconsumo. Depois, ele fundou a Aliança para Proteção Climática (Alliance for Climate Protection), que se descreve como "exercício de persuasão de massa sem precedentes". Sua peça de resistência é uma campanha de US$300 milhões, denominada "We" (Nós), que exorta os americanos a mudar seus hábitos perdulários.

No entanto, qualquer religião tem seus heréticos, e o aquecimento global não é exceção. Boris Johnson, jornalista com formação clássica, que conseguiu tornar-se prefeito de Londres, leu Lovelock – a quem chama de "figura sacerdotal" – e concluiu o seguinte: "Como todas as grandes religiões, o medo da mudança climática sacia nossas necessidades de culpa e de autoinsatisfação, exatamente por ser fomentado pela eterna percepção humana de que o progresso tecnológico deve ser punido pelos deuses. Assim, o medo da mudança climática é como uma religião nesse senso vital, envolta em mistério, sem jamais se saber se as práticas de expiação e reconciliação foram bem-sucedidas."

Portanto, enquanto os crentes convictos deploram a profanação de nosso paraíso terrestre, os infiéis proclamam que esse mesmo Éden, muito antes da proliferação da espécie humana, de tal forma se encobriu de miasma de metano que se tornou quase estéril, pela ação exclusiva de forças naturais. Quando Al Gore conclama os cidadãos a sacrificar suas sacas de plástico, seus aparelhos de ar-condicionado e suas viagens supérfluas, os agnósticos replicam que a atividade humana responde por apenas 2% das emissões globais de dióxido de carbono. O restante é produto de processos naturais, como a decomposição de plantas.

Quando se depura a questão do fervor religioso e da complexidade científica, descobre-se no cerne do aquecimento global um dilema extremamente simples. Os economistas, afetuosamente, o denominam *externalidade*.

O que é externalidade? É o que acontece quando alguém faz algo e outrem, sem concordar, paga no todo ou em parte os custos dessa ação. Externalidade é a versão econômica da tributação sem representação.

Se, por acaso, você reside nas proximidades de uma fábrica de fertilizantes, na direção em que sopra o vento, o fedor de amônia é uma externalidade. Quando seu vizinho dá uma grande festa (e não tem a cortesia de convidá-lo), a muvuca é uma externalidade. O tabagismo indireto é uma externalidade, assim como a bala perdida da batalha de traficantes entre si ou com policiais, que atingiu uma criança na praça.

Os gases do efeito estufa, embora responsáveis pelo aquecimento global, são basicamente externalidades. Ao acender a churrasqueira no quintal ou na cobertura, você não está apenas fazendo churrasco, também está emitindo gases que, de maneira minúscula, contribui para esquentar todo o planeta. Sempre que se senta ao volante de um carro, ou come um hambúrguer, ou viaja de avião, você está gerando subprodutos cujos custos não correm exclusivamente por sua conta.

Imagine alguém chamado Jack que mora numa casa encantadora – ele próprio a construiu – e chega do trabalho no primeiro dia quente do verão. Tudo que ele quer é relaxar e esfriar. E, então, liga o aparelho de ar-condicionado no máximo. Talvez ele se lembre, por alguns instantes, da conta de eletricidade, mas o custo adicional não é suficiente para dissuadi-lo.

Porém, ele *não* pensa na fumaça negra emitida pela termelétrica que queima o carvão que aquece a água que enche a turbina que gira o gerador que produz a eletricidade que esfria a sua casa adorável.

Tampouco ele reflete sobre os custos ambientais associados à mineração e ao transporte do carvão nem sobre os riscos daí decorrentes. Só nos Estados Unidos, mais de 100.000 mineiros morreram em acidentes de trabalho no século passado, além dos outros 200.000, aproximadamente, que acabaram perecendo de doenças do pulmão. Também esses custos são externalidades. Felizmente, as mortes em minas de carvão despencaram nos Estados Unidos, para a média atual de mais ou menos 36 por ano. Porém, se Jack, por acaso, vivesse na China, a externalidade de mortes locais seria muito mais alta: pelo menos 3.000 mineiros de carvão da China morrem todos os anos.

É difícil culpar Jack por não pensar em externalidades. A tecnologia moderna é tão eficiente que não raro mascara seus custos. Aparentemente, não há

SUPERFREAKONOMICS

nada de errado com a eletricidade que alimenta o ar-condicionado de Jack. Ela simplesmente aparece como que por um passe de mágica.

Se houvesse apenas uns poucos Jacks no mundo, ou até alguns milhões, não haveria problema. No entanto, quando a população global se aproxima dos sete bilhões, todas essas externalidades formam a famigerada massa crítica, ou seja, o estopim da crise. E, então, quem paga os custos?

Em princípio, a pergunta não é assim tão difícil. Se soubéssemos o quanto custa para a humanidade o consumo de um tanque de gasolina, bastaria tributar o motorista em igual magnitude. O imposto talvez não o dissuadisse de usar o automóvel, nem é essa a expectativa. O objetivo do imposto é garantir que o motorista assuma o custo total de suas ações (ou, em jargão econômico, *internalize a externalidade*).

A receita tributária daí decorrente poderia ser distribuída entre as pessoas que sofrem os efeitos da mudança climática – os habitantes das terras baixas de Bangladesh, por exemplo, que serão inundadas com a elevação dos oceanos. Se lançarmos os tributos certos, a arrecadação poderia compensar de maneira adequada as vítimas da mudança climática.

Porém, quando se trata de *efetivamente* resolver as externalidades da mudança climática por meio de impostos, tudo que podemos dizer é boa sorte. Além dos obstáculos óbvios – como promulgar, lançar e arrecadar o imposto – também é preciso encarar a realidade de que os gases do efeito estufa não respeitam as fronteiras nacionais. A atmosfera terrestre se mantém em movimentação constante e complexa, o que significa que suas emissões se confundem com as minhas e as minhas com as suas. Daí o aquecimento *global*.

Se, digamos, a Austrália decidir da noite para o dia eliminar suas emissões de carbono, esse bom país não desfrutará sozinho os benefícios de sua decisão onerosa e dolorosa, a não ser que todos os demais países se juntem à iniciativa. Tampouco um país tem o direito de dizer a outro o que fazer. Nos últimos anos, os Estados Unidos, esporadicamente, tentaram diminuir suas emissões. Porém, quando o governo americano pressiona a China ou a Índia a agirem da mesma maneira, dificilmente se poderia culpá-los por responderem: *Essa não! Vocês pegaram carona com todo o mundo para se transformarem em superpotências! Por que não podemos fazer o mesmo?*

Quando não somos obrigados a assumir o custo total de nossas ações, temos poucos incentivos para mudar nosso comportamento. Nos tempos em que as grandes cidades do mundo se atolavam em excremento de cavalo, ninguém optou pelo carro por se tratar de melhor escolha para a sociedade, mas, sim, por ser de seu interesse econômico. Hoje, pede-se às pessoas que mudem seu comportamento não por interesse próprio, mas, ao contrário, por abnegação. Por isso, o aquecimento global talvez pareça problema sem solução, a não ser – e é nisso que Al Gore está apostando – que as pessoas estejam dispostas a deixar de lado o interesse próprio e agir da maneira certa, mesmo com sacrifício e custos sociais. Gore está apelando para nossa generosidade, para nossos anjos da guarda, que detestam externalidades.

Lembre-se de que as externalidades nem sempre são tão óbvias quanto parecem.

Para evitar que seus carros sejam roubados nas ruas, muita gente tranca o volante da direção com um dispositivo antifurto, do tipo The Club, grande, muito visível, quase sempre vermelho ou laranja. Quem usa essa tranca de direção está dizendo ao ladrão potencial que será difícil roubar o seu carro. A mensagem *implícita*, contudo, é que será muito mais fácil roubar o carro do vizinho, que não está com tranca. Portanto, a sua tranca de direção produz externalidade negativa para o dono do carro próximo, que não conta com a mesma proteção, na forma de maior risco de ser furtado. O The Club, dispositivo antifurto notoriamente eficaz e ostensivo, é o exercício perfeito de interesse próprio.

Outro dispositivo chamado LoJack, entrementes, é, sob muitos aspectos, o oposto do The Club. É um pequeno transmissor de rádio, não muito maior que um baralho convencional, escondido em algum lugar, dentro ou embaixo do carro, invisível para o ladrão. Porém, se o carro for roubado, a polícia pode ativar a distância o transmissor e seguir seu sinal diretamente até o carro.

O contrário do The Club, o LoJack não impede que o ladrão leve o carro. Nessas condições, por que instalá-lo?

Primeiro, ele o ajuda a recuperar o carro, e rápido. Quando se trata de furto de carro, a rapidez é importante. Se seu carro ficar com o ladrão mais de alguns dias, você não o quererá de volta, pois ele certamente já estará depenado. Portanto, uma segunda razão para instalar o LoJack é a redução do prêmio do seguro. Mas talvez o melhor motivo seja o de que furto de carro com LoJack é divertido para o dono e para a polícia.

Há certa emoção em rastrear um carro equipado com LoJack, como se os cães acabassem de ser soltos. A polícia parte para a ação, segue o sinal de rádio e agarra o bandido antes que ele se dê conta do que está acontecendo. Se você tiver sorte, quem sabe ele até não encheu o tanque.

A maioria dos carros roubados termina em oficinas clandestinas, que removem as partes mais valiosas do veículo e vendem o resto como sucata. A polícia tinha dificuldade em localizar essas linhas de desmonte, até o lançamento do LoJack. Agora, a polícia simplesmente segue o sinal de rádio e estoura o estabelecimento.

Evidentemente, os gerentes dessas oficinas clandestinas não são burros. Ao perceberem o que estava acontecendo, mudaram seus procedimentos. Agora, em vez de levar o carro diretamente para a linha de desmonte, o ladrão deixa o carro num estacionamento durante alguns dias. Se, quando o ladrão voltar, o carro não mais estiver lá, é evidente que ele estava equipado com LoJack. Do contrário, presume-se que seja seguro deixar o carro na oficina clandestina.

Mas os policiais também não são burros. Quando encontram um carro roubado num estacionamento público, muitas vezes não o levam imediatamente. Em vez disso, ficam de olho no veículo até a volta dos ladrões e então o seguem até a linha de desmonte.

Até que ponto o LoJack dificultou a vida dos ladrões de automóveis?

Para cada aumento de um ponto percentual na proporção de carros com LoJack em determinada cidade, os furtos de automóveis chegam a cair até 20%. Como não sabem quando o carro tem LoJack, os ladrões se tornam menos propensos a furtar carros em geral. Por ser relativamente caro, cerca de US$700, o LoJack não é muito popular, sendo instalado em menos de 2% dos carros novos. Mesmo assim, esses poucos carros criam uma situação rara e maravilhosa – uma externalidade *positiva* para todos os motoristas muquiranas demais para comprar LoJack, pois também os seus carros estão protegidos.

É isso mesmo. Nem todas as externalidades são negativas. Boas escolas públicas criam externalidades positivas, pois todos nos beneficiamos com uma sociedade de pessoas com boa educação. (Também aumentam os preços dos imóveis.) Os fruticultores e os apicultores criam externalidades positivas um para o outro: As árvores fornecem pólen de graça para as abelhas e as abelhas polinizam as árvores frutíferas, também de graça. Eis por que os apicultores e os fruticultores geralmente se estabelecem perto um do outro.

Uma das externalidade positivas mais improváveis já constatadas se manifestou sob o manto de um desastre natural.

Em 1991, uma montanha erodida, coberta de florestas, na ilha filipina de Luzon, roncou e cuspiu cinzas sulfúricas. Ocorre que o velho Monte Pinatubo era um vulcão adormecido. Os agricultores locais e os aldeões vizinhos relutavam em abandonar a área de risco, mas os geólogos, sismólogos e vulcanologistas que acorreram ao local conseguiram convencer a maioria a deixar a região.

Ainda bem. Em 15 de junho, o Pinatubo entrou em erupção e se manteve em ebulição durante nove horas de fúria. As explosões foram tão maciças que o topo da montanha afundou sobre si mesmo, formando o que é conhecido como caldeira, uma enorme cratera em forma de panela. Hoje, o novo topo se situa quase 300 metros abaixo do cume original. Pior ainda, a região ao mesmo tempo foi varrida por um tufão. Segundo um dos relatos, o céu despencou sob a forma de "água, cinza e pedras-pomes, do tamanho de bolas de golfe". Cerca de 250 pessoas morreram naquele dia, a maioria soterrada por telhados, e muitas outras nos dias seguintes, em consequência de deslizamentos de terra. No entanto, graças às advertências dos cientistas, a mortalidade foi relativamente pequena.

O Monte Pinatubo foi a mais poderosa erupção vulcânica em quase 100 anos. Duas horas depois da explosão principal, as cinzas sulfúricas já encobriam área com raio superior a 35 quilômetros. Quando tudo acabou, o Pinatubo havia lançado mais de 20 milhões de toneladas de dióxido de enxofre na estratosfera. Qual foi o efeito desse desastre ecológico no meio ambiente?

Acontece que o cortinado de neblina estratosférica de dióxido de enxofre atuou como uma espécie de filtro, reduzindo a intensidade da radiação solar que alcança a Terra. Nos cinco anos seguintes, à medida que o nevoeiro se desfazia, a Terra esfriou em média meio grau centígrado. Uma única erupção vulcânica reverteu, ainda que temporariamente, o aquecimento global acumulado nos 100 anos anteriores.

O Pinatubo também jorrou outras externalidades positivas. Florestas em todo o mundo cresceram com mais vigor, porque as árvores preferem luz solar mais difusa. E todo aquele dióxido de enxofre na estratosfera encenou alguns dos mais belos poentes já vistos.

Evidentemente foi o esfriamento global que chamou a atenção dos cientistas. Um trabalho publicado na revista *Science* concluiu que uma erupção da magnitude da do Pinatubo, a intervalos de poucos anos, "compensaria boa parte do aquecimento antropogênico esperado para os próximos 100 anos".

Até James Lovelock reconheceu o ponto: "Poderíamos ser salvos", escreveu, "por algum acontecimento inesperado, como uma série de erupções vulcânicas bastante intensas para bloquear a luz solar e, assim, esfriar a superfície terrestre. Mas apenas os conformistas apostariam suas vidas nessa chance remota."

Sem dúvida, só um resignado, ou ao menos um tolo, acreditaria que um vulcão poderia expelir eflúvios protetores na atmosfera, com periodicidade regular. Mas e se alguns loucos imaginarem que o Pinatubo serve como inspiração para estancar o aquecimento global? Os mesmos tipos de dementes que um dia acreditaram que as mulheres *não* precisavam contrair infecção no parto, que a fome mundial *não* era inevitável? E será que esses insanos seriam capazes de conceber alguma solução barata e simples?

E, se assim for, onde encontrar esses alienados?

Numa área como outra qualquer de Bellevue, Washington, subúrbio de Seattle, vê-se uma série de prédios como outros quaisquer, onde funcionam uma empresa de aquecimento e refrigeração de ambientes, um fabricante de barcos, uma loja que confecciona revestimentos de mármore. Numa folha de papel afixada na porta de vidro de um dos prédios, no qual existia uma oficina de consertos da Harley-Davidson, estrutura sem janelas e sem qualquer atrativo, com pouco menos de 2.000 metros quadrados, lê-se nada mais que "Intellectual Ventures".

Em seu interior, encontra-se um dos laboratórios mais inusitados do mundo, onde, além de tornos, moldadores, impressoras 3D e muitos computadores poderosos, também sobressai um insetífero, no qual se criam mosquitos para serem colocados em um tanque de peixes vazio, onde são assassinados por raios laser, disparados a mais de 30 metros de distância. O experimento se destina a combater a malária, doença transmitida apenas pela fêmea de certa espécie de mosquito, que são identificadas pelo sistema com base na frequência da batida das asas, mais lenta que a dos machos, e em seguida abatidas.

A Intellectual Ventures é uma empresa de invenções. Para operar toda a parafernália de equipamentos, o laboratório é tripulado por uma plêiade de cé-

O QUE AL GORE E O MONTE PINATUBO TÊM EM COMUM?

rebros brilhantes, composta de cientistas e de solucionadores de problemas de todas as espécies. Imbuído de elã criativo e de espírito empreendedor, o grupo desenvolve processos e produtos, patenteando mais de 500 inovações por ano. A empresa também adquire patentes de fontes externas, oriundas de empresas da *Fortune 500* e de gênios solitários que labutam em porões. A IV opera muito à semelhança de emergentes de alta tecnologia, captando investimentos de empreendedores de risco e oferecendo retornos compensadores quando as patentes são concedidas. A empresa hoje detém mais de 20 mil patentes, marca que supera a da maioria de suas congêneres no mundo, à exceção de uma dúzia. Essa situação tem suscitado comentários de que a IV é uma "patent troll" (arrasto de patentes), acumulando patentes para extorquir dinheiro de outras empresas, por meio de ações judiciais, se necessário. Mas poucas são as evidências a esse respeito. Avaliação mais realista é a de que a IV desenvolveu o primeiro mercado de massa para propriedade intelectual.

O cabeça do grupo é um homem gregário, chamado Nathan, o gênio que já conhecemos, aquele que espera debilitar furacões, espalhando pelos oceanos grandes "câmaras de ar com saias". Sim, as gigantescas e bizarras medusas artificiais são invenção da Intellectual Ventures. Internamente, o aparato é conhecido como Salter Sink (Ralo de Salter), por sorver águas superficiais quentes e por ter sido desenvolvido originalmente por Stephen Salter, renomado engenheiro inglês que há décadas se dedica à exploração da energia das ondas.

Agora já não deve haver dúvidas de que Nathan não é inventor de fim de semana. Ele é Nathan Myhrvold, ex-diretor de tecnologia da Microsoft, que fundou a Intellectual Ventures em 2000, com Edward Jung, biofísico que foi o principal arquiteto de software da mesma empresa. Myhrvold exerceu várias funções na Microsoft: futurista, estrategista, fundador do laboratório de pesquisas e inspirador-mor de Bill Gates. "Não conheço ninguém mais inteligente que Nathan", disse um dia Gates.

Myhrvold, aos 50 anos, é inteligente há muito tempo. Criado em Seattle, formou-se no ensino médio aos 14 anos e, aos 23 anos, já tinha bacharelado, dois mestrados (Geofísica/Física Espacial e Economia Matemática) e um PhD (Física Matemática). Foi, então, para a Universidade de Cambridge, onde fez pesquisas em Cosmologia Quântica com Stephen Hawking.

Myhrvold se lembra do programa de ficção científica "Dr. Who", da televisão inglesa, que costumava ver quando jovem: "O médico se apresentava como *doutor*, e alguém lhe perguntava: Doutor? O senhor é algum tipo de cientista? E ele respondia: 'Senhor, sou *todos* os tipos de cientista.' E eu queria ser como ele! *Sim*! Era o que eu queria ser: *Todas* as espécies de cientista!"

Ele é um polímata consumado. Além de seus interesses por ciência, é rematado fotógrafo da natureza, cozinheiro de mão cheia, montanhista ousado e colecionador contumaz de livros raros, de motores de foguetes, de instrumentos científicos antigos e, sobretudo, de ossos de dinossauros: É colíder do projeto que escavou mais esqueletos de *T.rex* do mundo. É também – não por acaso, situação que seus hobbies deixam muito clara – muito rico. Em 1999, quando saiu da Microsoft, apareceu na lista da revista *Forbes* dos 400 americanos mais ricos.

Ao mesmo tempo – e foi assim que Myhrvold conseguiu *manter-se* rico – ele é conhecido pela frugalidade. Ao passear pelos laboratórios da IV, mostrando seus equipamentos e aparelhos favoritos, os itens pelos quais demonstra maior orgulho são os que comprou pela eBay, na queima de estoques de uma empresa falida. Embora Myhrvold compreenda a complexidade melhor que ninguém, ele é crente praticante no princípio de que as soluções devem ser simples e baratas sempre que possível.

Atualmente, seus compatriotas estão trabalhando nos seguintes projetos, entre outros: melhor motor de combustão interna; maneira de reduzir o atrito dos aviões com o ar e, assim, aumentar a eficiência energética das aeronaves; e uma nova espécie de usina nuclear que melhoraria substancialmente o futuro da geração de eletricidade em todo o mundo. Embora muitas das ideias deles sejam apenas isso – ideias –, algumas já começaram a salvar vidas. A empresa inventou um processo pelo qual os neurocirurgiões que tentam reparar um aneurisma podem enviar à IV imagens escaneadas do cérebro que alimentam uma impressora 3D e produzem modelo plástico tridimensional em tamanho real do aneurisma. O modelo é enviado durante a noite para o cirurgião, que, com base nele, pode elaborar plano minucioso da cirurgia, antes de abrir o crânio.

Precisa-se de boa dose de arrogância conjunta para que um pequeno grupo de cientistas e engenheiros se considere capaz de lidar simultaneamente com os mais difíceis problemas do mundo. Eles já ajudaram no envio de satélites à lua, contribuíram para a defesa dos Estados Unidos contra ataques de mísseis, por meio de avanços na computação, e, sob alguns aspectos, mudaram o mun-

O QUE AL GORE E O MONTE PINATUBO TÊM EM COMUM?

do. (Bill Gates não é só investidor na IV, mas também inventor ocasional. O abatimento de mosquitos a laser foi uma resposta ao esforço filantrópico dele para erradicar a malária.) Eles também realizaram pesquisas científicas decisivas em muitos campos, inclusive em climatologia.

Portanto, foi apenas uma questão de tempo até começarem a pensar em aquecimento global. No dia em que visitamos a IV, Myhrvold reuniu cerca de uma dúzia de colegas para falar sobre o problema e possíveis soluções. Eles se sentaram em torno de uma grande mesa de reuniões oval, Myhrvold numa das extremidades.

A sala estava cheia de magos, mas, sem dúvida, Myhrvold era o Harry Potter. Durante cerca de dez horas ou mais, impulsionado por litros e litros de soda diet, ele instigou e arrematou, questionou e exclamou, mas, acima de tudo, desafiou.

Todos na sala concordam que a Terra está esquentando e, em geral, suspeitam que a atividade humana tem algo a ver com o fenômeno. Mas também concordam que a retórica convencional sobre o aquecimento global, na mídia e nos círculos políticos, é muito simplificada e exagerada. Muitos relatos, diz Myhrvold, são de pessoas que, "do alto de sua sapiência, proclamam que a espécie humana está em vias de extermínio".

Mas será que esses sábios realmente acreditam nisso?

"Provavelmente não."

Quando se menciona *Uma verdade Inconveniente*, a mesa irrompe numa algaravia de murmúrios. O objetivo do filme, opina Myhrvold, foi "sacudir as pessoas". Embora Al Gore "tecnicamente não esteja mentindo", diz ele, alguns dos cenários de pesadelo descritos pelo ex-vice-presidente – a submersão do Estado da Flórida pelo oceano em elevação, por exemplo – "não tem qualquer base na realidade física em qualquer horizonte temporal. Nenhum modelo climático prevê essa hipótese".

Porém, a comunidade física também comete erros. Os atuais modelos de previsão climática ainda são, como diz Lowell Wood, "enormemente grosseiros". Wood é um astrofísico grandalhão, na casa dos 60, de uma extroversão espetacular, que lembra um Ignatius P. Reily ainda são. Muito tempo atrás, Wood foi mentor acadêmico de Myhrvold. (O próprio Wood foi protegido do físico Edward Teller.) Myhrvold acha que Wood é um dos homens mais inteligentes do universo. De improviso, sem qualquer preparação, Wood parece saber muito sobre praticamente tudo: a velocidade do derretimento da Groenlândia (80 quilômetros cúbicos por ano); a porcentagem de usinas elétricas não sancionadas que entraram em funcionamento no ano passado (cerca de 20%); o número de vezes que uma célula cancerígena viaja pela corrente sanguínea antes de implantar-se em algum ponto do organismo ("algo em torno de um milhão").

Muitas foram as realizações científicas de Wood, em universidades, em empresas privadas e no governo americano. Foi ele quem imaginou o sistema de extermínio de mosquitos com raios laser – que, se lembra alguma coisa, é porque Wood também trabalhou no escudo contra mísseis "Star Wars", no Lawrence Livermore National Laboratory, do qual se afastou recentemente. (Da defesa contra ataques nucleares soviéticos para o combate ao mosquito da malária, eis um exemplo típico de aplicações pacíficas de tecnologia bélica!)

Hoje, durante a sessão de brainstorming da IV, Wood está usando uma camisa colorida de manga curta, com gravata combinando.

"Os modelos climáticos são rudimentares no espaço e no tempo", continua. "Portanto, eles não consideram enorme quantidade de fenômenos naturais. Nem reproduzem tempestades de grande violência, como furacões."

Várias são as causas dessa deficiência, explica Myhrvold. Os modelos de hoje usam uma grade de células para mapear a Terra. E essas grades são largas demais para permitir a modelagem do clima real. Grades menores e mais exatas exigiriam melhores softwares de modelagem, o que, por seu turno, demandaria maior capacidade de computação. "Estamos tentando prever as mudanças climáticas daqui a 20 ou 30 anos", diz, "mas demoraremos quase o mesmo tempo para que a indústria da computação desenvolva recursos capazes de realizar essa tarefa".

Isto dito, a maioria dos atuais modelos climáticos tende a oferecer previsões semelhantes. Com base nessa consistência, talvez se conclua, com razão, que os climatologistas fazem boas previsões do futuro.

Não é bem assim, diz Wood.

"Todo o mundo gira e aperta seu dials e botões" – ou seja, ajusta os parâmetros e coeficientes de controle de seus modelos –, "de modo a não serem dissidentes, pois os modelos divergentes têm mais dificuldade em conseguir financiamento". Em outras palavras, a realidade econômica do financiamento de pesquisas, em vez do consenso econômico desinteressado e espontâneo, faz com que os modelos sejam compatíveis uns com os outros. Não que os atuais modelos climáticos devam ser ignorados, diz Wood – mas, sim, que, ao se considerar o destino do planeta, é fundamental avaliar de maneira realista as próprias limitações.

À medida que Wood, Myhrvold e os outros cientistas discutem as várias manifestações da sabedoria convencional a respeito do aquecimento global, poucas escapam incólumes.

A ênfase no dióxido de carbono? "Inadequada", sentencia Wood.

Por quê?

"Porque o dióxido de carbono não é o principal agente do efeito estufa. O grande vilão é o vapor d'água." Mas os atuais modelos climáticos "não sabem como lidar com o vapor d'água nos vários tipos de nuvens. Esse é o elefante no canto desta sala. Espero que tenhamos bons números sobre o vapor d'água por volta de 2020, mais ou menos".

Myhrvold cita um trabalho recente segundo o qual o dióxido de carbono talvez tenha contribuído pouco para o aquecimento recente. Ao contrário, toda a poluição com partículas pesadas que geramos nas décadas recentes parece ter *esfriado* a atmosfera, ao encobrir o sol. Esse foi o esfriamento global que chamou a atenção dos cientistas na década de 1970. A tendência começou a reverter quando passamos a limpar a atmosfera.

"Portanto, boa parte do aquecimento constatado nas últimas décadas", diz Myhrvold, "talvez tenha sido consequência do *bom comportamento ambiental*!"

Não muito tempo atrás, ensinava-se às crianças que o dióxido de carbono é essencial para a seiva das plantas, da mesma maneira como o oxigênio é fundamental para a nossa corrente sanguínea. Hoje, é mais provável que as crianças se refiram ao dióxido de carbono como veneno. Isso porque a quantidade de dióxido de carbono na atmosfera aumentou substancialmente nos últimos 100 anos, de 280 para 380 partes por milhão.

Mas o que as pessoas não sabem, dizem os cientistas da IV, é que o nível de dióxido de carbono na atmosfera, cerca de 80 milhões de anos atrás – quando nossos ancestrais mamíferos estavam evoluindo – era de pelo menos 1.000 partes por milhão. Com efeito, essa é a concentração que em geral se respira nos novos prédios de escritórios que primam pela eficiência energética, exatamente por se tratar do nível estabelecido pelo grupo de engenharia que estipula padrões para sistemas de aquecimento e ventilação.

SUPERFREAKONOMICS

Portanto, o dióxido de carbono não é venenoso e seus níveis não refletem necessariamente a atividade humana. Tampouco o aumento de sua concentração na atmosfera terrestre nem sempre aquece o planeta: evidências extraídas da calota polar mostram que, ao longo de várias centenas de milhares de anos, os níveis de dióxido de carbono aumentaram *depois* de elevações na temperatura, não o contrário.

Ao lado de Myhrvold senta-se Ken Caldeira, homem de fala macia e rosto de garoto, emoldurado por cabelos encaracolados. Ele dirige um laboratório de ecologia em Stanford, para a Carnegie Institution. Caldeira é um dos climatologistas mais respeitados do mundo e suas pesquisas são citadas em tom de aprovação pelos mais fervorosos ambientalistas. Ele e um coautor cunharam a locução "acidificação dos oceanos", processo pelo qual o mar absorve tanto dióxido de carbono que os corais e outros organismos de águas rasas estão ameaçados de extinção. Ele também contribui com pesquisas para o Intergovernmental Panel on Climate Change, que, em 2007, dividiu o Prêmio Nobel com Al Gore por ter disparado o alarme contra o aquecimento global. (Sim, Caldeira recebeu um certificado Nobel.)

Se você conhecer Caldeira numa festa, provavelmente o alinhará com os ambientalistas fervorosos. Especializou-se em Filosofia na universidade e o próprio nome dele – variante de *caldera* –, grande cratera formada pela erupção vulcânica ou pela queda do topo do vulcão – tem a ver com o mundo natural. Em sua juventude (hoje com 53 anos), foi ativista ambiental convicto e pacifista ubíquo.

Caldera está absolutamente convencido de que a atividade humana é uma das causas do aquecimento global e é mais pessimista que Myhrvold quanto ao impacto da mudança climática sobre a humanidade. Ele acredita que "temos sido incrivelmente tolos ao emitirmos dióxido de carbono" nos níveis atuais.

No entanto, as pesquisas dele indicam que o dióxido de carbono não é o maior vilão. Para começar, em termos de gases do efeito estufa, o dióxido de carbono não é dos mais eficazes. "A duplicação do dióxido de carbono bloqueia menos de 2% das radiações emitidas pela Terra", diz ele. Além disso, o dióxido de carbono atmosférico está sujeito à lei dos retornos decrescentes: cada gigaton acrescentado à atmosfera tem menos impacto radiativo que o anterior.

Caldeira menciona um estudo dele próprio que considerou o efeito de níveis mais elevados de dióxido de carbono sobre a vida das plantas. Embora os vegetais extraiam água do solo, o alimento delas – ou seja, o dióxido de carbono – é retirado do ar.

"O dióxido de carbono é extremamente importante para as plantas", interfere Lowell Wood. "As plantas precisam extrair cerca de 100 vezes mais água do solo do que dióxido de carbono da atmosfera, na base de perda de molécula por ganho de molécula. A maioria das plantas, especialmente durante a fase ativa da estação de crescimento, fica saturada de água, mas sangra por alimento."

Portanto, aumentando-se o nível de dióxido de carbono, as plantas passam a necessitar de menos água para crescer. E o que acontece com a produtividade?

O estudo de Caldeira mostrou que dobrar a quantidade de dióxido de carbono e manter estável todos os outros insumos – águas, nutrientes e assim por diante – resulta em aumento de 70% no crescimento das plantas, ou seja, uma dádiva em termos de produtividade agrícola.

"Essa é a razão pela qual a maioria das estufas comerciais hidropônicas suplementa os níveis de dióxido de carbono", diz Myhrvold. "E elas geralmente funcionam com 1.400 partes por milhão."

"Vinte mil anos atrás", diz Caldeira, "as concentrações de dióxido de carbono eram mais baixas, o nível do mar era mais baixo – e as árvores sobreviviam em estado de quase asfixia, por falta de dióxido de carbono. Hoje, não há nada de especial nos níveis de dióxido de carbono, nem na altura dos oceanos nem na temperatura. Ruim é a *rapidez* da mudança. Em si, mais dióxido de carbono provavelmente é *bom* para a biosfera – só que está aumentando com muita rapidez."

Os cavalheiros da IV citam numerosos outros exemplos de *memes* sobre o aquecimento global que também são falsos.

A elevação do nível dos oceanos, por exemplo, "não está sendo provocada basicamente pelo derretimento das geleiras", diz Wood, por mais útil que seja essa imagem para os ativistas ambientais. A verdade é muito menos glamourosa. "Sua causa é, em grande parte, o aquecimento da água – literalmente, a expansão termal da água dos oceanos, à medida que sobe a temperatura."

Os oceanos *estão* subindo, diz Wood – e assim tem sido há 12 mil anos, desde o fim da última Era Glacial. Os oceanos hoje estão cerca de 130 metros mais altos; mas grande parte dessa elevação ocorreu nos primeiros mil anos. Nos últimos 100 anos, os oceanos subiram pouco mais de 20 centímetros.

Quanto ao futuro: em vez do aumento catastrófico de dez metros que há quem preveja para os próximos 100 anos – adeus Flórida! –, Wood observa que a literatura mais confiável sobre o assunto sugere elevação de até 50 centímetros por volta de 2100. Isso é muito menos que a variação das marés duas vezes por dia na maioria das localidades costeiras. "Portanto, é um pouco difícil compreender em que consiste a propalada crise iminente."

Caldeira, com certa fisionomia de dor, menciona um surpreendente flagelo ambiental: árvores. Sim, árvores. Por mais que Caldeira, pessoalmente, cultive hábitos verdes – a sala dele em Stanford é resfriada por uma câmara de pulverização de água, em vez de por condicionadores de ar – suas pesquisas demonstram que o plantio de árvores em certas localidades efetivamente exacerba o aquecimento, pois a folhagem relativamente escura absorve mais luz solar do que, por exemplo, planícies graminosas, desertos arenosos ou grandes áreas recobertas de neve.

E há ainda fato pouco comentado sobre o aquecimento global: não obstante o rufar dos tambores do juízo final tenha aumentado nos últimos anos, a temperatura global média nesse mesmo período na verdade *diminuiu*.

Na sala de reuniões escurecida, Myhrvold projeta um slide que resume a visão da IV sobre a situação vigente das soluções propostas para a questão do aquecimento global:

- Pouco demais
- Tarde demais
- Otimista demais

Pouco demais significa que as iniciativas conservacionistas típicas não farão muita diferença. "Se você acredita que há um problema a ser resolvido", diz Myhrvold, "essas soluções não serão suficientes para resolvê-lo. Energia eólica e a maioria das energias alternativas são atraentes, mas não atingem escala suficiente. Hoje, as fazendas movidas a energia eólica são basicamente um esquema de subsídio público." E quanto ao amado Prius e outros veículos de baixas emissões? "Eles são ótimos", responde, "só que o setor de transporte não é fator assim tão relevante."

Além disso, o carvão é tão barato que tentar gerar eletricidade sem carvão seria suicídio econômico, mormente para os países em desenvolvimento. Myhrvold argumenta que os acordos "cap-and-trade" (limitar e comercializar), pelos quais as emissões de carbono são limitadas por quota e custo, não ajudam muito, em parte porque já é...

Tarde demais. A meia-vida do dióxido de carbono atmosférico é de mais ou menos 100 anos, e parte dele permanece na atmosfera durante milhares de anos. Portanto, mesmo que a humanidade parasse de queimar combustíveis fósseis imediatamente, o dióxido de carbono já existente remanesceria na atmosfera por várias gerações. Suponhamos que os Estados Unidos (e, talvez, a Europa) miraculosamente se convertessem da noite para o dia e se transformassem em sociedades zero carbono. Agora, imaginemos que a China e a Índia também se convencessem de demolir todas as usinas termelétricas a carvão e a proibir todos os caminhões a diesel. No que se refere ao dióxido de carbono atmosférico, essas iniciativas não serão tão importantes. E, a propósito, a tão ansiada sociedade zero carbono é...

Otimista demais. "Muitas das coisas que se diz que serão boas provavelmente não serão", diz Myhrvold. Como exemplo ele cita a energia solar. "O problema das células solares é que são negras, pois se destinam a absorver luz do sol. Mas apenas 12% dessa energia se converte em eletricidade e o resto é liberado como calor – o que contribui para o aquecimento global."

Ainda que pareça atraente a conversão generalizada para a energia solar, a realidade é ilusória. A energia consumida pela construção dos milhares de usinas solares necessárias para substituir as usinas de energia elétrica movidas a carvão e outras geraria enorme "dívida de aquecimento" de longo prazo, na expressão de Myhrvold. "Por fim, contaríamos com grande infraestrutura energética sem carvão, mas só depois de aumentar as emissões e agravar o aquecimento global durante vários anos, enquanto se constroem as usinas solares, o que poderia levar de 30 a 50 anos."

Isso não significa, de modo algum, que o problema energético deva ser descartado. Essa é a razão pela qual a IV – e inventores de todo o mundo – está trabalhando em busca do Santo Graal: formas de energia mais baratas e mais limpas.

Porém, sob o ponto de vista atmosférico, a energia representa o que poderia ser denominado dilema do input. E que tal o dilema do *output*? E se os gases do efeito estufa que já emitimos efetivamente provocarem um desastre ecológico?

Myhrvold não fecha os olhos para essa hipótese. É provável que tenha refletido mais sobre esses cenários, com mais profundidade, que qualquer profeta do juízo final climático: colapso de grandes campos de gelo na Groenlândia e na Antártica; a liberação de grandes volumes de metano em consequência do derretimento do permafrost do Ártico; e, nos termos dele, "uma ruptura do sistema de circulação termoalina do Atlântico Norte, o que significaria o fim da Corrente do Golfo".

E, então, o que acontecerá se as cassandras estiverem certas? E se a Terra realmente estiver ficando perigosamente mais quente, seja em consequência de nossa prodigalidade com os combustíveis fósseis, seja em decorrência de algum ciclo climático natural? Ninguém quer ficar sentado e ser cozido em fogo brando, não é?

Na década de 1980, quando Myhrvold era estudante de pós-graduação em Princeton, o Mount St. Helens entrou em erupção no Estado de Washington. Embora estivesse a quase 5.000 quilômetros de distância, Myhrvold viu uma fina camada de cinza se acumular no parapeito de sua janela. "É difícil não pensar em cinzas vulcânicas", diz ele, "embora, para ser franco, meu quarto já estivesse uma bagunça sob vários outros aspectos."

Ainda criança, Myhrvold era fascinado por fenômenos geofísicos – vulcões, manchas solares e outros congêneres – e a capacidade deles de afetar o clima. A Pequena Era do Gelo o intrigou tanto que ele forçou a família a visitar o extremo norte de NewFoundland, onde Leif Eriksson e seus vikings teriam acampado mil anos antes.

A relação entre vulcões e clima não é novidade. Outro polímata, Benjamin Franklin, escreveu o que parece ser o primeiro trabalho científico sobre o tópico. Em "Meteorological Imaginations and Conjectures" (Imaginações e Conjecturas Meteorológicas), publicado em 1784, Franklin afirmou que as recentes erupções vulcânicas na Islândia haviam provocado inverno especialmente rigoroso e verão particularmente ameno, com "nevoeiro constante sobre toda a Europa e em grande parte da América do Norte". Em 1815, a monstruosa erupção do Monte Tambora, na Indonésia, produziu "O Ano Sem Verão", desastre mundial que devastou plantações, provocou fome mundial, deflagrou tumultos por comida e precipitou neve sobre a Nova Inglaterra ainda em junho.

É como diz Myhrvold: "Todos os vulcões grandões realmente exercem alguma influência sobre o clima."

Vulcões entram em erupção a toda hora, em todo o mundo, mas vulcões realmente "grandões" são raros. Se não fossem – bem, provavelmente não estaríamos aqui nos preocupando com o aquecimento global. O antropólogo Stanley Ambrose argumentou que a explosão do supervulcão do Lago Toba, em Sumatra, cerca de 70.000 anos atrás, bloqueou o sol de tal maneira que detonou uma era glacial que quase varreu o *Homo sapiens* do planeta.

O que caracteriza um vulcão grandão não é só a quantidade de material expelido, mas também para onde vai toda essa enxurrada. O vulcão típico envia dióxido de enxofre para a troposfera, a camada atmosférica mais próxima da superfície da Terra. O processo é semelhante aos efeitos de uma usina termelétrica a carvão. Em ambos os casos o gás fica na atmosfera não mais que cerca de uma semana e depois se precipita sobre o solo na forma de chuva ácida, geralmente a algumas centenas de milhas do ponto de origem.

Mas os vulcões maiores lançam o dióxido de carbono muito mais alto, na estratosfera. Essa é a camada da atmosfera que começa a pouco mais de 11.000 metros de altura da superfície da Terra, ou a menos de 10.000 metros nos polos. Acima desse limite, ocorrem mudanças drásticas em numerosos fenômenos atmosféricos. O dióxido de enxofre, em vez de retornar rapidamente à superfície, absorve vapor d'água estratosférico e forma uma nuvem de aerossol que se expande rapidamente, encobrindo boa parte do planeta. Na estratosfera, o dióxido de enxofre pode permanecer durante um ano ou mais, afetando, em consequência, o clima global.

Foi o que aconteceu em 1991, quando o Monte Pinatubo entrou em erupção nas Filipinas. Em comparação com o Pinatubo, St. Helens não passou de um soluço. O Pinatubo laçou mais dióxido de enxofre na estratosfera que qualquer outro vulcão desde o Krakatoa, que eclodira mais de 100 anos atrás. No período entre essas duas erupções, o progresso da ciência foi muito grande. Cientistas de todo o mundo observaram o fenômeno em Pinatubo, equipados com tecnologia moderna para captar todas as informações mensuráveis. Os efeitos do Pinatubo na atmosfera foram inegáveis: redução do ozônio, poentes mais difusos e, sim, queda duradoura na temperatura global.

Nathan Myhrvold na época trabalhava na Microsoft, mas ainda assim acompanhou a literatura científica sobre o fenômeno geofísico, de início notas sobre os efeitos climáticos do Pinatubo e, um ano depois, um relatório de 900 páginas da National Academy of Sciences, intitulado *Policy Implications of Greenhouse Warming*. Neste último há um capítulo sobre geoengenharia, que a NAS define como "engenharia em grande escala do nosso meio ambiente, para combater ou contra-atacar os efeitos das mudanças na química atmosférica".

Em outras palavras: se a atividade humana está aquecendo o planeta, será que nossa engenhosidade seria capaz de esfriá-lo?

O ser humano sempre tentou manipular o clima. Quase todas as religiões já inventadas contêm ritos para fazer chover. Mas os leigos aceleraram o processo nas últimas décadas. Em fins dos anos 1940, três cientistas da General Electric, em Schenectady, Nova York, salpicaram iodeto de prata em nuvens. O trio incluía um químico chamado Bernard Vonnegut; o relações-públicas era seu irmão caçula, Kurt, que se tornou romancista de classe mundial – em cuja literatura ele explorou parte da ciência heterodoxa que absorvera em Schenectady.

Em 1992, o relatório da NAS conferiu mais credibilidade à geoengenharia, que até então era considerada província de excêntricos e de governos delinquentes. No entanto, algumas das propostas da NAS pareceriam insólitas mesmo nos romances de Vonnegut. Por exemplo, uma "tela multibalão", para deflectir a luz solar, composta de bilhões de balões de alumínio lançados no céu. Ou um "espelho espacial" construído com 55.000 velas refletoras em órbita bem acima da Terra.

O relatório da NAS também levantou a possibilidade de aspersão intencional de dióxido de enxofre na estratosfera. A ideia foi atribuída a Mikhail Budyko, climatologista bielorrusso. Depois do Pinatubo, já não havia dúvida de que o dióxido de enxofre esfria a Terra. Mas não seria bom não depender dos vulcões para conseguir esse efeito?

Infelizmente, as propostas para espargir dióxido de enxofre na atmosfera eram complexas, dispendiosas e impraticáveis, como disparar a grande altitude cartuchos de artilharia carregados de enxofre ou lançar na estratosfera esquadrilhas de caças movidos a combustível com alto teor de enxofre. "Era mais ficção científica que ciência", ironiza Myhrvold. "Nenhum desses planos fazia sentido econômico ou prático."

Outro problema era que muitos cientistas, em especial os amigos da natureza, como Ken Caldeira, encaravam a ideia com horror. Despejar produtos químicos na atmosfera para reverter danos resultantes do despejo de produtos químicos na atmosfera? Era um esquema louco que transgredia todos os princípios do ambientalismo. Os que tratavam o aquecimento global como questão religiosa mal podiam conceber sacrilégio mais ultrajante.

Porém, a melhor razão para rejeitar a ideia, pensou Caldeira, era simplesmente o fato de que não daria certo.

Essa foi sua conclusão depois de ouvir, em 1998, uma palestra de Lowell Wood sobre dióxido de enxofre estratosférico, numa conferência sobre clima, em Aspen. Porém, como cientista que prefere dados a dogmas – mesmo que, nesse caso, os artigos de fé ambientais falem diretamente a seu coração –, Caldeira desenvolveu um modelo de clima para testar as afirmações de Wood. "A intenção", diz, "era acabar com aquela conversa de geoengenharia".

Mas ele não conseguiu. Por mais que Caldeira não gostasse do conceito, o modelo reforçou a tese de Wood de que a geoengenharia poderia estabilizar o clima, mesmo na ocorrência de grande aumento nos níveis de dióxido de carbono atmosférico. E ele escreveu um trabalho expondo essa conclusão. Caldeira, o mais ferrenho adversário da geoengenharia, converteu-se ao novo credo – disposto, ao menos, a explorar a ideia.

E foi assim que, mais de dez anos depois, Caldeira, Wood e Myhrvold – o ex-pacifista, o ex-armamentista e o ex-fã dos vikings – juntaram forças numa ex-oficina de consertos da Harley-Davidson para demonstrar seu plano de combate ao aquecimento global.

Não foi apenas a capacidade de esfriamento demonstrada pelo dióxido de enxofre que surpreendeu Caldeira. O que mais o impressionou foi a pequena quantidade necessária para realizar o trabalho: menos de 134 litros por minuto, não muito mais do que a quantidade de água que sai de uma mangueira de jardim para serviço pesado.

O aquecimento é em grande parte um fenômeno polar, o que significa que as áreas situadas em altas latitudes são quatro vezes mais sensíveis à mudança climática que o equador. Com base nas estimativas da IV, 100.000 toneladas de dióxido de enxofre por ano seriam suficientes para reverter com eficácia o aquecimento no Ártico e para reduzi-lo em boa parte do Hemisfério Norte.

Essa quantidade talvez pareça muito grande, mas, em termos relativos, é uma ninharia. Pelo menos *200 milhões* de toneladas de dióxido de enxofre já são lançadas na atmosfera todos os anos, mais ou menos 25% por vulcões, 25% por atividades humanas, como veículos automotores e usinas termelétricas a carvão, e o resto de fontes naturais, como maresia.

Portanto, para produzir efeitos de alcance planetário, bastaria um vigésimo de 1% das atuais emissões de dióxido de enxofre e seu deslocamento para camada mais alta da atmosfera. Como fazer isso? Myhrvold responde: "Alavancagem!"

Alavancagem é o ingrediente secreto que distingue a física da química, por exemplo. Lembre-se do Ralo de Salter, dispositivo da IV para evitar furacões. Os furacões são destrutivos por acumularem a energia térmica da superfície dos oceanos e a converterem em energia física, ato primordial de criação da alavancagem. O Ralo de Salter rompe esse processo, ao usar a energia das ondas para a submersão contínua de águas superficiais quentes para profundidade superior a 180 metros, durante toda a estação de furacões.

"Um quilo de dióxido de enxofre, emitido por um caminhão, por um ônibus ou por uma usina termelétrica na troposfera, faz muito menos bem para você que na estratosfera", diz Myhrvold. "Portanto, você consegue enorme alavancagem, e isso é muito bom. Não foi à toa que Arquimedes disse: 'Dê-me um ponto de apoio e eu levanto o mundo'."*

Portanto, quando se elimina o moralismo e a angústia, a tarefa de reverter o aquecimento global se resume a um problema de engenharia muito objetivo: Como lançar cerca de 130 litros por minuto de dióxido de carbono na estratosfera?

A resposta é: Com uma mangueira muito longa.

Eis porque a IV chama esse projeto de "mangueira de jardim para o céu". Ou, quando se sentem um pouco mais técnicos, "escudo estratosférico para a estabilização climática". Considerando seu ancestral científico, e a maneira

---

* Lowell Wood questionou a citação de Arquimedes por Myhrvold: "Na verdade, ele pediu uma *alavanca* bastante longa". Ao que Myhrvold reagiu: "Ele também precisava de um ponto de apoio!"

O QUE AL GORE E O MONTE PINATUBO TÊM EM COMUM?

como envolve o planeta com uma camada protetora, talvez a denominação mais adequada fosse Cobertor de Budyko.

Para qualquer pessoa que aprecie soluções baratas e simples, a ideia não parecerá assim tão atraente. Eis como ela funciona. Numa base terrestre, o enxofre seria queimado em dióxido de enxofre e depois liquefeito. "A tecnologia do processo é bem conhecida", diz Wood, "pois, no começo do século XX, o dióxido de enxofre era o principal gás de refrigeração."

A mangueira, que se estenderia da base terrestre até a estratosfera, teria cerca de 30 quilômetros de comprimento, mas seria extremamente leve. "O diâmetro não ultrapassaria duas polegadas, de modo algum uma tubulação gigantesca", diz Myhrvold. "Trata-se literalmente de uma mangueira de jardim especializada."

A mangueira seria sustentada por uma série de balões de hélio altamente resistentes, a ela afixados a intervalos entre 100 e 300 metros (um "colar de pérolas", como a IV o chama), cujos diâmetros variariam de menos de oito metros, perto do chão, até mais ou menos 32 metros, perto do topo.

O dióxido de enxofre liquefeito seria expelido por uma série de bombas, presas à mangueira a cada 100 metros. Também as bombas seriam relativamente leves, cerca de 20 quilos cada uma – "menores que bombas de piscina", explica Myhrvold. Várias são as vantagens de usar muitas bombas pequenas, em vez de uma bomba monstro, na base da estação: Uma bomba muito grande no solo criaria muita pressão, o que, por seu turno, exigiria tubulação muito mais pesada; além disso, mesmo que algumas bombas pequenas pifassem, a missão em si não seria interrompida; por fim, o uso de unidades pequenas reduziria os custos.

No fim da mangueira, um conjunto de esguichos borrifaria a atmosfera com uma fina camada de dióxido de enxofre sob a forma de líquido incolor.

Graças aos ventos estratosféricos que tipicamente chegam a mais de 150 quilômetros por hora, a aspersão recobriria a Terra em aproximadamente dez dias. Esse seria o tempo necessário para construir o Cobertor de Budiko. Como o ar atmosférico naturalmente avança em espiral rumo aos polos e como as regiões árticas são mais vulneráveis ao aquecimento global, faz sentido aspergir o aerossol de enxofre a grandes altitudes, talvez com uma mangueira no Hemisfério Sul e outra mangueira no Hemisfério Norte.

Myhrvold, em viagens recentes, por acaso encontrou um lugar talvez perfeito. Com Bill Gates e Warren Buffett, ele estava participando de uma excursão educativa por vários unidades de produção de energia – uma usina nuclear, uma fazenda eólica, e assim por diante. Um dos destinos foram as Areias Oleosas do Athabasca, no norte de Alberta, Canadá, onde jazem bilhões de barris de petróleo, mas muito pesado e viscoso. Em vez de concentrar-se no subsolo em estado líquido, ele se mistura com a areia da superfície, formando uma espécie de melado. No Athabasca, não se extrai o petróleo de reservatórios subterrâneos por meio de sondas; garimpa-se o petróleo na superfície, por meio de pás gigantes que escavam a superfície e depois se separa o petróleo de seus componentes residuais.

Um desses resíduos mais abundantes é o enxofre, cujos preços são tão baixos que as empresas petrolíferas simplesmente os acumulam em pilhas. "Lá se veem grandes montanhas amarelas de enxofre, talvez com 100 metros de altura, que se estendem por um quilômetro ou mais!", diz Myhrvold. "E elas sobem em degraus, como as pirâmides mexicanas. Portanto, não seria difícil construir estações bombeadoras no topo. Com apenas um canto de uma delas se resolveria todo o problema do aquecimento global no Hemisfério Norte."

É interessante imaginar o que teria acontecido se Myhrvold estivesse por lá, 100 anos atrás, quando Nova York e outras cidades se afundavam em esterco de cavalo. Para todo o mundo, aquelas montanhas de excremento talvez significassem calamidade, mas para ele provavelmente representariam oportunidade.

No cômputo geral, o Cobertor de Budyko é um plano de simplicidade diabólica. Considerando a complexidade do clima, em geral, e o quanto ainda não conhecemos a esse respeito, provavelmente faz mais sentido começar pequeno. No caso do método da mangueira de jardim, poderíamos iniciar com um filete de enxofre e monitorar os resultados. A intensidade do fluxo poderia ser aumentada ou reduzida com facilidade – e sempre haveria a hipótese de interromper o experimento, desligando-se as bombas. Não existe nada de permanente ou irreversível no processo.

E seria extremamente barato. A IV estima que o plano "Salve o Ártico" poderia ser implementado em apenas dois anos, com investimento inicial de cerca de US$20 milhões e custo operacional em torno de US$10 milhões. Se apenas o resfriamento dos polos for insuficiente, a IV elaborou a versão "Salve o Planeta", com cinco bases terrestres espalhadas pelo mundo, em vez de duas, e três mangueiras em cada localidade. Esse esquema ampliado lançaria na estratosfera de três a cinco vezes mais dióxido de enxofre. Mesmo assim, ainda correspondería a menos de 1% das atuais emissões mundiais de enxofre. A IV estima que o plano poderia ser executado e entrar em operação em cerca de três anos, com investimento inicial de US$150 milhões e custo operacional anual de US$100 milhões.

Portanto, o Cobertor de Budyko poderia efetivamente reverter o aquecimento global ao custo total de US$250 milhões. Em comparação com o US$1,2 trilhão que Nicholas Stern propõe gastar por ano para atacar o problema, a ideia da IV sai quase de graça. A neutralização do aquecimento global custaria US$50 milhões menos do que a fundação de Al Gore gasta por ano apenas para aumentar a conscientização do público quanto à magnitude do problema.

E é exatamente neste ponto que se encontra a chave da pergunta formulada no início do capítulo: *O que Al Gore e o Monte Pinatubo têm em comum?* Resposta: Al Gore e o Pinatubo sugerem maneiras de esfriar o planeta, mas a distância entre os métodos de um e de outro são astronômicas em termos de relação custo-eficácia.

Isso não significa descartar as possíveis objeções ao Cobertor de Budyko, que são muitas. Primeiro de tudo: Será que funciona?

As evidências científicas dizem que sim. Trata-se basicamente de uma imitação controlada da erupção do Monte Pinatubo, cujos efeitos resfriadores foram estudados à exaustão e ainda não foram questionados.

Talvez o argumento científico mais vigoroso em favor do plano seja o de Paul Crutzen, cientista holandês especializado em atmosfera terrestre, cuja reputação entre os ambientalistas é ainda mais sólida que a de Caldeira. Crutzen ganhou o Prêmio Nobel em 1995 por suas pesquisas sobre a destruição da camada de ozônio na atmosfera. Em 2006, ele escreveu um ensaio no periódico *Climatic Change*, lamentando o "grande insucesso" dos esforços para emitir menos gases do efeito estufa e reconhecendo que a aspersão intencional de enxofre na atmosfera "é a única opção disponível para reduzir rapidamente a velocidade do aumento da temperatura e para combater outros efeitos climáticos".

A adoção da geoengenharia por Crutzen foi considerada tamanha heresia pela comunidade climatológica que alguns colegas tentaram impedir a publicação de seu ensaio. Como alguém tão reverenciado quanto o "Dr. Ozônio" poderia endossar esquemas desse tipo? Será que os danos ambientais não superariam os benefícios?

Na verdade, não. Crutzen concluiu que os danos ao ozônio seriam mínimos, o dióxido de enxofre acabaria estabilizando-se nas regiões polares, mas em quantidades relativamente tão pequenas que também nessas áreas os danos seriam improváveis. Caso surgisse algum problema, escreveu Crutzen, as aspersões de enxofre "poderiam ser suspensas a qualquer momento... criando condições para que a atmosfera retornasse a seu estado anterior em poucos anos".

Outra objeção básica à geoengenharia é que ela altera deliberadamente o estado natural da Terra. Para esse argumento, Myhrvold tem contestação simples: "*Já* fizemos a geoengenharia da Terra."

Em apenas poucos séculos, teremos queimado grande parte do combustível fóssil cuja formação demandou 300 milhões de anos de acumulação biológica. Ao lado dessas transformações, a aspersão de um pouco de enxofre na atmosfera é intervenção muito discreta. Como observa Lowell Wood, o enxofre nem mesmo é o produto químico ideal para a construção de um escudo estratosférico. Outros materiais aparentemente menos nocivos – microcontas de plástico aluminizado, por exemplo – talvez proporcionassem proteção solar ainda mais eficaz. Mas o enxofre é a escolha mais palatável "simplesmente porque dispomos da prova de viabilidade do vulcão", explica Wood, "que também oferece a prova de inocuidade".

Wood e Myhrvold, na realidade, receiam que o Cobertor de Budyko possa transformar-se em "desculpa para poluir". Ou seja, em vez de dar tempo para desenvolver novas soluções energéticas, ele estimularia a complacência. No entanto, culpar a geoengenharia por esse efeito colateral seria como responsabilizar o cirurgião cardíaco por salvar a vida de alguém que não faz exercícios físicos e come muita batata frita.

Talvez a melhor objeção à proposta da mangueira de jardim é a de ser *muito* simples e *muito* barata. Quando da elaboração desta página, não havia legislação que proibisse governos, instituições privadas ou pessoas físicas de lançar dióxido de enxofre na atmosfera. (Se houvesse, muitas das quase oito mil termelétricas a carvão estariam em sérias dificuldades.) No entanto, Myhrvold admite que "as pessoas ficariam chocadas" se alguém, por conta própria, tomasse essa iniciativa. Mas, evidentemente, a reação depende do empreendedor.

Se for Al Gore, ele provavelmente abiscoitará um segundo Prêmio Nobel da Paz. Se for Hugo Chávez, ele decerto receberá a visita de alguns caças da Força Aérea americana.

Não é difícil imaginar as batalhas que irromperiam sobre quem controla os botões do Cobertor de Budyko. Os governos que dependem de petróleo caro preferirão acelerar o fluxo de enxofre para manter baixas as temperaturas; enquanto outros talvez se sintam mais felizes com o prolongamento das estações de cultivo.

Lowell Wood descreve a palestra que proferiu em certa ocasião, na qual mencionou que o escudo estratosférico também poderia filtrar a radiação ultravioleta nociva. Um membro do público observou que menor incidência de raios ultravioletas aumentaria os casos de raquitismo.

"Minha resposta", diz Wood, "foi que os médicos poderiam compensar essa redução com vitamina D e que menos radiação ultravioleta seria melhor para a saúde em geral."

Todos os climatologistas, físicos, engenheiros e gênios de todos os gêneros, sentados em torno da mesa de reuniões da IV riram da réplica fulminante de Wood. Então, alguém indagou se a IV, com o Cobertor de Budyko na manga, não deveria estar trabalhando em projeto para a prevenção do raquitismo. As risadas agora foram mais altas.

No entanto, o questionamento em si não foi assim tão jocoso. Ao contrário da maioria das patentes da IV, o Cobertor de Budiko não visa exclusivamente ao lucro. "Se você fosse meu investidor", explica Myhrvold, "uma de suas perguntas talvez fosse: 'Qual é mesmo o seu objetivo com esse projeto?'" Na verdade, muitos dos projetos da IV que mais consomem tempo, inclusive várias propostas de solução para a AIDS e a malária, são basicamente de voluntariado, sem remuneração.

"Na outra ponta da mesa está sentado o maior filantropo do mundo", diz Wood com um sorriso e um aceno na direção de Myhrvold. "Ainda que involuntariamente."

Por mais refratário que seja em relação ao sentimento hoje predominante em relação ao aquecimento global, Myhrvold se apressa em negar que menospreze o fenômeno em si e suas consequências. (Se esse fosse o caso, ele dificilmente dedicaria tantos recursos de sua empresa à busca de soluções.) Tampouco recomenda a aplicação imediata da ideia do Cobertor de Budyko, mas insiste, isto sim, em que se pesquisem e testem tecnologias como essa para que estejam disponíveis na hipótese de se confirmarem as piores previsões climáticas.

"É mais ou menos como instalar equipamentos de combate a incêndios em prédios", diz. "De um lado, é preciso não poupar esforços para evitar incêndios. De outro, é necessário dispor de recursos para apagar incêndios, se por acaso ocorrer algum, apesar de tudo." Igualmente importante, lembra, "essas soluções dão mais tempo para o desenvolvimento de fontes de energia sem carbono."

Ele também se empenha no avanço da geoengenharia por causa do que considera a "massa crítica" que os ativistas ambientais estão acumulando nos últimos anos.

"Eles estão propondo com seriedade um conjunto de medidas que podem exercer enorme impacto – provavelmente negativo, em nossa opinião – sobre a vida humana", diz. "Eles querem desviar enorme quantidade de valor econômico para iniciativas imediatas e apressadas contra as emissões de carbono, sem levar em conta todos os aspectos. No cômputo geral, essas medidas representarão enorme peso para a economia mundial. Bilhões de pobres e miseráveis demorarão ainda mais para atingir padrões de vida de primeiro mundo, se algum dia chegarem a tanto. Nos Estados Unidos, temos condições de nos darmos ao luxo de fazermos o que bem entendermos em termos de energia e meio ambiente, mas outras partes do mundo sofrerão as consequências."

Algumas ideias inovadoras, por mais úteis que sejam, sempre parecem repugnantes. Como já dissemos, mercados para órgãos humanos – mesmo que salvem milhares de vidas por ano – é uma dessas propostas.

No entanto, com o passar do tempo, algumas dessas ideias transpõem a barreira da repugnância e se convertem em realidade. Cobrar juros sobre empréstimos. Vender esperma e óvulos humanos. Lucrar com a morte prematura de entes queridos. Evidentemente, este último exemplo se aplica ao seguro de vida. Hoje é prática comum apostar na própria morte para prover recursos à família. Até meados do século XIX, o seguro de vida era considerado "profanação", como escreve a socióloga Viviana Zelizer, "que transforma o acontecimento sagrado da morte em mercadoria vulgar."

O Cobertor de Budyko talvez seja esquema demasiado repugnante para vir a ter alguma chance. Poluição intencional? Brincar com a estratosfera? Deixar o clima do planeta por conta de alguns gênios arrogantes de Seattle? Uma coisa é admitir que pesos-pesados do clima, como Paul Crutzen e Ken Caldeira, endossem determinada proposta. Outra muito diferente é permitir que as apliquem no mundo real e em âmbito planetário. Eles são meros cientistas, com visão limitada e enviesada. Os verdadeiros pesos-pesados nessa luta são pessoas dotadas de perspectiva global, como Al Gore.

E o que Al Gore acha da geoengenharia?

"Em uma palavra", diz Gore, "Acho que é loucura."

Se a proposta da mangueira de jardim para o céu não for aceita, a IV tem uma alternativa que se baseia na mesma ciência, mas que talvez seja menos repugnante. Ocorre que a quantidade de enxofre atmosférico necessário para esfriar o planeta equivale às emissões de umas poucas termelétricas a carvão já em atividade. O segundo plano consistiria simplesmente no prolongamento das chaminés de algumas usinas existentes em localidades estratégicas. Nesse caso, em vez de lançar sua fumaça sulfúrica a algumas centenas de metros na troposfera, essas chaminés a despejariam a cerca de 30 quilômetros de altura, na estratosfera, onde produziria o mesmo efeito das mangueiras de jardim.

O plano é atraente, pois simplesmente desloca a poluição existente, em vez de gerar mais poluição. Embora uma chaminé com 30 quilômetros de altura talvez pareça difícil de construir, a IV também nesse caso propõe uma solução simples e barata – basicamente afixando um longo balão de ar quente às chaminés existentes, criando, assim, um canal que permite a ascensão dos gases de enxofre por flutuação própria até a estratosfera. Obviamente, esse projeto foi apelidado de "chaminé para o céu".

E se até esse segundo esquema for repugnante, a IV tem uma terceira proposta totalmente diferente, plano que é praticamente celestial: salpicar o firmamento com nuvens brancas enchumaças.

Essa é uma criação intelectual de John Latham, climatologista inglês que recentemente se juntou à plêiade de inventores da IV. Afável, de fala macia, no fim da casa dos 60, Lathan também é poeta bissexto, com pretensões literárias um tanto sérias. Portanto, ele afinou os ouvidos quando, muito tempo atrás, no topo de uma montanha, no País de Gales, admirando o poente, seu filho Mike,

SUPERFREAKONOMICS

então com oito anos, observando como eram brilhantes as nuvens, as chamou de "espelhos de esponja".

Exatamente!

"No fim das contas, o papel das nuvens é produzir resfriamento", diz Latham. "Se não houvesse nuvens na atmosfera, a Terra seria muito mais quente do que é agora."

Mesmo nuvens artificiais – esteiras de aviões a jato, por exemplo – exercem efeito de resfriamento. Depois dos ataques terroristas do 11 de Setembro, todos os vôos comerciais nos Estados Unidos foram cancelados durante três dias. Com base em dados de mais de 4.000 estações meteorológicas em todo o país, os cientistas descobriram que a ausência súbita desses rastros de fumaça acarretou aumento subsequente de 1,1ºC na temperatura do solo.

A formação de nuvens depende de pelo menos três ingredientes essenciais: ar ascendente, vapor d'água e, por fim, partículas sólidas, conhecidas como núcleos de condensação das nuvens. As partículas emitidas pelos motores das aeronaves entram na formação dos núcleos. Sobre as massas terrestres, partículas de poeira desempenham o mesmo papel. Porém, sobre os oceanos, há menos partículas em suspensão e o núcleo das nuvens é menos denso, explica Lathan, razão pela qual as nuvens contêm menos gotículas e, portanto, são menos reflexivas. Em consequência, mais luz solar atinge a superfície da Terra. Ainda por cima, os oceanos, por serem escuros, são muito bons em absorver o calor solar.

Segundo os cálculos de Latham, um aumento de apenas 10% ou 12% na capacidade de reflexão das nuvens sobre os oceanos esfriaria a Terra o suficiente para contrabalançar até a duplicação dos atuais níveis de gases do efeito estufa. A proposta dele: usar os próprios oceanos para produzir mais nuvens.

Ocorre que os borrifos salgados de água do mar geram excelentes núcleos para a formação de nuvens. Basta projetar os borrifos na atmosfera vários metros acima da superfície dos oceanos. A partir daí, ele se ergue naturalmente até a altura em que se formam as nuvens.

A IV imaginou várias maneiras para obter esse resultado. No momento, a ideia favorita é uma frota de barcos de fibra de vidro, movidos a vento, projetados por Stephen Salter, com turbinas submersas que produzem energia capaz de lançar um sulco constante de gotículas. Como não há motor não há poluição. Os únicos ingredientes – água do mar e ar da atmosfera – evidentemente

O QUE AL GORE E O MONTE PINATUBO TÊM EM COMUM?

são gratuitos. O volume de borrifos (e, portanto, a capacidade de reflexão das nuvens) seria ajustável com facilidade. As nuvens não chegariam às massas terrestres, onde a luz solar é tão importante para a agricultura. Custo estimado: menos de US$50 milhões para os primeiros protótipos e, então, poucos bilhões de dólares para a construção de uma frota bastante grande, capaz de compensar o aquecimento projetado até 2050. Nos registros de soluções baratas e simples para problemas complexos, é difícil imaginar exemplo mais elegante que os espelhos de esponja de John Latham – geoengenharia que seria venerada pelo mais verde dos verdes.

Isto dito, Myhrvold receia que até as mais comedidas propostas da IV não serão bem recebidas em certos círculos ambientalistas. Para ele, isso não importa.

"Quem não considerar absurdas as histórias mais assustadoras e até admitir sua plausibilidade, também deverá aceitar que depender apenas da redução nas emissões de dióxido de carbono não é atitude prudente", adverte. Em outras palavras: é ilógico acreditar em aquecimento apocalíptico induzido pelo carbono *e* supor que seja possível evitar a hecatombe simplesmente com a limitação das emissões de carbono. "Os cenários apavorantes podem ocorrer mesmo se fizermos esforços hercúleos para reduzir o nível de poluição, caso em que a única solução viável será a geoengenharia."

Al Gore, enquanto isso, também tem a sua lógica. "Se não sabemos o suficiente para parar de lançar 70 milhões de toneladas por dia de poluentes na atmosfera, que agravam o aquecimento global", argumenta, "como poderemos saber o bastante para compensar toda essa poluição?"

Porém, se você pensar como economista de sangue-frio, em vez de como humanista de coração quente, o raciocínio de Gore é improcedente. Não é que *não saibamos como* parar de poluir a atmosfera. A verdade é que *não queremos* ou não estamos dispostos a pagar o preço.

Grande parte da poluição, lembre-se, é externalidade negativa de nosso consumo. Por mais difíceis que sejam a engenharia ou a física, a mudança do comportamento humano é ainda mais difícil. Hoje, as recompensas para a limitação do consumo são poucas, assim como são brandas as punições pelo excesso de consumo. Gore e outros ambientalistas estão implorando à humanidade que consuma menos e, portanto, polua menos, e o convite é meritório. Mas, em termos de incentivos, a convocação não é muito persuasiva e recompensadora.

SUPERFREAKONOMICS

E a mudança do comportamento *coletivo*, por mais esquiva que pareça a afirmação, pode ser extremamente insidiosa. Basta perguntar a Ignatz Semmelweis.

Em 1847, quando resolveu o problema da febre puerperal, Semmelweis deve ter sido enaltecido como herói. Mas será que foi mesmo?

Muito ao contrário. Sim, a taxa de mortalidade na maternidade do Hospital Geral, em Viena, despencou quando ele mandou que os médicos lavassem as mãos depois de participarem de autópsias. Em todos os outros lugares, contudo, os médicos ignoraram a descoberta de Semmelweis. Até debocharam dele. Sem dúvida, raciocinaram, aquela doença devastadora não seria evitada com a simples higiene das mãos! Além disso, os médicos da época – que de modo algum primavam pela humildade – não aceitavam a ideia de que fossem a causa do problema.

Semmelweis ficou frustrado e, com o passar do tempo, a frustração se converteu em fúria. E, furioso, se converteu em messias desprezado, rotulando todos os críticos de assassinos de mulheres e de bebês. Seus argumentos não raro eram absurdos; seu comportamento pessoal se tornou excêntrico, caracterizado pela lubricidade e pela impropriedade sexual. Em retrospectiva, é seguro afirmar que Ignatz Semmelweis enlouquecera de obstinação pela causa. Aos 37 anos, foi internado num sanatório, de onde tentou fugir, mas foi contido à força, e morreu em duas semanas, com a reputação esfacelada.

No entanto, nada disso, nem mesmo a insanidade, significa que não estivesse certo. Semmelweis foi reabilitado postumamente pelas pesquisas de Louis Pasteur sobre a teoria dos germes, que consagrou como prática universal a meticulosa assepsia das mãos e dos instrumentos pelos médicos e pelos paramédicos antes do tratamento de pacientes.

Mas será que os profissionais de saúde de hoje de fato cumprem as ordens de Semmelweis?

Numerosos estudos recentes mostraram que os médicos e paramédicos de hospitais lavam ou desinfetam as mãos com *metade da assiduidade* desejável. E os médicos são os piores infratores, ainda mais negligentes que os paramédicos.

Essa falha é intrigante. No mundo moderno, tendemos a acreditar que a melhor forma de combater comportamentos perigosos é a educação. Esse é o

186

O QUE AL GORE E O MONTE PINATUBO TÊM EM COMUM?

raciocínio subjacente a qualquer campanha de conscientização do público, em relação ao aquecimento global, à prevenção da AIDS e da embriaguez ao volante. E os médicos são os profissionais de mais alta escolaridade nos hospitais.

Em relatório de 1999, intitulado "To Err is Human" (Errar é Humano), o Institute of Medicine (Instituto de Medicina) estimou que algo entre 44.000 e 98.000 americanos morrem por ano em consequência de erros hospitalares evitáveis – mais mortes que em acidentes automobilísticos ou em consequência de câncer de mama – e que um dos erros mais comuns é a infecção de ferimentos. E qual é o melhor remédio para evitar infecções? Convencer os médicos a lavar as mãos com mais frequência.

Depois do relatório, hospitais em todos os Estados Unidos se empenharam em resolver o problema. Mesmo um hospital de classe mundial como o Cedars-Sinai Medical Center, em Los Angeles, descobriu que carecia de melhorias, com taxa de assepsia das mãos de apenas 65%. Diante dessa constatação, os altos administradores constituíram uma comissão para identificar as causas dessa falha.

Para começar, reconheceram eles, os médicos são muito ocupados, e o tempo que se gasta lavando as mãos é tempo que se perde tratando de pacientes. Craig Feid, nosso revolucionário das unidades de emergência de Washington, estima que, em geral, ele interage com mais de 100 pacientes por turno. "Se eu correr para lavar as mãos sempre que tocar num paciente, seguindo o protocolo, passarei quase metade do tempo diante da pia."

Além disso, as pias nem sempre são tão acessíveis quanto seria desejável. Nas enfermarias, em especial, às vezes estão bloqueadas por móveis ou equipamentos. O Cedars-Sinai, como muitos outros hospitais, dispõe de dispositivos Purell para a desinfecção das mãos, mas também eles quase sempre eram ignorados.

A deficiência de higienização das mãos pelos médicos também parece ter componentes psicológicos. O primeiro seria o assim chamado (generosamente) déficit de percepção. Durante estudo de cinco meses em unidade de tratamento intensivo de um hospital infantil australiano, pediu-se aos médicos que monitorassem a própria frequência de lavagem das mãos. As taxas relatadas por eles mesmos: 73%. Nada perfeito, mas tampouco terrível.

No entanto, sem que os médicos soubessem, as enfermeiras os estavam espionando e registraram as taxas de higienização das mãos pelos médicos: nada mais que 9%.

Paul Silka, médico de unidade de emergência do Cedars-Sinai, que também atuava como chefe de pessoal do hospital, aponta para um segundo fator psicológico: arrogância. "O ego às vezes se torna doentio depois de algum tempo de profissão!", explica. "E você passa a dizer: 'Não sou eu, médico tão conceituado, quem está carregando os germes. Isso é coisa do pessoal de enfermagem e de apoio.'"

Silka e outros administradores do Cedars-Sinai concluíram que precisavam, de alguma maneira, mudar a mentalidade e o comportamento dos colegas. Para tanto, experimentaram todos os tipos de incentivos: persuasão amistosa, por meio de cartazes e e-mails; recepção efusiva dos médicos todas as manhãs, com um frasco de Purell; formação de um Grupo de Segurança de Higiene das Mãos, que percorria as enfermarias, oferecendo cartões de crédito da Starbucks, com direito a compras de US$10, aos médicos que fossem vistos lavando as mãos, de maneira adequada. Seria de supor que profissionais muito bem remunerados simplesmente seriam imunes a incentivos de US$10. "Mas nenhum deles recusou os cartões", diz Silka.

Depois de várias semanas, a taxa de higienização das mãos no Cedars-Sinai realmente melhorou, mas nem de longe o suficiente. A notícia foi divulgada por Rekha Murthy, epidemiologista do hospital, durante uma reunião-almoço do Comitê Consultivo do Departamento de Pessoal, com a participação de mais ou menos 20 membros, a maioria médicos de alto nível do hospital. Todos pareciam sinceramente desanimados com os resultados. Ao fim do almoço, Murthy entregou a cada médico uma placa de ágar – ou seja, uma placa de Petri estéril, revestida com uma camada esponjosa de ágar. "Gostaria muito de colher amostras de suas mãos", disse ele.

E, assim, os médicos pressionaram as palmas das mãos dentro das placas, que Murthy enviou para o laboratório. As imagens resultantes, lembra-se Silka, "eram asquerosas e chocantes, apinhadas de colônias de bactérias".

Lá estavam as pessoas mais importantes do hospital, empenhadas em conscientizar todas as demais a mudar de comportamento, e as próprias mãos não estavam limpas! Pior ainda, essa descoberta ocorreu depois de um almoço de trabalho.

A primeira reação talvez fosse a de varrer essa realidade surpreendente para debaixo do tapete. No entanto, em vez disso, a administração decidiu explorar o asco daquelas imagens de mãos infestadas de bactérias, instalando-as como protetor de tela em todos os computadores do hospital. Para os médicos – salva-vidas por formação e por juramento – essa advertência contundente revelou-se mais poderosa que qualquer outro incentivo. A observância das normas sobre higiene das mãos no Cedars-Sinai disparou para quase 100%.

À medida que a notícia se espalhava, outros hospitais começaram a adotar a mesma solução do protetor de tela. Por que não? Era barata, simples e eficaz.

Final feliz, certo?

Sim, mas... Reflita por um momento. Por que foi tão difícil convencer os médicos a fazer o que deveriam fazer espontaneamente desde os tempos de Semmelweis? Por que essa mudança de comportamento foi tão demorada, quando o preço da observância (simples lavagem de mãos) é tão baixo e o custo potencial da inobservância (perda de vidas humanas) é tão alto?

Mais uma vez, como no caso da poluição, a resposta tem a ver com externalidades.

Quando um médico não lava as mãos, a vida dele não é a que mais está em jogo. É a do próximo paciente, aquele com uma ferida aberta ou com deficiência do sistema imunológico. As bactérias perigosas que contagiam o paciente são externalidade negativa das ações do médico – da mesma maneira como a poluição é externalidade negativa de qualquer pessoa que dirija um carro, ligue um aparelho de ar-condicionado ou despeje fumaça impregnada de carbono por uma chaminé. O poluidor tem incentivos insuficientes para não poluir e o médico tem incentivos insuficientes para lavar as mãos.

É isso que torna tão difícil a ciência da mudança de comportamento.

Portanto, em vez de torcermos com ansiedade nossas mãos imundas, por causa de comportamentos misoneístas, e se concebêssemos soluções baseadas em engenharia, em projetos ou em incentivos que, em si, tornassem desnecessárias ou promovessem espontaneamente as mudanças de comportamento?

Esse é o objetivo da Intellectual Ventures em relação ao aquecimento global e isso é o que as autoridades de saúde pública finalmente adotaram para reduzir as infecções em hospitais. Entre as melhores soluções: instalar na recepção medidores de pressão descartáveis no punho dos pacientes; aspergir os equipamentos hospitalares com partículas de íons de prata como escudo antibacteriano; e proibir os médicos de usar gravata, pois, como comprovou o Departamento de Saúde do Reino Unido, esses adornos "raramente são lavados", "não exercem nenhuma função benéfica no atendimento aos pacientes" e "como já se comprovou, estão infestados de agentes patogênicos". Eis por que Craig Feied usa gravata-borboleta há anos e também ajudou a desenvolver interface de realidade virtual que permite aos cirurgiões uniformizados e enluvados rolar exames de imagem de pacientes na tela do computador sem tocar em nada – pois os teclados e mouses tendem a acumular patógenos ao menos com a mesma eficácia das gravatas dos médicos. E na próxima vez que você estiver numa sala de hospital, nem pense em encostar a mão no controle remoto do televisor.

Talvez não haja nada de surpreendente na dificuldade de mudar o comportamento das pessoas quando outros auferirão os benefícios. Mas, certamente, somos capazes de mudar nosso comportamento quando o que está em jogo é nosso próprio bem-estar, não?

Infelizmente, não. Se fosse assim, todas as dietas sempre seriam eficazes (e, para começar, nem haveria necessidade de dietas). Se fosse assim, não existiriam fumantes, apenas ex-fumantes. Se fosse assim, ninguém que já tivesse assistido a aulas de educação sexual seria parte de uma gravidez indesejada. Saber e fazer são duas coisas diferentes, principalmente quando a situação envolve prazer.

Considere a alta incidência de HIV e de AIDS na África. Há anos, autoridades de saúde pública em todo o mundo estão combatendo esse flagelo. Todas já pregaram todos os tipos de mudança comportamental – uso de preservativos, redução do número de parceiros sexuais, e assim por diante. Recentemente, contudo, um pesquisador francês, Bertran Auvert, realizou um experimento médico no sul da África e fez descobertas tão interessantes que o experimento foi interrompido, para a aplicação imediata das novas medidas preventivas.

Qual é o tratamento mágico?

Circuncisão. Por motivos que Auvert e outros cientistas ainda não compreenderam totalmente, constatou-se que a circuncisão reduz o risco de transmissão de HIV em nada menos que 60% em homens heterossexuais. Estudos subsequentes no Quênia e em Uganda corroboraram os resultados de Auvert.

Por toda a África, prepúcios começaram a cair. "As pessoas estão acostumadas a políticas que determinam comportamentos", afirmou uma autoridade de saúde da África do Sul, "mas a circuncisão é uma intervenção cirúrgica – é aço frio e duro."

A decisão de submeter-se à circuncisão em idade adulta é, decerto, profundamente pessoal. De modo algum ousaríamos aconselhar alguém em um ou em outro sentido. Mas para quem efetivamente escolher a circuncisão, uma recomendação muito trivial: antes de permitir que o doutor se aproxime de você, por favor, tenha a certeza de que ele lavou as mãos.

EPÍLOGO

MACACO TAMBÉM É GENTE

O ramo da economia que trata de questões como inflação, recessões e choques financeiros é conhecido como macroeconomia. Quando a economia vai bem, os macroeconomistas são exaltados como heróis; quando a coisa azeda, como ocorreu recentemente, eles levam boa parte da culpa. Em ambos os casos, as manchetes se concentram nos macroeconomistas.

Esperamos que, depois de ler este livro, você tenha concluído que existe toda uma estirpe diferente de economistas – os *microeconomistas* – à espreita, nas sombras. Eles procuram compreender as escolhas que as pessoas fazem, não apenas em termos do que compram, mas também a frequência com que lavam as mãos e a probabilidade de que sejam terroristas.

Alguns desses microeconomistas nem mesmo limitam suas pesquisas à espécie humana.

Keith Chen é um jovem de 33 anos, falastrão e bem-vestido, com cabelos à escovinha. Depois de uma educação itinerante, no Meio-Oeste rural, Chen

SUPERFREAKONOMICS

estudou em Stanford, onde, após breve paixão pelo marxismo, deu meia-volta e dedicou-se à economia. Agora, é professor associado de Economia em Yale.

Sua agenda de pesquisa foi inspirada por algo escrito muito tempo atrás por Adam Smith, fundador da economia clássica: "Ninguém nunca viu um cachorro fazer uma troca equânime e deliberada de um osso por outro osso, com outro cachorro. Ninguém nunca viu um animal, por meio de gestos ou de sons, transmitir a outro *isto é meu aquilo é seu; estou disposto a lhe dar isto se você me der aquilo.*"

Em outras palavras, Smith estava convencido de que a humanidade e apenas a espécie humana é propensa a intercâmbios monetários.

Mas será que ele estava certo?

Em economia, como na vida, você nunca encontrará resposta para uma pergunta se antes não fizer a pergunta, por mais tola que pareça. A pergunta de Chen era simplesmente a seguinte: *O que aconteceria se eu ensinasse a um bando de macacos a usar dinheiro?*

A estirpe de macaco escolhida por Chen foi o capuchinho ou mico, animal do Novo Mundo, de pelos castanhos, engraçadinho, mais ou menos do tamanho de uma criança de um ano, ou ao menos de um bebê dessa idade, esquelético, com uma longa cauda. "O mico tem cérebro pequeno", diz Chen, "e pensa quase que exclusivamente em comida e sexo." (O que, diríamos, não diferencia muito o mico de muita gente que conhecemos, mas essa é outra história.) "Você realmente pode imaginar o mico como um estômago sem fundo, em constante estado de carência. Se você alimentá-lo o dia inteiro com marshmallow, eles vomitarão e voltarão, pedindo mais."

Para os economistas, essas características tornam o mico excelente sujeito de pesquisas.

Chen, com Venkat Lakshminarayanan, puseram mãos à obra com sete micos, em laboratório montado pela psicóloga Laurie Santos, no Yale-New-Haven Hospital. Seguindo a tradição dos laboratórios de macacos em todo o mundo, os micos receberam nomes – no caso, extraídos de personagens dos filmes de James Bond. Eram quatro fêmeas e três machos. O macho alfa foi batizado de Felix, inspirado no agente da CIA Felix Leiter. Era o favorito de Chen.

Os macacos viviam juntos, numa grande gaiola aberta. Numa das extremidades, havia outra gaiola muito menor, a câmara de testes, onde um macaco de cada vez podia entrar para participar dos experimentos. Como moeda, Chen

MACACO TAMBÉM É GENTE

usou um disco de prata de uma polegada, ou 2,54 centímetros, de diâmetro – "uma espécie de dinheiro chinês", disse.

O primeiro passo foi ensinar aos macacos que aqueles discos tinham valor. Isso demandou algum esforço. Se você der uma moeda a um mico, ele a cheirará e, depois de descobrir que não pode comê-la (nem fazer sexo com ela), a jogará fora. Se você repetir o procedimento várias vezes, é possível que ele comece a atirar as moedas em sua direção, e com força.

Assim, Chen e os colegas deram uma moeda ao macaco e depois lhe mostraram uma guloseima. Sempre que devolvia a moeda ao pesquisador, o macaco recebia a comida. Demorou alguns meses, mas os macacos acabaram aprendendo que as moedas podiam comprar guloseimas.

Ocorre que cada macaco tinha preferências nítidas por diferentes guloseimas. Apresentava-se a um dos micos uma bandeja com 12 moedas – sua restrição orçamentária – e depois um pesquisador oferecia-lhe cubos de gelatina enquanto outro lhe estendia fatias de maçã. O macaco entregava as moedas ao pesquisador com a comida de sua preferência e o pesquisador lhe passava as guloseimas.

Chen, depois, introduziu na economia dos macacos choques de preços e choques de renda. Digamos que a comida preferida de Felix fosse gelatina e que ele estivesse acostumado a receber três cubos por uma moeda. Como ele reagiria se uma moeda de repente comprasse apenas dois cubos?

Para surpresa de Chen, Felix e os outros responderam com racionalidade. Quando o preço de determinada comida subia, os macacos compravam menos dela, e quando o preço caía, compravam mais. A lei econômica mais elementar – que a curva da demanda se inclina para baixo – se mostrou válida para macacos, assim como para humanos.

Agora que havia testemunhado o comportamento racional dos macacos, Chen queria testá-los quanto ao comportamento irracional. Para tanto, ele montou dois jogos de apostas. No primeiro, mostrava-se ao mico uma uva e, dependendo de um lance de moeda, o macaco recebia apenas aquela uva ou recebia mais uma uva como bônus. No segundo jogo, o mico de início via duas uvas, mas se o lance de moeda fosse adverso, os pesquisadores levavam uma uva e o macaco recebia apenas a remanescente.

Em ambos os casos, o macaco recebia, em média, a mesma quantidade de uvas. Mas o primeiro jogo era estruturado como ganho potencial, enquanto o segundo era apresentado como perda potencial.

SUPERFREAKONOMICS

Como os micos reagiam?

Considerando que os macacos, para começar, não são muito inteligentes, seria de presumir que qualquer estratégia de jogo estaria bem além da capacidade deles. Nesse caso, também seria de supor que os macacos prefeririam a modalidade em que os pesquisadores lhes ofereciam de início duas uvas, em vez de uma. Mas ocorreu exatamente o oposto! Quando os macacos descobriram que o pesquisador que lhes oferecia de início duas uvas às vezes retirava a segunda uva e que o pesquisador que lhes apresentava de início uma uva às vezes acrescentava uma uva de bônus, os macacos passaram a preferir nitidamente o segundo pesquisador. Se os macacos fossem racionais, não se importariam com a diferença entre as duas modalidades, mas esses macacos irracionais apresentavam o que os psicólogos chamam de "aversão a perdas". Eles se comportavam como se a dor de perder uma uva fosse maior que o prazer de ganhar uma uva.

Até agora, os macacos pareciam ser tão racionais quanto os humanos no uso do dinheiro. Mas esse último experimento decerto demonstrou o grande abismo existente entre macacos e humanos.

Ou não?

O fato é que experimentos semelhantes com humanos – day traders, por exemplo – constataram que as pessoas tomam o mesmo tipo de decisões irracionais, em proporções quase semelhantes. Os dados gerados pelos micos, diz Chen, "torna-os estatisticamente indiferenciáveis da maioria dos investidores do mercado de ações".

E, assim, as semelhanças entre humanos e esses macacos com cérebro minúsculo, que só se interessam por comida e sexo, mantiveram-se intactas. Então, como se Chen precisasse de ainda mais evidências dessas semelhanças, aconteceu a coisa mais estranha no laboratório.

Felix correu para a câmara de testes, como já fizera inúmeras vezes antes, mas nesse dia, por motivos que Chen nunca compreendeu, Felix não pegou as 12 moedas da bandeja e as usou para comprar comida. Em vez disso, ele jogou toda a bandeja de moedas na gaiola comum e, fugindo da câmara de testes, disparou atrás delas – assalto a banco seguido de fuga da cadeia.

O caos se instalou na grande gaiola, com 12 moedas no chão e sete macacos querendo pegá-las. Quando Chen e os outros pesquisadores entraram na gaiola para recolher as moedas, os macacos não as devolveram. Afinal, haviam

MACACO TAMBÉM É GENTE

aprendido que moedas têm valor. Até que os humanos subornaram os micos com guloseimas. Isso ensinou aos macacos outra lição valiosa: o crime compensa.

Então, com o canto dos olhos, Chen viu algo extraordinário. Um macaco, em vez de entregar a moeda para os humanos em troca de uma uva ou de uma fatia de maçã, aproximou-se de um segundo macaco e deu a moeda para ela. Chen já fizera pesquisa anterior em que se achou que os macacos haviam demonstrado altruísmo. Será que ele acabara de testemunhar uma atitude espontânea de altruísmo simiesco?

Depois de alguns segundos de preliminares – voilà – os dois micos estavam fazendo sexo.

O que Chen tinha visto não era altruísmo, em absoluto, mas, sim, o primeiro exemplo de prostituição macacal já registrado pela ciência.

E, então, apenas para demonstrar até que ponto os macacos haviam assimilado o conceito de dinheiro, assim que o sexo terminou – a cena durou cerca de oito segundos; são micos, afinal – a macaca que havia recebido a moeda imediatamente a levou até Chen para comprar algumas uvas.

O episódio deixou Chen perplexo. Até agora, os experimentos realizados com símios eram definidos em termos restritos, com um macaco de cada vez. E se Chen pudesse introduzir o dinheiro diretamente na vida dos macacos? As possibilidades de pesquisa seriam infinitas.

Infelizmente, o sonho de Chen com o capitalismo simiesco nunca se realizou. As autoridades que supervisionavam o experimento recearam que a introdução do dinheiro entre os micos comprometeria de maneira irreparável a estrutura social deles.

Provavelmente estavam certos.

Se os micos foram tão rápidos em recorrer à prostituição tão logo conseguiram algum dinheiro, imagine a velocidade com que o mundo seria infestado por macacos assassinos e por macacos terroristas, por macacos poluidores que contribuem para o aquecimento global e por macacos médicos que não lavam as patas. Evidentemente, as futuras gerações acorreriam em busca de soluções para esses problemas. Mas sempre haveria algo a consertar – como a insistência obstinada dos macacos em que todas as suas crias só saíssem de carro em cadeirinhas.

NOTAS

INTRODUÇÃO

1-3   OS PERIGOS DE ANDAR BÊBADO: O brilhante economista Kevin Murphy chamou nossa atenção para o risco relativo de andar bêbado. Para mais informações sobre **os perigos de dirigir bêbado**, ver Steven D. Levitt and Jack Porter, "How Dangerous Are Drinking Drivers"? *Journal of Political Economy* 109, n. 6 (2001). / 2 Um dos benefícios da embaraçosa burocracia federal n. Estados Unidos e contratar dezenas de milhares de empregados para prover de pessoal centenas de órgãos que coletam e organizam resmas infindáveis de dados estatísticos. The National Highway Traffic Safety Administration (NHTSA) é um desses órgãos, fornecendo informações definitivas e valiosas sobre segurança no trânsito. Quanto à **proporção de milhas que se dirige bêbado**, ver "Impaired Driving in the United States", NHTSA, 2006. / 2 Quanto às **mortes de pedestres bêbados**, ver "Pedestrian Roadway Fatalities", NHTSA, DOT HS 809

456, abril de 2003. / 2 Quanto a **mortes por dirigir bêbado**, ver "Traffic Safety Facts 2006", NHTSA, DOT HS 810 801, março de 2008. / 2-3 **"Deitam-se para descansar em estradas rurais"**: ver William E. Schmidt, "A Rural Phenomenon: Lying-in-the-Road Deaths", *The New York Times,* June 30, 1986. / 3 O **número de americanos com idade para dirigir veículos**: aqui e em outras partes do livro, as estatísticas e características demográficas em geral se baseiam em dados do U.S. Census Bureau. / 3 **"Amigos não deixam amigos..."**: Totalmente por acaso, conheci, recentemente, uma das criadoras do slogan original "Amigos não deixam amigos dirigir bêbados" (Friends Don't Let Friends Drive Drunk). O nome dela é Susan Wershba Zerin. No começo da década de 1980, ela trabalhou na agência de publicidade Leber Katz Partners, de Nova York, e era gerente de conta de uma campanha voluntária contra dirigir depois de beber para o U.S. Department of Transportation. "Elizabeth Dole, secretária de transportes, era nosso principal contacto", lembra-se. A frase "Amigos não deixam amigos dirigir bêbados" foi concebida como declaração estratégica interna da campanha, mas se revelou tão memorável no âmbito interno que foi adotada como tagline ou mote da campanha.

3-7 OS SALVADORES IMPLAUSÍVEIS DE MULHERES INDIANAS: Esta seção se baseia, substancialmente, em Robert Jensen and Emily Oster, "The Power of TV: Cable Tele vision and Women's Status in India", *Quarterly Journal of Economics,* a ser lançada. Para mais informações sobre **padrões de vida na Índia**, ver United Nations Human Development Report for India; "National Family Health Survey (NFHS-3), 2005-06, India", The International Institute for Population Sciences and Macro Intl.; and "India Corruption Study 2005", Center for Media Studies, Transparency International, India. / 4 Sobre **a indesejabilidade de filhas na Índia** e o uso de ultrassom para identificá-las com o propósito de abortá-las, ver o relatório NFHS-3; e Peter Wonacott, "India's Skewed Sex Ratio Puts GE Sales in Spotlight", *The Wall Street Journal,* 19 de abril de 2007; e Neil Samson Katz e Marisa Sherry, "India: The Missing Girls", *Frontline,* 26 de abril de 2007. / 4 Para mais informações sobre a persistência do **dote na Índia**, ver Siwan Anderson, "Why Dowry Payments Declined with Modernization in Europe but Are Rising in India", *Journal of Political Economy* 111, n. 2 (abril de 2003); Sharda Srinivasan and Arjun S. Bedi, "Domestic Violence and Dowry: Evidence from a South Indian Village",

World Development 35, n. 5 (2007); and Amelia Gentleman, "Indian Brides Pay a High Price", *The International Herald Tribune,* 22 de outubro de 2006. / 4 A história sobre a **Smile Train se baseia em entrevistas do autor com Brian Mullaney**, da Smile Train; ver também Stephen J. Dubner and Steven D. Levitt, "Bottom-Line Philanthropy", *The New York Times Magazine,* 9 de março de 2008. / 4 Para mais informações sobre as **"mulheres faltantes" (missing women)** da Índia, ver Amartya Sen, "More Than 100 Million Women Are Missing", *The New York Review of Books,* 20 de dezembro de 1990; Stephan Klasen e Claudia Wink, publicado em K. Basu and R. Kanbur (eds.), *Social Welfare, Moral Philosophy and Development: Essays in Honour of Amartya Sen's Seventy-Fifth Birthday* (Oxford University Press, 2008); and Swami Agnivesh, Rama Mani, and Angelika Koster-Lossack, "Missing: 50 Million Indian Girls", *The New York Times,* 25 de novembro 2005. Ver também Stephen J. Dubner e Steven D. Levitt, "The Search for 100 Million Missing Women", *Slate,* 24 de maio de 2005, sobre as descobertas de Emily Oster a respeito de uma relação entre mulheres faltantes e hepatite B; mas ver também Steven D. Levitt, "An Academic Does the Right Thing", Freakonomics blog, *The New York Times,* 22 de maio de 2008, em que a conclusão sobre hepatite foi considerada falha. / 5 **Adoração dos filhos na China**: ver Therese Hesketh and Zhu Wei Xing, "Abnormal Sex Ratios in Human Populations: Causes and Consequences", *Proceedings of the National Academy of Sciences,* 5 de setembro de 2006; and Sharon LaFraniere, "Chinese Bias for Baby Boys Creates a Gap of 32 Million", *The New York Times*, 10 de abril de 2009. / 5 Informações sobre **surra nas esposas, e outras atrocidades domésticas** podem ser encontradas em Virendra Kumar, Sarita Kanth, "Bride Burning", *The Lancet* 364, supp. 1 (18 de dezembro de 2004); B. R. Sharma, "Social Etiology of Violence Against Women in India", *Social Science Journal* 42, n. 3 (2005); "India HIV and AIDS Statistics", AVERT, disponível em www.avert.org/indiaaids.htm; e Kounteya Sinha, "Many Women Justify Wife Beating", *The Times of India,* 12 de outubro de 2007. / 5 **"Os preservativos não são otimizados para a Índia"**: ver Rohit Sharma, "Project Launched in India to Measure Size of Men's Penises", *British Medical Journal,* 13 de outubro de 2001; Damian Grammaticus, "Condoms 'Too Big' for Indian Men", *BBC News,* 8 de dezembro de 2006; and Madhavi Rajadhyaksha, "Indian Men Don't Measure Up", *The Times of India,* 8 de dezembro de 2006. / 5 O projeto **Apni Beti, Apna Dhan**

(Minha Filha, Meu Orgulho) é descrito em Fahmida Jabeen e Ravi Karkara, "Government Support to Parenting in Bangladesh and India", Save the Children, dezembro de 2005.

8-11   AFOGANDO-SE NO ESTERCO DE CAVALO: Ver Joel Tarr and Clay McShane, "The Centrality of the Horse to the Nineteenth-Century American City", in *The Making of Urban America*, ed. Raymond Mohl (Rowman & Littlefi eld, 1997); Eric Morris, "From Horse Power to Horse power", *Access*, n. 30, Spring 2007; Ann Norton Greene, *Horses at Work: Harnessing Power in Industrial America* (Harvard University Press, 2008). Também com base em entrevistas do autor com Morris, McShane, and David Rosner, Ronald H. Lauterstein Professor of Sociomedical Sciences at Columbia University. / 10 **A mudança climática poderá "efetivamente destruir o planeta Terra tal como o conhecemos"**: ver Martin Weitzman, "On Modeling and Interpreting the Economics of Catastrophic Climate Change", *The Review of Economics and Statistics* 91, n. 1 (fevereiro de 2009). / 11 **O caso do roubo de esterco de cavalo** é narrado em dois artigos de Kay Lazar, no *Boston Globe*: "It's Not a Dung Deal", 26 de junho de 2005; e "Economics Professor Set to Pay for Manure", 2 de agosto de 2005.

12-13   AFINAL, O QUE É "FREAKONOMICS"...? **Gary Becker, o primeiro freakonomista**, escreveu muitos livros, trabalhos e artigos que merecem ser lidos, entre os quais se inclui *The Economic Approach to Human Behavior, A Treatise on the Human Family*, and *Human Capital*. Ver também seu discurso de aceitação do Prêmio Nobel, "The Economic Way of Looking at Life", Nobel Lecture, University of Chicago, 9 de dezembro de 1992; and *The Nobel Prizes/Les Prix Nobel 1992: Nobel Prizes, Presentations, Biographies, and Lectures*, ed. Tore Frängsmyr (The Nobel Foundation, 1993). / 12-13 **"Nosso trabalho neste livro é levantar as questões de fato pertinentes"**: Como se diz que o famoso estatístico John Tukey teria afirmado, "Uma resposta aproximada para a pergunta certa é muito mais valiosa que uma resposta exata para a pergunta errada". / 13 **Um seio, um testículo**: por esse pensamento, tiro o chapeu para o futurista Watts Wacker.

13-14   HISTERIA DOS ATAQUES DE TUBARÕES: Revista Time, 30 de julho de 2001, Timothy Roche, "Saving Jessie Arbogast". / 14 A principal fonte

NOTAS

de **dados sobre ataques de tubarões** é o International Shark Attack File, compilado pelo Florida Museum of Natural History at the University of Florida. / 14 **Mortes de elefantes**: ver *People and Wildlife, Conflict or Co-existence*, ed. Rosie Woodroffe, Simon Thirgood e Alan Rabinowitz (Cambridge University Press, 2005). Para mais informações sobre ataques de elefantes a seres humanos, ver Charles Siebert, "An Elephant Crackup"? *The New York Times Magazine*, 8 de outubro de 2006.

CAPÍTULO 1

17-18   CONHEÇA LASHEENA: Ela é uma das muitas prostitutas de rua que participaram do trabalho de campo de Sudhir Venkatesh, resumido com muito mais detalhes mais adiante, e descrito no working paper de Steven D. Levitt and Sudhir Alladi Venkatesh, "An Empirical Analysis of Street-Level Prostitution".

18   DIFÍCIL SER MULHER: Sobre expectativa de vida histórica ver Vern Bullough e Cameron Campbell, "Female Longevity and Diet in the Middle Ages", *Speculum* 55, n. 2 (abril de 1980). / 18 **Executadas pela acusação de feitiçaria**: ver Emily Oster, "Witchcraft, Weather and Economic Growth in Renaissance Europe", *Journal of Economic Perspectives* 18, n. 1 (Winter 2004). / 18 **Seios passados a ferro**: ver Randy Joe Sa'ah, "Cameroon Girls Battle 'Breast Ironing'", *BBC News,* 23 de junho de 2006; nada menos que 26% das meninas da República dos Camarões são submetidas ao procedimento, geralmente infligido pelas mães, ao chegarem à puberdade. / 18 **As agruras das mulheres chinesas**: ver relatório do Departamento de Estado dos Estados Unidos "2007 Country Reports on Human Rights Practices"; sobre as consequências duradouras da compressão dos pés, ver Steven Cummings, Xu Ling e Katie Stone, "Consequences of Foot Binding Among Older Women in Beijing, China", *American Journal of Public Health* 87, n. 10 (1997).

18-20   GRANDES MELHORIAS NA VIDA DAS MULHERES: O **avanço das mulheres em educação superior** foi extraído de dois relatórios do Departamento de Estado dos Estados Unidos, National Center for Education Statistics: *120 Years of American Education: A Statistical Portrait* (1993);

201

and *Postsecondary Institutions in the United States: Fall 2007, Degrees and Other Awards Conferred: 2006–07, and 12-Month Enrollment: 2006–07* (2008). / 19 **Até as mulheres que se formaram em universidades de elite** ficam atrás dos homens em salários: ver Claudia Goldin e Lawrence F. Katz, "Transitions: Career and Family Lifecycles of the Educational Elite", *AEA Papers and Proceedings,* May 2008. / 19 **Perda salarial das mulheres com excesso de peso**: ver Dalton Conley e Rebecca Glauber, "Gender, Body Mass and Economic Status", working paper do National Bureau of Economics Research, maio de 2005. / 19 **Mulheres com dentes malcuidados**: see Sherry Glied and Matthew Neidell, "The Economic Value of Teeth", working paper do NBER, março de 2008. / 19 **O preço da menstruação**: ver Andrea Ichino e Enrico Moretti, "Biological Gender Differences, Absenteeism and the Earnings Gap", *American Economic Journal: Applied Economics* 1, n. 1 (2009). / 19 **Title IX cria emprego para as mulheres; os homens ficam com eles**: ver Betsey Stevenson, "Beyond the Classroom: Using Title IX to Mea sure the Return to High School Sports", The Wharton School, University of Pennsylvania, junho de 2008; Linda Jean Carpenter e R. Vivian Acosta, "Women in Intercollegiate Sport: A Longitudinal, National Study Twenty-Seven-Year Update, 1977–2004"; e Christina A. Cruz, *Gender Games: Why Women Coaches Are Losing the Field* (VDM Verlag, 2009). Sobre a disparidade na WNBA, ver Mike Terry, "Men Dominate WNBA Coaching Ranks", *The Los Angeles Times,* 2 de agosto de 2006.

20-23 PROSTITUIÇÃO ANTES DA GUERRA: Esta seção se baseia em várias fontes de arquivos e livros, entre as quais se incluem: *The Social Evil in Chicago* (também conhecido como relatório da Chicago Vice Commission), American Vigilance Association, 1911; George Jackson Kneeland e Katharine Bement Davis, *Commercialized Prostitution in New York City* (The Century Co., 1913); Howard Brown Woolston, *Prostitution in the United States,* vol. 1, *Prior to the Entrance of the United States into the World War* (The Century Co., 1921); e *The Lost Sisterhood: Prostitution in America, 1900–1918* (The Johns Hopkins University Press, 1983). Para mais informações sobre o Everleigh Club, ver o livro fascinante de Karen Abbott *Sin in the Second City* (Random House, 2007).

23 OS TRAFICANTES, NÃO OS COMPRADORES, SÃO PRESOS: Ver Ilyana Kuziemko e Steven D. Levitt, "An Empirical Analysis of Imprisoning Drug

NOTAS

Offenders", *Journal of Public Economics* 88 (2004); também, *2008 Sourcebook of Federal Sentencing Statistics*, U.S. Sentencing Commission.

23-38 PROSTITUTAS DE RUA DE CHICAGO: Esta seção se baseia, principalmente, no working paper de Steven D. Levitt e Sudhir Alladi Venkatesh, "An Empirical Analysis of Street-Level Prostitution".

25 MENTINDO PARA O FUNCIONÁRIO DO PROGRAMA "OPORTUNIDADES": Ver César Martinelli e Susan Parker, "Deception and Misreporting in a Social Program", *Journal of Europe an Economics Association* 7, n. 4 (2009). A jornalista Tina Rosenberg chamou nossa atenção para esse trabalho.

27 PERDA DA VIRGINDADE COM PROSTITUTAS, PASSADO E PRESENTE: Ver Charles Winick e Paul M. Kinsie, *The Lively Commerce: Prostitution in the United States* (Quadrangle Books, 1971), que cita trabalho de P. H. Gebhard, apresentado na reunião de dezembro de 1967 da American Association for the Advancement of Science; e Edward O. Laumann, John H. Gagnon, Robert T. Michael, and Stuart Michaels, *The Social Organization of Sexuality: Sexual Practices in the United States* (The University of Chicago Press, 1994).

29-30 POR QUE O SEXO ORAL FICOU TÃO BARATO? Ver Bonnie L. Halpern-Felsher, Jodi L. Cornell, Rhonda Y. Kropp, e Jeanne M. Tschann, "Oral *Versus* Vaginal Sex Among Adolescents: Perceptions, Attitudes, and Behavior", *Pediatrics* 115 (2005); Stephen J. Dubner e Steven D. Levitt, "The Economy of Desire", *The New York Times Magazine,* 11 de dezembro de 2005; Tim Harford, "A Cock-and-Bull Story: Explaining the Huge Rise in Teen Oral Sex", *Slate,* September 2, 2006. / 30 **Facilidade de saída"** é frase usada pelo dr. Michael Rekart, da University of British Columbia, em entrevista com o autor; ver também Michael Rekart, "Sex-Work Harm Reduction", *Lancet* 366 (2005).

31 DISCRIMINAÇÃO DE PREÇO: Para mais informações sobre as máquinas de cortar cabelo humano e pelo de animais de estimação do dr. Leonard, ver Daniel Hamermesh, "To Discriminate You Need to Separate", Freakonomics blog, *The New York Times,* 8 de maio de 2008.

32   ALTA INCIDÊNCIA DE AIDS ENTRE HOMENS QUE PAGAM POR SERVI-ÇOS SEXUAIS DE OUTROS HOMENS: Ver K. W. Elifson, J. Boles, W. W. Darrow, e C. E. Sterk, "HIV Sero-prevalence and Risk Factors Among Clients of Female and Male Prostitutes", *Journal of Acquired Immune Deficiency Syndromes and Human Retrovirology* 20, n. 2 (1999).

33-36   PIMPACT > RIMPACT: Ver Igal Hendel, Aviv Nevo, e Francois Ortalo-Magne, "The Relative Performance of Real Estate Marketing Platforms: MLS *Versus* FSBOMadison.com", *American Economic Review,* a ser publicada; e Steven D. Levitt e Chad Syverson, "Antitrust Implications of Outcomes When Home Sellers Use Flat-Fee Real Estate Agents", *Brookings-Wharton Papers on Urban Affairs,* 2008.

39-40   FEMINISMO E MAGISTÉRIO: As **ocupações das mulheres na década de 1910** foram extraídas do Censo dos Estados Unidos, em 1910. / 39 **Porcentagem das mulheres que são professoras**: ver Claudia Goldin, Lawrence F. Katz, e Ilyana Kuziemko, "The Homecoming of American College Women: The Reversal of the College Gender Gap", *Journal of Economic Perspectives* 20, n. 4 (Fall 2006). Obrigado a Kuziemko por novos calculos. / 39 **Multiplicação das oportunidades de trabalho**: ver Raymond F. Gregory, *Women and Workplace Discrimination: Overcoming Barriers to Gender Equality* (Rutgers University Press, 2003). / 39 **Fórmula infantil como "herói não decantado"**: ver Stefania Albanesi e Claudia Olivetti, "Gender Roles and Technological Progress", working paper do National Bureau of Economic Research, junho 2007. / 40 A **deterioração da qualidade das professoras**: ver Marigee P. Bacolod, "Do Alternative Opportunities Matter? The Role of Female Labor Markets in the Decline of Teacher Supply and Teacher Quality, 1940–1990", *Review of Economics and Statistics* 89, n. 4 (novembro de 2007); Harold O. Levy, "Why the Best Don't Teach", *The New York Times,* 9 de setembro de 2000; e John H. Bishop, "Is the Test Score Decline Responsible for the Productivity Growth Decline", *American Economic Review* 79, n. 1 (março de 1989).

40-42   MESMO AS MULHERES NO TOPO GANHAM MENOS: Ver Justin Wolfers, "Diagnosing Discrimination: Stock Returns and CEO Gender", *Journal of the European Economic Association* 4, ns. 2–3 (abril-maio de 2006); e Marianne Bertrand, Claudia Goldin, e Lawrence F. Katz, "Dynamics of

NOTAS

the Gender Gap for Young Professionals in the Financial and Corporate Sectors", working paper do National Bureau of Economic Research, janeiro de 2009.

41-42 SERÁ QUE OS HOMENS AMAM O DINHEIRO TANTO QUANTO AS MULHERES AMAM AS CRIANÇAS? **A diferença entre os gêneros no experimento dos incentivos em dinheiro** foi relatada em Roland G. Fryer, Steven D. Levitt, e John A. List, "Exploring the Impact of Financial Incentives on Stereo type Threat: Evidence from a Pi lot Study", *AEA Papers and Proceedings* 98, n. 2 (2008).

42-43 SERÁ QUE A MUDANÇA DE SEXO PODE TURBINAR O SEU SALÁRIO? Ver Kristen Schilt e Matthew Wiswall, "Before and After: Gender Transitions, Human Capital, and Workplace Experiences", *B.E. Journal of Economic Analysis & Policy* 8, n. 1 (2008). Outras informações para esta seção foram extraídas de entrevistas do autor com Ben Barres e Deirdre McCloskey; ver também Robin Wilson, "Leading Economist Stuns Field by Deciding to Become a Woman", *Chronicle of Higher Education,* 16 de fevereiro de 1996; e Shankar Vedantam, "He, Once a She, Offers Own View on Science Spat", *The Wall Street Journal,* 13 de julho de 2006.

44-51 POR QUE NÃO EXISTEM MAIS MULHERES COMO ALLIE? Conforme explicamos nas notas explicativas deste livro, conhecemos Allie graças a um conhecido comum. Allie não é o verdadeiro nome dela, mas todos os outros fatos a respeito dela são verdadeiros. Nos últimos anos, ambos passamos muito tempo com ela (todos completamente vestidos), uma vez que esta seção se baseia em longas entrevistas, no exame dos livros contábeis dela e em palestras que ela proferiu na Universidade de Chicago, para a turma de Levitt, na disciplina "Economia do Crime". Vários alunos afirmaram que essa foi a melhor aula que tiveram durante todos os anos que passaram na universidade, o que é, ao mesmo tempo, testemunho expresso das boas ideias de Allie e acusação inequívoca a Levitt e aos outros professores. Ver também Stephen J. Dubner, "A Call Girl's View of the Spitzer Affair", Freakonomics blog, *The New York Times,* 12 de março de 2008.

SUPERFREAKONOMICS

50   ENXAME DE CORRETORES NO BOOM DO MERCADO IMOBILIÁRIO: Ver Stephen J. Dubner and Steven D. Levitt, "Endangered Species", *The New York Times Magazine,* 5 de março de 2006.

CAPÍTULO 2

53-55   RAMADAN E OUTRAS CONSEQUÊNCIAS DO NASCIMENTO: Esta seção sobre **jejum durante a gravidez** se baseia em Douglas Almond e Bhashkar Mazumder, "The Effects of Maternal Fasting During Ramadan on Birth and Adult Outcomes", working paper da National Bureau of Economic Research, outubro de 2008. / 54 **A roleta natalícia também afeta os cavalos:** ver Bill Mooney, "Horse Racing; A Study on the Loss of Foals", *The New York Times,* 2 de maio de 2002; e Frank Fitzpatrick, "Fate Stepped in for Smarty", *The Philadelphia Inquirer,* 26 de maio de 2004. / 55 **O efeito "gripe espanhola":** ver Douglas Almond, "Is the 1918 Influenza Pandemic Over? Long-Term Effects of *In Utero* Influenza Exposure in the Post-1940 U.S. Population", *Journal of Political Economy* 114, n. 4 (2006); e Douglas Almond and Bhashkar Mazumder, "The 1918 Influenza Pandemic and Subsequent Health Outcomes: An Analysis of SIPP Data", *Recent Developments in Health Economics* 95, n. 2 (May 2005). / 55 **Albert Aab *versus* Albert Zyzmor:** ver Liran Einav e Leeat Yariv, "What's in a Surname? The Effects of Surname Initials on Academic Success", *Journal of Economic Perspectives* 20, n. 1 (2006); e C. Mirjam van Praag e Bernard M.S. van Praag, "The Benefits of Being Economics Professor A (and n. Z)", discussion paper do Institute for the Study of Labor, março de 2007.

55-58   CORCOVA DOS ANIVERSÁRIOS E EFEITO DA IDADE RELATIVA: Ver Stephen J. Dubner e Steven D. Levitt, "A Star Is Made", *The New York Times Magazine,* 7 de maio de 2006; K. Anders Ericsson, Neil Charness, Paul J. Feltovich, e Robert R. Hoffman, *The Cambridge Handbook of Expertise and Expert Performance* (Cambridge University Press, 2006); K. Anders Ericsson, Ralf Th. Krampe, e Clemens Tesch-Romer, "The Role of Deliberate Practice in the Acquisition of Expert Performance", *Psychological Review* 100, n. 3 (1993); Werner Helsen, Jan Van Winckel, and A. Mark Williams, "The Relative Age Effect in Youth Soccer Across Europe", *Journal of Sports Sciences* 23, n. 6 (junho 2005); and Greg Spira,

NOTAS

"The Boys of Late Summer", *Slate,* 16 de abril de 2008. Conforme explicado em nota de rodapé desta seção, pretendíamos, de início, incluir um capítulo neste livro sobre como se adquire talento – ou seja, quando alguém é muito bom em alguma coisa, o que torna essa pessoa tão capaz nessa area? Mas nossos planos mudaram, depois de constatarmos que vários livros já haviam sido escritos recentemente sobre o tema. Várias pessoas contribuíram generosamente com tempo e ideias para a elaboração deste capítulo abandonado, e continuamos gratos a elas. Anders Ericsson foi extremamente útil, assim como Werner Helsen, Paula Barnsley, Gus Thompson e muitas outras. Agradecemos, em especial a Takeru Kobayashi, campeão de competições de ingestão de alimentos do Japão, pelo tempo, pelos insights e pela disponibilidade que demonstrou durante uma visita a Nova York, para provar o cachorro-quente do Papaya King e do Hebrew National, embora ele não goste muito de cachorros-quentes, a não ser quando está devorando oito ou dez deles por minuto. Foi o cúmulo em fazer mais do mesmo, e Kobayashi não poderia ter sido mais elegante.

58-60   QUEM SE TORNA TERRORISTA? See Alan B. Krueger, *What Makes a Terrorist* (Princeton University Press, 2007); Claude Berrebi, "Evidence About the Link Between Education, Poverty and Terrorism Among Palestinians", Princeton University Industrial Relations Section working paper, 2003; and Krueger and Jita Maleckova, "Education, Poverty and Terrorism: Is There a Causal Connection?" *Journal of Economic Perspectives* 17, n. 4 (Fall 2003). / 59 Para mais informações sobre **objetivos dos terroristas,** ver Mark Juergens-meyer, *Terror in the Mind of God* (University of California Press, 2001). / 59 **É difícil definir terrorismo**: ver "Muslim Nations Fail to Define Terrorism", Associated Press, 3 de abril de 2002.

60-62   POR QUE O TERRORISMO É TÃO BARATO E FÁCIL: **O número de mortos na área metropolitana de Washington, D.C.** foi fornecida pelo Federal Bureau of Investigation, que coleta estatísticas sobre criminalidade dos departamentos de polícia locais. A Área Metropolitana Estatística de Washington, D.C., inclui o distrito em si e e os condados adjacentes de Maryland, Virginia e West Virginia. Para mais informações sobre o **impacto dos ataques do franco-atirado**r, ver Jeffrey Schulden et al., "Psychological Responses to the Sniper Attacks: Washington D.C.,

207

Area, October 2002", *American Journal of Preventative Medicine* 31, n. 4 (outubro de 2006). / 60 Os números sobre **triagens de segurança em aeroportos** são do Federal Bureau of Transportation Statistics. / 60 **Impacto financeiro do 11/09**: ver Dick K. Nanto, "9/11 Terrorism: Global Economic Costs", *Congressional Research Service,* 2004. / 61 **Aumento das mortes em acidentes automobilísticos, depois do 11/09**: ver Garrick Blalock, Vrinda Kadiyali, e Daniel Simon, "Driving Fatalities after 9/11: A Hidden Cost of Terrorism", working paper da Cornell University Department of Applied Economics and Management, 2005; Gerd Gigerenzer, "Dread Risk, September 11, and Fatal Traffic Accidents", *Psychological Science* 15, n. 4 (2004); Michael Sivak e Michael J. Flannagan, "Consequences for Road Traffic Fatalities of the Reduction in Flying Following September 11, 2001", *Transportation Research* 7, ns. 4–5 (julho-setembro de 2004); and Jenny C. Su et al., "Driving Under the Influence (of Stress): Evidence of a Regional Increase in Impaired Driving and Traffic Fatalities After the September 11 Terrorist Attacks", *Psychological Science* 20, n. 1 (dezembro de 2008). / 61 **Opções sobre ações antedatadas**: ver Mark Maremont, Charles Forelle, e James Bandler, "Companies Say Backdating Used in Days After 9/11", *The Wall Street Journal,* 7 de março de 2007. / 61 **Deslocamento de recursos policiais para combate ao terrorismo**: ver Selwyn Raab, *Five Families: The Rise, Decline and Resurgence of America's Most Powerful Mafi a Empires* (Macmillan, 2005); Janelle Nanos, "Stiffed", *New York,* 6 de novembro de 2006; Suzy Jagger, "F.B.I. Diverts Anti-Terror Agents to Bernard Madoff $50 Billion Swindle", *The Times* (Londres), 22 de dezembro de 2008; e Eric Lichtblau, "Federal Cases of Stock Fraud Drop Sharply", *The New York Times,* December 24, 2008. / 61 **Gripe e viagens de avião**: ver John Brownstein, Cecily Wolfe, e Kenneth Mandl, "Empirical Evidence for the Effect of Airline Travel on Interregional Influenza Spread in the United States", *PloS Medicine,* outubro de 2006. / 61-62 **Queda da criminalidade em D.C.**: ver Jonathan Klick e Alexander Tabarrok, "Using Terror Alert Levels to Estimate the Effect of Police on Crime", *Journal of Law and Economics* 48, n. 1 (abril 2005). / 62 **Bênção para plantadores de maconha na Califórnia**: ver "Home-Grown", *The Economist,* October 18, 2007; and Jeffrey Miron, "The Budgetary Implications of Drug Prohibition", Harvard University, dezembro de 2008.

NOTAS

62-69   O HOMEM QUE CONSERTA HOSPITAIS: Esta seção se baseia primordialmente nas entrevistas do autor com Craig Feied, assim como com outros membros da equipe dele, inclusive Mark Smith. Também muito n. beneficiamos com Rosabeth Moss Kanter e Michelle Heskett, "Washington Hospital Center", série de quarto partes em *Harvard Business School,* 21 de julho de 2002, N9-303-010 a N9-303-022. / 62 **Medicina de emergência como especialidade**: ver Derek R. Smart, *Physician Characteristics and Distribution in the U.S.* (American Medical Association Press, 2007). / 62 **Estatísticas sobre unidades de emergência**: ver Eric W. Nawar, Richard W. Niska, e Jiamin Xu, "National Hospital Ambulatory Medical Care Survey: 2005 Emergency Department Summary", *Advance Data from Vital and Health Statistics,* Centers for Disease Control, 29 de junho de 2007; e informações coletadas na Federal Agency for Healthcare Research and Quality (AHRQ) e extraídas dos relatórios da AHRQ: Pamela Horsleys e Anne Elixhauser, "Hospital Admissions That Began in the Emergency Department, 2003", e Healthcare Cost and Utilization Project (H-CUP) Statistical Brief n. 1., fevereiro de 2006. / 66 **"Tudo depende do que você faz n. primeiros sessenta minutos"**: extraído de Fred D. Baldwin, "It's All About Speed", *Healthcare Informatics,* November 2000. / 67 **"deriva cognitiva"**: ver R. Miller, "Response Time in Man-Computer Conversational Transactions", *Proceedings of the AFIPS Fall Joint Computer Conference,* 1968; e B. Shneiderman, "Response Time and Display Rate in Human Per formance with Computers", *Computing Surveys,* 1984.

69-76   QUEM SÃO OS MELHORES E OS PIORES MÉDICOS DE UNIDADES DE EMERGÊNCIA?: Esta seção se baseia principalmente no working paper de Mark Duggan e Steven D. Levitt, "Assessing Differences in Skill Across Emergency Room Physicians". / 69 Os **efeitos negativos dos boletins de avaliação de médicos**: ver David Dranove, Daniel Kessler, Mark McClellan, e Mark Satterthwaite, "Is More Information Better"? *Journal of Political Economy* 111, n. 3 (2003). / 75-76 **Será que as greves de medicos salvam vidas?**: ver Robert S. Mendelsohn, *Confessions of a Medical Heretic* (Contemporary Books, 1979); e Solveig Argeseanu Cunningham, Kristina Mitchell, K. M. Venkat Narayan, e Salim Yusuf, "Doctors' Strikes and Mortality: A Review", *Social Science and Medicine* 67, n. 11 (dezembro de 2008).

SUPERFREAKONOMICS

76-78   MANEIRAS DE POSTERGAR A MORTE: **Ganhar um Prêmio Nobel**: ver Matthew D. Rablen e Andrew J. Oswald, "Mortality and Immortality", University of Warwick, janeiro de 2007; e Donald MacLeod, "Nobel Winners Live Longer, Say Researchers", *The Guardian*, 17 de janeiro de 2007. **Entrar para o Hall da Fama**: ver David J. Becker, Kenneth Y. Chay, e Shailender Swaminathan, "Mortality and the Baseball Hall of Fame: An Investigation into the Role of Status in Life Expectancy", iHEA 2007 6th World Congress: Explorations in Health Economics paper. **Compre planos de previdência privada**: ver Thomas J. Phillipson e Gary S. Becker, "Old-Age Longevity and Mortality-Contingent Claims", *Journal of Political Economy* 106, n. 3 (1998). **Seja religioso**: ver Ellen L. Idler e Stanislav V. Kasl, "Religion, Disability, Depression, and the Timing of Death", *American Journal of Sociology* 97, n. 4 (January 1992). **Seja patriota**: ver David McCullough, *John Adams* (Simon & Schuster, 2001). **Evite o imposto sobre heranças**: Joshua Gans e Andrew Leigh, "Did the Death of Australian Inheritance Taxes Affect Deaths"? *Topics in Economic Analysis and Policy* (Berkeley Electronic Press, 2006).

78-80   VERDADES SOBRE A QUIMIOTERAPIA: Esta seção se baseia parcialmente em entrevistas com oncologistas praticantes e oncologistas acadêmicos, entre os quais se incluem Thomas J. Smith, Max Wicha, Peter D. Eisenberg, Jerome Groopman, além de vários participantes da "Requirements for the Cure for Cancer", conferência oficiosa organizada por Arny Glazier e pelo Van Andel Research Institute. (Obrigado a Rafe Furst pelo convite.) Ver também: Thomas G. Roberts Jr., Thomas J. Lynch Jr., Bruce A. Chabner, "Choosing Chemotherapy for Lung Cancer Based on Cost: Not Yet", *Oncologist,* 1 de junho de 2002; Scott Ramsey et al., "Economic Analysis of Vinorelbine Plus Cisplatin *Versus* Paclitaxel Plus Carboplatin for Advanced Non-Small-Cell Lung Cancer", *Journal of the National Cancer Institute* 94, n. 4 (20 de fevereiro de 2002); Graeme Morgan, Robyn Wardy, e Michael Bartonz, "The Contribution of Cytotoxic Chemotherapy to 5-year Survival in Adult Malignancies", *Clinical Oncology* 16 (2004); Guy Faguet, *The War on Cancer: An Anatomy of Failure, a Blueprint for the Future* (Springer Netherlands, 2005); Neal J. Meropol e Kevin A. Schulman, "Cost of Cancer Care: Issues and Implications", *Clinical Oncology* 25, n. 2 (janeiro de 2007); e Bruce Hillner e Thomas J. Smith, "Efficacy Does Not Necessarily Translate to Cost Effectiveness: A Case Study in the Challenges Associated with 21st Cen-

NOTAS

tury Cancer Drug Pricing", *Journal of Clinical Oncology* 27, n. 13 (May 2009). / 79 **"O profundo e persistente anseio de não morrer"**: Thomas Smith fez essa citação de memória e a atribuiu ao colega Thomas Finucane, em "How Gravely Ill Becomes Dying: A Key to End-of-Life Care", *Journal of the American Medical Association* 282 (1999). Mas Smith, em sua memória, aprimorara um pouco a frase original de Finucane, que é "o difuso e profundamente arraigado desejo de não morrer".

80 VIVER O SUFICIENTE PARA MORRER DE CÂNCER: Ver Bo E. Honore E Adriana Lleras-Muney, "Bounds in Competing Risks Models and the War on Cancer", *Econometrica* 76, n. 6 (novembro de 2006).

80 GUERRA: NÃO TÃO PERIGOSA QUANTO SE SUPÕE?: Extraído de "U.S. Active Duty Military Deaths 1980 through 2008 (as of April 22, 2009)", elaborado pelo Defense Manpower Data Center for Department of Defense; obrigado a um leitor chamado Adam Smith (sério) por n. alertar quanto a esses dados.

81-88 COMO PEGAR UM TERRORISTA: Esta seção se baseia no working paper de "Identifying Terrorists Using Banking Data", Steven D. Levitt e A. Danger Powers; e em entrevistas do autor com Ian Horsley (pseudônimo), principalmente em Londres. / 82 **Fraudes bancárias no Reino Unido**: dados obtidos na Association for Payment Clearing Services (APACS). / 84-85 **Falsos positivos em triagens de câncer**: ver Jennifer Miller Croswell et al., "Cumulative Incidence of False-Positive Results in Repeated, Multimodal Cancer Screening", *Annals of Family Medicine* 7 (2009). / 85 **Mike Lowell**: ver Jimmy Golen, "Lowell: Baseball Held to Higher Standard", The Associated Press, 18 de janeiro de 2008. / 85 **Libertação de suspeitos de terrorismo**: ver Alan Travis, "Two-Thirds of U.K. Terror Suspects Released Without Charge", *The Guardian,* May 12, 2009.

CAPÍTULO 3

89-91 KITTY GENOVESE E AS "38 TESTEMUNHAS": Esta seção, assim como a seção no fim do capítulo sobre Kitty Genovese, muito se beneficiou com as contribuições de Joseph De May Jr., que criou um repositório de evidências documentais sobre o assassinato em www.kewgardenshistory. com. Também somos muito gratos a muitas outras pessoas que contribuíram com seus conhecimentos sobre o caso, por meio de entrevistas ou de correspondências, entre as quais se incluem Andrew Blauner, Mike Hoffman, Jim Rasenberger, Charles Skoller, Jim Solomon, and Harold Takooshian. Também extraímos muitas informações de alguns dos numerosos livros e artigos escritos sobre o crime, entre os quais se incluem Martin Gans-berg, "37 Who Saw Murder Didn't Call the Police: Apathy at Stabbing of Queens Woman Shocks Inspector", *The New York Times,* 27 de março de 1964; A.M. Rosenthal, *Thirty-Eight Witnesses: The Kitty Genovese Case* (Melville House, 2008; publicado originalmente em 1964 por McGraw-Hill); Elliot Aronson, *The Social Animal,* 5th ed. (W.H. Freeman and Co., 1988); Joe Sexton, "Reviving Kitty Genovese Case, and Its Passions", *The New York Times,* 2225 de julho de 1995; Malcolm Gladwell, *The Tipping Point* (Little, Brown, 2000); Jim Rasenberger, "Nightmare on Austin Street", *American Heritage,* outubro de 2006; Charles Skoller, *Twisted Confessions* (Bridgeway Books, 2008); Rachel Manning, Mark Levine, e Alan Collins, "The Kitty Genovese Murder and the Social Psychology of Helping: The Parable of the 38 Witnesses", *American Psychologist* 62, n. 6 (2007). / 89 **As condições meteorológicas no Queens** foram fornecidas pelo National Weather Service. / 91 **Genovese e o Holocausto**: ver Maureen Dowd, "20 Years After the Murder of Kitty Genovese, the Question Remains: Why?" *The New York Times,* 12 de março 1984. Dowd cita R. Lance Shotland, professor de Psicologia na Pennsylvania State University, que observou que "provavelmente, nenhum incidente isolado levou os psicólogos sociais a prestar tanta atenção a um aspecto do comportamento social quanto o assassinato de Kitty Genovese". / 91 **A declaração de Bill Clinton** sobre o assassinato de Genovese foi extraída de seus comentários no AmeriCorps Public Safety Forum, na Cidade de Nova York, em 10 de março de 1994.

92-96   CRIME E TELEVISÃO NOS ESTADOS UNIDOS: Esta seção se baseia principalmente no working paper de Steven D. Levitt e Matthew Gentzkow, "Measuring the Impact of TV's Introduction on Crime". Ver também: Matthew Gentzkow, "Television and Voter Turnout", *Quarterly Journal of Economics* 121, n. 3 (agosto de 2006); e Matthew Gentzkow e Jesse M. Shapiro, "Preschool Television Viewing and Adolescent Test Scores: Historical Evidence from the Coleman Study", *Quarterly Journal of Eco-*

NOTAS

nomics 123, n. 1 (fevereiro de 2008). / 93 **Superpopulação carcerária e o "experimento" da ACLU**: ver Steven D. Levitt, "The Effect of Prison Population Size on Crime Rates: Evidence from Prison Overcrowding Litigation", *The Quarterly Journal of Economics* 11, n. 2 (maio de 1996).

97   ALTRUÍSMO FAMILIAR?: Ver Gary Becker, "Altruism in the Family and Selfishness in the Marketplace", *Economica* 48, n. 189, New Series (fevereiro de 1981); e B. Douglas Bernheim, Andrei Shleifer, e Lawrence H. Summers, "The Strategic Bequest Motive", *Journal of Political Economy* 93, n. 6 (dezembro de 1985).

97-98   OS AMERICANOS SÃO FAMOSOS PELO ALTRUÍSMO: Esses números foram extraídos de um estudo da Indiana University Center on Philanthropy. De 1996 a 2006, o total das doações de americanos aumentou de US$139 bilhões para US$295 bilhões (ajustado pela inflação), o que representa aumento de 1,7% do PIB para 2,6% do PIB. Ver também David Leonhardt, "What Makes People Give", *The New York Times,* 9 de março de 2008. / 98 Para mais informações sobre **doações para desastres e cobertura pela televisão**, ver Philip H. Brown e Jessica H. Minty, "Media Coverage and Charitable Giving After the 2004 Tsunami", *Southern Economic Journal* 75, n. 1 (2008).

98   IMPORTÂNCIA DOS EXPERIMENTOS EM LABORATÓRIO: **O experimento de Galileu sobre aceleração** está relatado em Galileo Galilei, *Dialogue Concerning Two New Sciences,* tradução. Henry Crew e Alfonso de Salvio, 1914. **A observação de Richard Feynman** sobre o primado da experimentação foi extraída de seu *Lectures on Physics*, ed. Matthew Linzee Sands (Addison-Wesley, 1963).

99-101   ULTIMATUM E DICTATOR: O primeiro trabalho sobre o **Ultimatum**, como o jogo é geralmente conhecido, é Rolf Schmittberger, e Bernd Schwarze, "An Experimental Analysis of Ultimatum Bargaining", *Journal of Economic Behavior and Organization* 3, n. 4 (1982). Para boas informações sobre a evolução desses jogos, ver Steven D. Levitt and John A. List, "What Do Laboratory Experiments Measuring Social Preferences Tell Us About the Real World", *Journal of Economic Perspectives* 21, n. 2 (2007). Ver também: Daniel Kahneman, Jack L. Knetsch, and Richard Thaler, "Fairness as a Constraint on Profit Seeking: Entitlements in the

Market", *American Economic Review* 76, n. 4 (setembro de 1986); Robert Forsythe, Joel L. Horowitz, N. E. Savin, and Martin Sefton, "Fairness in Simple Bargaining Experiments", *Games and Economic Behavior* 6, n. 3 (May 1994); Colin F. Camerer, *Behavioral Game Theory* (Princeton University Press, 2003); e John A. List, "Dictator Game Giving Is an Experimental Artifact", working paper, 2005.

102-103 TRANSPLANTE DE ÓRGÃOS: O **primeiro transplante de rim que obteve sucesso duradouro** foi executado no Peter Bent Brigham Hospital, em Boston, por Joseph Murray, em dezembro de 1954, conforme relatado em Nicholas Tilney, *Transplant: From Myth to Reality* (Yale University Press, 2003). / 102 **"Doadorciclistas"**: ver Stacy Dickert-Conlin, Todd Elder, and Brian Moore, "Donorcycles: Do Motorcycle Helmet Laws Reduce Organ Donations?" Michigan State University, working paper, 2009. / 102 **"Consentimento presumido"**, legislação na Europa: ver Alberto Abadie e Sebastien Gay, "The Impact of Presumed Consent Legislation on Cadaveric Organ Donation: A Cross Country Study", *Journal of Health Economics* 25, n. 4 (julho de 2006). / 102 **Programa renal iraniano** está descrito em Ahad J. Ghods e Shekoufeh Savaj, "Iranian Model of Paid and Regulated Living-Unrelated Kidney Donation", *Clinical Journal of the American Society of Nephrology* 1 (outubro de 2006); e Benjamin E. Hippen, "Organ Sales and Moral Travails: Lessons from the Living Kidney Vendor Program in Iran", Cato Institute, *Policy Analysis,* n. 614, 20 de março de 2008. / 103 A **troca de farpas entre o Dr. Barry Jacobs e o republicano Al Gore** ocorreu durante audiência do Subcommittee on Health and the Environment, do Congresso dos Estados Unidos, sobre a H.R. 4080, em 17 e outubro de 1983.

103-113 JOHN LIST, A VIRADA: Esta seção se baseia principalmente em entrevistas do autor com John A. List, assim como em vários de seus numerosíssimos trabalhos, muitos deles escritos em colaboração com Steven D. Levitt. Entre esses trabalhos estão: List, "Does Market Experience Eliminate Market Anomalies?" *Quarterly Journal of Economics* 118, n. 1 (2003); Glenn Harrison and List, "Field Experiments", *Journal of Economic Literature* 42 (dezembro de 2004); List, "Dictator Game Giving Is an Experimental Artifact", working paper, 2005; List, "The Behavioralist Meets the Market: Measuring Social Preferences and Reputation Effects in Actual Transactions", *Journal of Political Economy* 14, n. 1

NOTAS

(2006); Levitt and List, "Viewpoint: On the Generalizability of Lab Behaviour to the Field", *Canadian Journal of Economics* 40, n. 2 (May 2007); Levitt and List, "What Do Laboratory Experiments Measuring Social Preferences Tell Us About the Real World", *Journal of Economic Perspectives* 21, n. 2 (2007); List, "On the Interpretation of Giving in Dictator Games", *Journal of Political Economy* 115, n. 3 (2007); List and Todd L. Cherry, "Examining the Role of Fairness in High Stakes Allocation Decisions", *Journal of Economic Behavior & Organization* 65, n. 1 (2008); Levitt and List, "Homo Economicus Evolves", *Science,* February 15, 2008; Levitt, List, and David Reiley, "What Happens in the Field Stays in the Field: Professionals Do Not Play Minimax in Laboratory Experiments", *Econometrica* (a ser publicado, 2009); Levitt and List, "Field Experiments in Economics: The Past, the Present, and the Future", *European Economic Review* (a ser publicado, 2009). Veja que outros pesquisadores começaram a pesquisar se o altruismo visto n. laboratórios não é um artefato do experimento em si; ver, em especial, Nicholas Bardsley, "Experimental Economics and the Artificiality of Alteration", *Journal of Economic Methodology* 12, n. 2 (2005). / 110 **"a ciência dos calouros"** e "idealistas ingênuos das ciências": ver R. L. Rosenthal, *Artifact in Behavioral Research* (Academic Press, 1969). / 111 **"maior necessidade de aprovação"**: ver Richard L. Doty e Colin Silverthorne, "Influence of Menstrual Cycle on Volunteering Behavior", *Nature,* 1975. / 111 **Se seu chefe já estiver lavando [as mãos] dele**: ver Kristen Munger e Shelby J. Harris, "Effects of an Observer on Hand Washing in a Public Restroom", *Perceptual and Motor Skills* 69 (1989). / 111 **Experimento da "caixa da honestidade"**: ver Melissa Bateson, Daniel Nettle, e Gilbert Roberts, "Cues of Being Watched Enhance Co-operation in a Real-World Setting", *Biology Letters,* 2006. Nessa mesma linha, considere outro experimento de campo inteligente, conduzido em trinta igrejas holandesas, por um jovem economista chamado Adriaan R. Soetevent. Nessas igrejas, as ofertas eram recolhidas em saco fechado, que passava de uma para outra pessoa, ao longo dos sucessivos bancos. Soetevent conseguiu convencer as igrejas a mudar a rotina, substituindo aleatoriamente o saco fechado por uma cesta aberta, durante vários meses. Ele queria saber se o aumento do escrutínio mudava os padrões de oferta. (A cesta aberta permite que se vejam o que já foi oferecido e o que o vizinho ofereceu.) Realmente mudou: Com as cestas abertas, os paroquianos deram mais dinheiro, inclusive menos moedas pequenas, que no caso dos sacos fechados – embora, curiosamente, o efeito tenha atenuado depois de algum tempo de adoção das cestas abertas. Ver Soetevent, "Anonymity in Giving in a Natural Context – a Field Experiment in 30 Churches", *Journal of Public Economics* 89 (2005). / 112 A "**autômatos estúpidos**": see A.H. Pierce, "The Subconscious Again", *Journal of Philosophy, Psychology, & Scientific Methods* 5 (1908). / 112 "**Cooperação forçada**": ver Martin T. Orne, "On the Social Psychological Experiment: With Particular Reference to Demand Characteristics and Their Implications", *American Psychologist* 17, n. 10 (1962). / 112 "**Por que os oficiais nazistas obedeciam às ordens brutais dos superiores**": ver Stanley Milgram, "Behavioral Study of Obedience", *Journal of Abnormal and Social Psychology* 67, n. 4 (1963). / 113 **Experimentos sobre presidios em Stanford**: ver Craig Haney, Curtis Banks, e Philip Zimbardo, "Interpersonal Dynamics in a Simulated Prison", *International Journal of Criminology and Penology* 1 (1973).

113-114 "ALTRUÍSMO IMPURO": **Americanos como grandes doadores**: Ver "International Comparisons of Charitable Giving", Charities Aid Foundation briefing paper, novembro de 2006. E para mais informações sobre os convincentes incentivos fiscais à filantropia, ver David Roodman e Scott Standley, "Tax Policies to Promote Private Charitable Giving in DAC Countries", *Center for Global Development*, working paper, janeiro de 2006. / 113 **Altruísmo "impuro" e "do brilho caloroso"**: ver James Andreoni, "Giving with Impure Altruism: Applications to Charity and Ricardian Equivalence", *Journal of Political Economy* 97 (dezembro de 1989); e Andreoni, "Impure Altruism and Donations to Public Goods: A Theory of Warm-Glow Giving", *Economic Journal* 100 (June 1990). / 113 **Economia da mendicância**: ver Gary S. Becker, "Spouses and Beggars: Love and Sympathy", in *Accounting for Tastes* (Harvard University Press, 1998). / 113 **Filas de espera para transplantes de órgãos**: Essas informações foram obtidas no site do Department of Health and Human Services' Organ Procurement and Transplant Network, em www.optn. org. Mais material a esse respeito foi fornecido pelo economista Julio Jorge Elias da State University of New York, Buffalo. Ver também Becker e Elias, "Introducing Incentives in the Market for Live and Cadaveric Organ Donations", *Journal of Economic Perspectives* 21, n. 3 (Summer 2007); e Stephen J. Dubner e Steven D. Levitt, "Flesh Trade", *The New York Times Magazine,* July 9, 2006. / 114 **Inexistência de fila de espera**

NOTAS

no Irã: ver Benjamin E. Hippen, "Organ Sales and Moral Travails: Lessons from the Living Kidney Vendor Program in Iran", Cato Institute, *Policy Analysis*, n. 614, 20 de março de 2008; e Stephen J. Dubner, "Human Organs for Sale, Legally, in ... *Which* Country?" Freakonomics blog, *The New York Times*, 29 de abril 2008.

115-120 REAVALIAÇÃO DO CASO KITTY GENOVESE: Ver as notas no alto desta seção do capítulo para uma lista das fontes a que recorremos para a reavaliação do caso. Esta segunda seção se baseia mormente em entrevistas com Joseph De May Jr. e Mike Hoffman, assim como no livro de A.M. Rosenthal *Thirty-Eight Witnesses*. ... Um de nós (Dubner) teve a oportunidade de trabalhar com Rosenthal em seus últimos dias no *Times*. Mesmo já no fim da vida (ele morreu em 2006), Rosenthal ainda era jornalista vigoroso e muito convicto de suas opiniões, que não se deixava impressionar por opiniões tolas nem, como havia quem dissesse, por posições dissidentes. Em 2004, Rosenthal participou de um simpósio na Fordham University, em Nova York, em memória do quadragésimo aniversário do assassinato de Genovese. Ofereceu, então, explicação singular para sua obsessão pelo caso: "Por que o incidente de Genovese me tocou tão profundamente? Vou contar-lhes uma história. Eu tinha cinco irmãs, e era o mais moço. E como eu adorava minhas irmãs! Mas uma de minhas irmãs foi assassinada. Bess voltava para casa duas noites antes do Ano-Novo, por um caminho no Van Cortlandt Park, quando um pervertido sexual pulou de um matagal e se expôs a ela. Chocada, ela escapou e correu mais de um quilômetro até nossa casa, suada, naquela noite fria. Dois dias depois, Bess adoeceu e morreu. Ainda sinto saudades da minha querida Bess. Para mim, ela foi assassinada por esse criminoso que lhe tirou a vida, não menos que o monstro que matou Kitty Genovese."... O assassinato de Genovese foi o espanador com que muitos sábios tiraram a poeira de famosa observação de Edmund Burke, dois séculos antes: "Para o triunfo do mal, basta que as pessoas boas não façam nada." Parecia a síntese perfeita do que aconteceu naquela noite. Mas Fred Shapiro, editor do *The Yale Book of Quotations*, nunca encontrou nada parecido n. trabalhos de Burke, o que leva a crer que a famosa citação – assim como, ao que tudo indica, numerosas outras atribuídas a Mark Twain e a Oscar Wilde – são tão apócrifas quato a história das 38 testemunhas.

SUPERFREAKONOMICS

CAPÍTULO 4

121   TAXA DE MORTALIDADE MATERNAL: Para números recentes, ver "Maternal Mortality in 2005: Estimates Developed by WHO, UNICEF, UNFPA, and the World Bank", World Health Organization, 2007. Para taxas históricas ver Irvine Loudon, "Maternal Mortality in the Past and Its Relevance to Developing Countries Today", *American Journal of Clinical Nutrition* 72, n. 1 (julho de 2000).

122-126   IGNATZ SEMMELWEIS PARTE EM SOCORRO: A história de Ignatz Semmelweis tem sido recontada ao longo dos anos, mas talvez a narrativa mais impressioante seja a de Sherwin B. Nuland, *The Doctor's Plague: Germs, Childbed Fever, and the Strange Story of Ignatz Semmelweis* (Atlas Books, 2003). Talvez porque o próprio Nuland seja médico. Extraímos muitas informações do livro dele, pelo que lhe somos muito gratos. Ver também: Ignatz Semmelweis, "The Etiology, Concept, and Prophylaxis of Childbed Fever", trans. K. Codell Carter (University of Wisconsin Press, 1983; publicado originalmente em 1861). Note: *Puerpera* e latim significa mulher que deu à luz.

126-128   CONSEQUÊNCIAS NÃO INTENCIONAIS: Para uma visão geral, ver Stephen J. Dubner e Steven D. Levitt, "Unintended Consequence", *The New York Times Magazine,* January 20, 2008. / 126 Sobre **Americans with Disabilities Act**, ver Daron Acemoglu and Joshua D. Angrist, "Consequences of Employment Protection? The Case of the Americans with Disabilities Act", *Journal of Political Economy* 109, n. 5 (2001). / 126 For the **Endangered Species Act**, see Dean Lueck e Jeffrey A. Michael, "Preemptive Habitat Destruction Under the Endangered Species Act", *Journal of Law and Economics* 46 (April 2003); e John A. List, Michael Margolis, e Daniel E. Osgood, "Is the Endangered Species Act Endangering Species?" National Bureau of Economic Research, working paper, dezembro de 2006. / 127 **Evasores da taxa de lixo**: sobre diferentes táticas, ver Don Fullerton and Thomas C. Kinnaman, "House hold Responses to Pricing Garbage by the Bag", *American Economic Review* 86, n. 4 (s 1996); sobre **restos de comida no vaso sanitário (Alemanha)**, ver Roger Boyes, "Children Beware: The Rats Are Back and Hamelin Needs a New Piper", *The Times* (London), 17 de dezembro de 2008; sobre **queima de lixo no quintal (Dublin)**, ver S.M. Murphy, C. Davidson, A.M. Kennedy, P.A. Eadie, e C. Lawlor, "Backyard Burning", *Journal of Plastic, Reconstructive & Aesthetic*

Surgery 61, n. 1 (fevereiro de 2008). / 127 **contração do crédito cíclica**: see Solomon Zeitlin, "Prosbol: A Study in Tannaitic Jurisprudence", *The Jewish Quarterly Review* 37, n. 4 (abril de 1947). (Obrigado a Leon Morris pela dica.)

128   ENTESOURAMENTO DO FÓRCEPS: Ver James Hobson Aveling, *The Chamberlens and the Midwifery Forceps* (J. & A. Churchill, 1882); Atul Gawande, "The Score: How Childbirth Went Industrial", *The New Yorker,* 2 de outubro de 2006; and Stephen J. Dubner, "Medical Failures, and Successes Too: A Q&A with Atul Gawande", Freakonomics blog, *The New York Times,* 25 de junho de 2007.

128-129   MAIS COMIDA, MAIS GENTE: Ver "The World at Six Billion", *United Nations,* 1999; Mark Overton, *Agricultural Revolution in England: The Transformation of the Agrarian Economy, 1500–1850* (Cambridge University Press, 1996); e Milton Friedman e Rose Friedman, *Free to Choose* (Harvest, 1990; publicado originalmente em 1979). As informações sobre Will Masters, professor de Economia Agrícola em Purdue, são oriundas de entrevista com o autor. Para uma demonstração impressionante da capacidade de Masters de expor em verso as teorias sobre economia agrícola, ver Stephen J. Dubner, "Why Are Kiwis So Cheap?" Freakonomics blog, *The New York Times,* 4 de junho de 2009.

129-130   VEJA O CASO DA BALEIA: A ascensão e queda da pesca da baleia é narrada com grande beleza em Eric Jay Dolin, *Leviathan: The History of Whaling in America* (W.W. Norton & Company, 2007). Ver também: Charles Melville Scammon, *The Marine Mammals of the Northwestern Coast of North America: Together with an Account of the American Whale-Fishery,* 1874; Alexander Starbuck, *History of the American Whale Fishery From Its Earliest Inception to the Year 1876,* published by the author, 1878; and Paul Gilmour, "Saving the Whales, Circa 1852", Letter to the Editor, *The Wall Street Journal,* December 6, 2008.

131-133   OS MISTÉRIOS DA PÓLIO: Ver David M. Oshinsky, *Polio: An American Story* (Oxford University Press, 2005), livro realmente excelente sobre o assunto; e "The Battle Against Polio", *NewsHour with Jim Lehrer,* PBS, 24 de abril de 2006. / 131 A **relação falaciosa entre pólio e sorvete de creme** foi levantada por David Alan Grier, estatístico da George Washington University, em Steve Lohr, "For Today's Graduate, Just

One Word: Statistics", *The New York Times,* 5 de agosto de 2009. / 132 Para uma estimativa das **economias de custo proporcionadas pela vacina contra a pólio**, ver Kimberly M. Thompson e Radboud J. Duintjer Tebbens, "Retrospective Cost-Effectiveness Analysis for Polio Vaccination in the United States", *Risk Analysis* 26, n. 6 (2006); e Tebbens et al., "A Dynamic Model of Poliomyelitis Outbreaks: Learning from the Past to Help Inform the Future", *American Journal of Epidemiology* 162, n. 4 (julho de 2005). / 132 Sobre **outras soluções médicas baratas e simples**, ver Marc W. Kirschner, Elizabeth Marincola, and Elizabeth Olmsted Teisberg, "The Role of Biomedical Research in Health Care Reform", *Science* 266 (7 de outubro de 1994); e Earl S. Ford et al., "Explaining the Decrease in U.S. Deaths from Coronary Disease, 1980–2000", *New England Journal of Medicine* 356, n. 23 (7 de junho de 2007).

133   O CARRO ASSASSINO: Sobre **Número de carros na década de 1950**, ver "Topics and Sidelights of the Day in Wall Street: Fuel Consumption", *The New York Times,* 25 de maio de 1951. Sobre **receios do setor** quanto à preocupação com a segurança, ver "Fear Seen Cutting Car Traffic, Sales", *The New York Times,* 29 de janeiro de 1952.

133-137   A ESTRANHA HISTÓRIA DO CINTO DE SEGURANÇA DE ROBERT MCNA-MARA: Esta seção se baseia em várias fontes, entre as quais se incluem entrevistas do autor com McNamara, pouco antes da morte dele. Ver também: "A Life in Public Service: Conversation with Robert McNamara", April 16, 1996, by Harry Kreisler, parte da série Conversas com a História, Institute of International Studies, University of California, Berkeley; *The Fog of War: Eleven Lessons from the Life of Robert S. McNamara,* directed by Errol Morris, 2003, Sony Pictures Classics; Richard Alan Johnson, *Six Men Who Built the Modern Auto Industry* (Motor-Books/MBI Publishing Company, 2005); e Johnson, "The Outsider: How Robert McNamara Changed the Automobile Industry", *American Heritage,* Summer 2007. / 135 **Uso do cinto de segurança ao longo do tempo**: ver Steven D. Levitt e Jack Porter, "Sample Selection in the Estimation of Air Bag and Seat Belt Effectiveness", *The Review of Economics and Statistics* 83, n. 4 (novembro de 2001). / 136 Sobre **vidas salvas pelos cintos de segurança**, ver Donna Glassbrenner, "Estimating the Lives Saved by Safety Belts and Air Bags", National Highway Traffic Safety Administration, paper n. 500; and "Lives Saved in 2008 by Restraint Use and Minimum Drinking Age Laws", NHTSA, junho de 2009. / 136 **75**

NOTAS

milhões de milhas dirigidas por ano: extraído do U.S. Bureau of Transportation Statistics ... / 136 **Estradas perigosas em outros continentes**: ver "Road Safety: A Public Health Issue", World Health Organization, 29 de março de 2004. / 136 **O custo de salvar uma vida: cinto de segurança *versus air bag***: ver Levitt e Porter, "Sample Selection in the Estimation of Air Bag and Seat Belt Effectiveness", *The Review of Economics and Statistics* 83, n. 4 (novembro de 2001).

137-144 ATÉ QUE PONTO OS ASSENTOS DE AUTOMÓVEIS SÃO BONS? Esta seção se baseia principalmente em Steven D. Levitt, "Evidence That Seat Belts Are as Effective as Child Safety Seats in Preventing Death for Children", *The Review of Economics and Statistics* 90, n. 1 (fevereiro de 2008); Levitt e Joseph J. Doyle, "Evaluating the Effectiveness of Child Safety Seats and Seat Belts in Protecting Children from Injury", *Economic Inquiry,* a ser publicado; e Levitt e Stephen J. Dubner, "The Seat-Belt Solution", *The New York Times Magazine,* 10 de julho de 2005. Para uma breve **história dos assentos de segurança para crianças**, ver: Charles J. Ka-hane, "An Evaluation of Child Passenger Safety: The Effectiveness and Benefits of Safety Seats", National Highway Traffic Safety Administration, fevereiro de 1986. / 142 **"Um grupo de destacados pesquisadores em segurança infantil"**: ver Flaura K. Winston, Dennis R. Durbin, Michael J. Kallan, e Elisa K. Moll, "The Danger of Premature Graduation to Seat Belts for Young Children", *Pediatrics* 105 (2000); e Dennis R. Durbin, Michael R. Elliott, e Flaura K. Winston, "Belt-Positioning Booster Seats and Reduction in Risk of Injury Among Children in Vehicle Crashes", *Journal of the American Medical Association* 289, n. 21 (4 de junho de 2003).

145 ESTATÍSTICAS SOBRE FURACÕES: Dados sobre **mortes no mundo provocadas por furacões** são oriundos de Emergency Events Database, da Université catholique de Louvain; o número de mortes n. Estados Unidos foi obtido na National Hurricane Research Division of the National Oceanic and Atmospheric Association. O **custo econômico só n. Estados Unidos:** ver Roger Pielke Jr. et al., "Normalized Hurricane Damage in the United States: 1900–2005", *Natural Hazards Review,* fevereiro de 2008. Para mais informações sobre a **Oscilação Atlântica Multidécadas**, ver Stephen Gray, Lisa Graumlich, Julio Betancourt, e Gregory Pederson, "A Tree-Ring Based Reconstruction of the Atlantic Multidecadal Oscillation Since 1567 A.D.", *Geophysical Research Letters*

21 (17 de junho de 2004); Mihai Dima, "A Hemispheric Mechanism for the Atlantic Multidecadal Oscillation", *Journal of Climate* 20 (outubro de 2006); David Enfield, Alberto Mestas-Nuñez, e Paul Trimble, "The Atlantic Multidecadal Oscillation and Its Relation to Rainfall and River Flows in the Continental U.S.", *Geophysical Research Letters* 28 (15 de maio de 2001); and Clive Thompson, "The Five-Year Forecast", *New York,* 27 de novembro de 2006.

146-149 "UM INTELECTUAL AVENTUREIRO, CHAMADO NATHAN": Esta seção se baseia em entrevistas do autor com Nathan e colegas, que o leitor conhecerá com mais detalhes no Capítulo 5. Neal Stephenson – sim, o mesmo que escreve romances fantasmagóricos – foi muito útil, ao n. orientar em relação a alguns detalhes e ao n. mostrar simulações de computador. O exterminador de furacões também é conhecido como Jeffrey A. Bowers et al., "Water Alteration Structure Applications and Methods", U.S. Patent Application 20090173366, 9 de julho de 2009. Entre os "et al". autores, um é William H. Gates III. No resumo do pedido de patente, lê-se: "Descreve-se, em termos gerais, um método de alteração do meio ambiente, mediante a mobilização de pelo menos uma embarcação capaz de bombear águas superficiais para maior profundidade n. oceanos, por meio de processo de downwelling movido por energia das ondas."

CAPÍTULO 5

151-152 VAMOS DERRETER A CALOTA POLAR!: A respeito desta seção sobre **esfriamento global**, ver: Harold M. Schmeck Jr., "Climate Changes Endanger World's Food Output", *The New York Times,* 8 de agosto de 1974; Peter Gwynne, "The Cooling World", *Newsweek,* 28 de abril de 1975; Walter Sullivan, "Scientists Ask Why World Climate Is Changing; Major Cooling May Be Ahead", *The New York Times,* 21 de maio de 1975. As temperaturas do solo n. últimos 100 anos podem ser encontradas em "Climate Change 2007: Synthesis Report", U.N. Intergovernmental Panel on Climate Change (IPCC).

152 JAMES LOVELOCK: Todas as citações de Lovelock neste capítulo podem ser encontradas em *The Revenge of Gaia: Earth's Climate Crisis and the Fate of Humanity* (Basic Books, 2006). Lovelock é um cientista talvez mais conhecido como criador da hipótese de Gaia, segundo a qual a Ter-

ra é basicamente um organismo vivo, muito semelhante (mas sob muitos aspectos superior) ao ser humano. Ele escreveu vários livros sobre o tema, inclusive o fundamental: *Gaia: The Practical Science of Planetary Medicine* (Gaia Books, 1991).

153   AS VACAS SÃO POLUIDORAS MALVADAS: **A potência do metano** como gás do efeito estufa em comparação o dióxido de carbono foi calculada pelo climatologista Ken Caldeira, do Carnegie Institution for Science, com base no Third Assessment Report do IPCC. **Os ruminantes produzem mais gases do efeito estufa que o setor de transportes**: Ver "Livestock's Long Shadow: Environmental Issues and Options", Food and Agriculture Organization of the United Nations, Rome, 2006; and Shigeki Kobayashi, "Transport and Its Infrastructure", Capítulo 5 do IPCC Third Assessment Report, 25 de setembro de 2007.

153   LOCAVORES BEM-INTENCIONADOS: ver Christopher L. Weber E H. Scott Matthews, "Food-Miles and the Relative Climate Impacts of Food Choices in the United States", *Environmental Science and Technology* 42, n. 10 (abril de 2008); ver também James McWilliams, "On Locavorism", Freakonomics blog, *The New York Times,* 26 de agosto de 2008; e o próximo livro de McWilliams, *Just Food* (Little, Brown, 2009).

153-154   COMA MAIS CANGURU: VER "Eco-friendly Kangaroo Farts Could Help Global Warming: Scientists", Agence France-Press, 5 de dezembro de 2007.

168-171   O AQUECIMENTO GLOBAL COMO "QUESTÃO ESPECIALMENTE ÁRDUA": Sobre o **"cenário hipótese terrível"**, ver Martin L. Weitzman, "On Modeling and Interpreting the Economics of Catastrophic Climate Change", *The Review of Economics and Statistics* 91, n. 1 (fevereiro de 2009). / 155 **Advertência sombria**: ver Nicholas Herbert Stern, *The Economics of Climate Change: The Stern Review* (Cambridge University Press, 2007). / 155 É vasta a literatura sobre **a influência da** incerteza, especialmente em comparação com seu primo, o risco. O psicólogo iscaelente Amos Tversky e Daniel Kahneman, a cujo trabalho se atribui o mérito de ter inspirado a economia comportamental, realizou pesquisa pioneira sobre o processo decisório sobre pressão e constatou que a incerteza leva a "erros graves e sistemáticos" de julgamento. (Ver "Judgment Under Uncertainty: Heuristics and Biases", em *Judgment Under Uncertainty: Heuristics and Biases,* ed. Daniel Kahneman, Paul Slovic, and Amos Tversky [Cambridge University Press, 1982].) Escrevemos sobre a diferença entre risco e incerteza em uma coluna da *New York Times Magazine* ("The Jane Fonda Effect", 16 de setembro de 2007) a respeito do medo da energia nuclear: "[O economista Frank Knight] estabeleceu a distinção entre dois fatores-chave no processo decisório: risco e incerteza. A principal diferença, declarou Knight, é que o risco – por maior que seja – é mensurável, enquanto a incerteza é imensurável. Como se pondera risco *versus* incerteza? Considere um experimento famoso que ilustra o que é conhecido como Paradoxo de Ellsberg. Há duas urnas. A primeira, dizem-lhe, contém 50 bolas vermelhas e 50 bolas pretas. A segunda também contém 100 bolas vermelhas e pretas, mas o número de bolas de cada cor é desconhecido. Se a sua tarefa for pegar uma bola vermelha de cada urna, que urna você escolhe? A maioria das pessoas escolhe a primeira urna, o que sugere que preferem o risco mensurável à incerteza imensurável. (Essa condição é conhecida pelos economistas como *aversão à* ambiguidade.) Será que a energia nuclear, com todos os riscos, é agora considerada preferível às incertezas do aquecimento global" / 156 **Campanha "We" de Al Gore**: ver www.climateprotect.org e Andrew C. Revkin, "Gore Group Plans Ad Blitz on Global Warming", *The New York Times,* 1 de abril de 2008. / 156 **O herético Boris Johnson**: ver Boris Johnson, "We've Lost Our Fear of Hellfire, but Put Climate Change in Its Place", *The Telegraph,* 2 de fevereiro de 2006. / 156 **"que se tornou quase estéril"**: ver Peter Ward, *The Medea Hypothesis: Is Life on Earth Ultimately Self-Destructive?* (Princeton University Press, 2009); e Drake Bennett, "Dark Green: A Scientist Argues That the Natural World Isn't Benevolent and Sustaining: It's Bent on Self-Destruction", *The Boston Globe,* 11 de janeiro de 2009. / 156 **Atividade humana e emissões de carbono**: ver Kenneth Chang, "Satellite Will Track Carbon Dioxide", *The New York Times,* 22 de fevereiro de 2009; leia mais sobre a visão da NASA sobre dioxide de carbono em http://oco.jpl.nasa.gov/science/.

157-158 EXTERNALIDADES NEGATIVAS DA MINERAÇÃO DE CARVÃO: Sobre **mortes de mineiros de carvão n. Estados Unidos**, ver Departamento de Trabalho dos Estados Unidos, Mine Safety and Health Administration, "Coal Fatalities for 1900 Through 2008"; e Jeff Goodell, *Big Coal: The Dirty Secret Behind America's Energy Future* (Houghton Mifflin, 2007).

NOTAS

As informações sobre mortes por antracose foram extraídas de relatórios do National Institute for Occupational Safety and Health. Segundo o governo chinês, as **mortes de mineiros de carvão na China** foram 4.746, em 2006, 3.786, em 2007, e 3.215, em 2008; é provável que estes números estejam subestimados. Ver "China Sees Coal Mine Deaths Fall, but Outlook Grim", Reuters, 11 de janeiro de 2007; e "Correction: 3,215 Coal Mining Deaths in 2008", *China.org.cn,* 9 de fevereiro de 2009.

159-160 LOJACK: Ver Ian Ayres e Steven Levitt, "Measuring Positive Externalities from Unobservable Victim Precaution: An Empirical Analysis of LoJack", *Quarterly Journal of Economics* 113, n. 8 (fevereiro de 1998).

160 MACIEIRAS E COLMEIAS: Ver J. E. Meade, "External Economies and Diseconomies in a Competitive Situation", *Economic Journal* 62, n. 245 (março de 1952); e Steven N. S. Cheung, "The Fable of the Bees: An Economic Investigation", *Journal of Law and Economics* 16, n. 1 (abril de 1973). Cheung, em seu trabalho, escreve algo memorável: "Os fatos, como jade, não só são custosos de obter, mas também difíceis de autenticar." Para uma virada muito estranha nesse insight, ver Stephen J. Dubner, "Not as Authentic as It Seems", Freakonomics blog, *The New York Times,* 23 de março de 2009.

161 MONTE PINATUBO: Para uma descrição dramática da erupção, ver Barbara Decker, *Volcanoes* (Macmillan, 2005). Acerca de seus efeitos sobre o clima global, ver: Richard Kerr, "Pinatubo Global Cooling on Target", *Science,* janeiro de 1993; P. Minnis et al., "Radiative Climate Forcing by the Mount Pinatubo Eruption", *Science,* março de 1993; Gregg J. S. Bluth et al., "Stratospheric Loading of Sulfur from Explosive Volcanic Eruptions", *Journal of Geology,* 1997; Brian J. Soden et al., "Global Cooling After the Eruption of Mount Pinatubo: A Test of Climate Feedback by Water Vapor", *Science,* abril de 2002; e T.M.L. Wigley, "A Combined Mitigation/Geoengineering Approach to Climate Stabilization", *Science,* outubro de 2006.

162-186 INTELLECTUAL VENTURES E GEOENGENHARIA: Esta seção se baseia principalmente em visita que fizemos ao laboratório da Intellectual Ventures, em Bellevue, Washington, no começo de 2008, e em entrevistas e

SUPERFREAKONOMICS

correspondências subsequentes com Nathan Myhrvold, Ken Caldeira, Lowell Wood, John Latham, Bill Gates, Rod Hyde, Neal Stephenson, Pablos Holman, e outros. Durante nossa visita à IV, várias outras pessoas participaram das conversas, como Shelby Barnes, Wayt Gibbs, John Gilleand, Jordin Kare, Casey Tegreene e Chuck Witmer. ... **Conor e Cameron Myhrvold**, filhos de Nathan em idade escolar, também participaram. Eles próprios já entraram no negócio de invenções, com um "sistema de proteção para o corpo que se pode vestir ou carregar" ou air bag humano. Com base no pedido de patente: "Numa versão, o sistema 100 pode ser usado por pessoas com dificuldade de locomoção, como proteção contra possíveis quedas ou colisões com objetos do ambiente. Em outra versão, o sistema 100 pode ser usado por atletas, em lugar dos tradicionais equipamentos de proteção. Em mais uma versão, o sistema 100 pode ser usado por ciclistas, esqueitistas e outros praticantes de vários esportes e atividades" ... **Para mais leituras interessantes sobre o pai deles,** ver: Ken Auletta, "The Microsoft Provocateur", *The New Yorker,* 12 de maio de 1997; "Patent Quality and Improvement", Myhrvold's testimony before the Subcommittee on the Courts, the Internet and Intellectual Property, Committee on the Judiciary, House of Representatives, Congress of the United States, 28 de abril de 2005; Jonathan Reynolds, "Kitchen Voyeur", *The New York Times Magazine,* 16 de outubro de 2005; Nicholas Varchaver, "Who's Afraid of Nathan Myhrvold", *Fortune,* 10 de julho de 2006; Malcolm Gladwell, "In the Air; Annals of Innovation", *The New Yorker,* 12 de maio de 2008; Amol Sharma e Don Clark, "Tech Guru Riles the Industry by Seeking Huge Patent Fees", *The Wall Street Journal,* 18 de setembro de 2008; Mike Ullman, "The Problem Solver", *Washington CEO,* dezembro de 2008. ... **O próprio Myhrvold é famoso** por seus escritos – em especial, muitos memorandos longos, provocantes e extremamente minuciosos, destinados basicamente a uso interno. Ver Auletta, para boa análise de alguns dos memorandos de Myhrvold na Microsoft. Talvez o melhor desses memorandos até hoje seja um que ele redigiu para sua atual empresa, em 2003. O título é "What Makes a Great Invention?" (O que caracteriza uma grande invenção.) Esperamos que algum dia ela seja disponibilizada para consumo público. / 162 **Laser para extermínio de mosquitos**: para detalhes mais fascinantes, ver Robert A. Guth, "Rocket Scientists Shoot Down Mosquitoes with Lasers", *The Wall Street Journal,* 14-15 de março de 2009. / 163 **"Não conheço ninguém mais inteligente que Nathan"**: ver Auletta. / 164 **Projeto que escavou mais esqueletos de *T.rex* do mundo**: ver Gladwell, acima; também baseado em correspondências com o paleontólogo Jack Horner, com quem Myhrvold colabora na caçada de ossos de dinossauros. / 165 **Pesquisas científicas decisivas em muitos campos, inclusive em climatologia**: ver, por exemplo, Edward Teller, Lowell Wood, e Roderick Hyde, "Global Warming and Ice Ages: I. Prospects for Physics-Based Modulation of Global Change", 22nd International Seminar on Planetary Emergencies, Erice (Sicília), Itália, 20-23 de agosto de 1997; Ken Caldeira e Lowell Wood, "Global and Arctic Climate Engineering: Numerical Model Studies", *Philosophical Transactions of the Royal Society*, 13 de novembro de 2008. / 165 **Durante cerca de dez horas ou mais**: Durante um intervalo, se você por acaso fizer uma pergunta interessante a Myhrvold, como se o impacto de um asteroide foi realmente responsável pela extinção dos dinossauros – é provável que ele o regale com longa narrativa a respeito das várias teorias concorrentes, da lógica (e das advertências) referentes à teoria plausível mais recente e das falácias (e verdades menos verdadeiras) das menos plausíveis. Sobre essa pergunta, em especial, a resposta curta e objetiva de Myhrvold foi: sim. / 165 **O próprio Wood foi protegido**: Para excelente análise da geoengenharia, que também traça os perfis de Lowell Wood e Ken Caldeira, ver Chris Mooney, "Can a Million Tons of Sulfur Dioxide Combat Climate Change?" *Wired*, 23 de junho de 2008. / 166 **"Algo em torno de um milhão"**: ver Gladwell. / 167 **Myhrvold cita um trabalho recente**: ver Robert Vautard, Pascal Yiou, e Geert Jan van Oldenborgh, "Decline of Fog, Mist and Haze in Europe Over the Past 30 Years", *Nature Geoscience* 2, n. 115 (2009); e Rolf Philipona, Klaus Behrens, and Christian Ruck-stuhl, "How Declining Aerosols and Rising Green house Gases Forced Rapid Warming in Europe Since the 1980s", *Geophysical Research Letters* 36 (2009). / 167 **O dióxido de carbono que você respira num novo prédio de escritórios**: extraído das diretrizes da American Society of Heating, Refrigerating, and Air-Conditioning Engineers. / 168 **O dióxido de carbono não é venenoso**: Para uma visão geral incisive das atuais ideias sobre dióxido de carbono na atmosfera, ver William Happer, "Climate Change", Statement before the U.S. Senate Environment and Public Works Committee, 25 de Fevereiro de 2009; também extraímos dados do Department of Energy's Carbon Dioxide Information Analysis Center. / 168 **Os níveis de dióxido de carbono sobem depois de aumento da temperatura**: ver Jeff Severinghaus, "What Does the Lag of

CO_2 Behind Temperature in Ice Cores Tell Us About Global Warming", *RealClimate,* 3 de dezembro de 2004. / 168 **"Acidificação dos oceanos"**: ver Ken Caldeira e Michael E. Wickett, "Oceanography: Anthropogenic Carbon and Ocean pH", *Nature* 425 (setembro de 2003); e Elizabeth Kolbert, "The Darkening Sea", *The New Yorker,* 20 de novembro de 2006. / 168 **Ativista ambiental convicto e pacifista ubíquo**: ver Mooney, para leitura interessante sobre os antecedents de Caldeira / 168 **Caldeira menciona um estudo**: ver Caldeira et al., "Impact of Geoengineering Schemes on the Terrestrial Biosphere", *Geophysical Research Letters* 29, n. 22 (2002). / 170 **Árvores como flagelo ambiental**: ver Caldeira et al., "Climate Effects of Global Land Cover Change", *Geophysical Research Letters* 32 (2005); e Caldeira et al., "Combined Climate and Carbon-Cycle Effects of Large-Scale Deforestation", *Proceedings of the National Academy of Sciences* 104, n. 16 (April 17, 2007). / 171 **A meia-vida do dióxido de carbono atmosférico**: ver Archer et al., "Atmospheric Lifetime of Fossil Fuel Carbon Dioxide", *Annual Review of Earth and Planetary Sciences* 37 (2009). / 171 **"O que significaria o fim da Corrente do Golfo"**: ver Thomas F. Stocker e Andreas Schmittner, "Influence of Carbon Dioxide Emission Rates on the Stability of the Thermohaline Circulation", *Nature* 388 (1997); and Brad Lemley, "The Next Ice Age", *Discover,* September 2002. / 172 **O extremo norte de Newfoundland**: este assentamento nórdico é conhecido como L'Anse aux Meadows. / 172 **Suspeita de Benjamin Franklin referente aos vulcões**: ver Benjamin Franklin, "Meteorological Imaginations and Conjectures", *Memoirs of the Literary and Philosophical Society of Manchester,* 22 de dezembro de 1784; e Karen Harpp, "How Do Volcanoes Affect World Climate?" *Scientific American,* 4 de outubro de 2005. / 172-173 **"Ano sem verão"**: ver Robert Evans, "Blast from the Past", *Smithsonian,* julho de 2002. / 173 **Supervulcão do Lago Toba**: ver Stanley H. Ambrose, "Late Pleistocene Human Population Bottlenecks, Volcanic Winter, and Differentiation of Modern Humans", *Journal of Human Evolution* 34, n. 6 (1998). / 174 **Um químico chamado Bernard Vonnegut**: ver William Langewiesche, "Stealing Weather", *Vanity Fair,* maio de 2008. / 174 **A ideia foi atribuída a Mikhail Budyko**: ver M. I. Budyko, "Climatic Changes", American Geophysical Society, Washington, D.C., 1977. Por mais improvável que fosse, Ken Caldeira fez pós-doutorado no instituto de Budyko institute em Leningrado e lá conheceu sua futura esposa. / 179-180 **Talvez o argumento científico mais vigoroso**: ver Paul J. Crutzen, "Al-

NOTAS

bedo Enhancement by Stratospheric Sulfur Injections: A Contribution to Resolve a Policy Dilemma?" *Climatic Change,* 2006. / 180 **Não havia legislação**: para mais literatura, ver "The Sun Blotted Out from the Sky", Elizabeth Svoboda, *Salon.com,* 2 de abril de 2008. / 182 **Algumas ideias inovadoras... sempre parecem repugnantes:** O protagonista dos estudos sobre repugnância é Alvin E. Roth, economista de Harvard, cujo trabalho pode ser encontrado no blog Market Design. Ver também: Stephen J. Dubner e Steven D. Levitt, "Flesh Trade", *The New York Times Magazine,* 9 de julho 2006; e Viviana A. Zelizer, "Human Values and the Market: The Case of Life Insurance and Death in 19th Century America", *American Journal of Sociology* 84, n. 3 (novembro de 1978). / 183 **Al Gore é citado aqui** e em outros lugares deste livro com base em Leonard David, "Al Gore: Earth Is in 'Full-Scale Planetary Emergency,'" *Space. com,* 26 de outubro de 2006. / 183-184 **O plano dos "espelhos de esponja"**: ver John Latham, "Amelioration of Global Warming by Controlled Enhancement of the Albedo and Longevity of Low-Level Maritime Clouds", *Atmospheric Science Letters* 3, n. 2 (2002). / 184 **Nuvens formadas pelas esteiras dos aviões a jato**: ver David J. Travis, Andrew M. Carleton, e Ryan G. Lauritsen, "Climatology: Contrails Reduce Daily Temperature Range", *Nature,* 8 de agosto de 2002; Travis, "Regional Variations in U.S. Diurnal Temperature Range for the 11–14 setembro de 2001 Aircraft Groundings: Evidence of Jet Contrail Influence on Climate", *Journal of Climate* 17 (1º de março de 2004); and Andrew M. Carleton et al., "Composite Atmospheric Environments of Jet Contrail Outbreaks for the United States", *Journal of Applied Meteorology and Climatology* 47 (February 2008). / 185-186 **Combate ao aquecimento global pela mudança n. comportamentos individuais**: A dificuldade dessa tentative foi ilustrada, ainda que indiretamente, por Barack Obama, quando candidato, em 2008. Ao se preparar para um debate, Obama foi flagrado por uma gravação, ao se queixar de como os debates podiam ser superficiais: "Então, quando Brian Williams [da NBC News] me pergunta sobre que atitude pessoal [verde] eu tomei, e eu respondo 'Bem, eu plantei algumas árvores', e ele responde 'Estou falando de alguma coisa pessoal', o que passa pela minha cabeça é dizer-lhe: 'Olha, Brian, a verdade é que não resolveremos o problema do aquecimento global trocando as lâmpadas de casa. Precisa ser algo coletivo'". Relatado em "Hackers and Spending Sprees", *Newsweek,* exclusive pela Internet, 5 de novembro 2008.

SUPERFREAKONOMICS

186-190 MÃOS SUJAS E MÉDICOS MORTAIS: Sobre **o triste fim de Semmelweis**, ver Sherwin B. Nuland, *The Doctor's Plague: Germs, Childbed Fever, and the Strange Story of Ignatz Semmelweis* (Atlas Books, 2003). / 186 **"Numerosos estudos recentes"**: ver Didier Pittet, "Improving Adherence to Hand Hygiene Practice: A Multidisciplinary Approach", *Emerging Infectious Diseases*, março-abril de 2001. / 187 **"Errar é humano"**: Linda T. Kohn, Janet Corrigan, e Molla S. Donaldson, *To Err Is Human: Building a Safer Health System* (National Academies Press, 2000). Observe-se que, havia anos, os hospitais já vinham tentando induzir os médicos a melhorar a higiene das mãos. Na década de 1980, os National Institutes of Health lançaram uma campanha para promover a lavagem das mãos em enfermarias pediátricas. O prêmio era um ursinho de pelúcia, chamado T. Bear. As crianças e os médicos adoravam o T. Bear – mas não eram os únicos fãs. Quando, depois de apenas uma semana, retiraram-se das enfermarias algumas dúzias de T.Bears para exame, todos estavam infestados de pelo menos um de um monte de novos amigos: *Staphylococcus aureus, E. coli, Pseudomonas, Klebsiella,* e vários outros. / 187-188 **Cedars-Sinai Medical Center**: ver Stephen J. Dubner and Steven D. Levitt, "Selling Soap", *The New York Times Magazine,* 24 de setembro de 2006. Dr. Leon Bender, urologista do Cedars-Sinai, foi quem n. contou essa história. / 187 **O estudo australiano**: ver J. Tibbals, "Teaching Hospital Medical Staff to Handwash", *Medical Journal of Australia* 164 (1996). / 189 **"Entre as melhores soluções"**: sobre medidores de pressão descartáveis, ver Kevin Sack, "Swabs in Hand, Hospital Cuts Deadly Infections", *The New York Times,* July 27, 2007; sobre o escudo antimicrobiano de íons de prata, ver Craig Feied, "Novel Antimicrobial Surface Coatings and the Potential for Reduced Fomite Transmission of SARS and Other Pathogens", manuscrito não publicado, 2004; sobre gravatas-borboleta, ver "British Hospitals Ban Long Sleeves and Neckties to Fight Infection", Associated Press, 17 de setembro 2007.

190-191 PREPÚCIOS COMEÇARAM A CAIR: Ver Ingrid T. Katz and Alexi A. Wright, "Circumcision – A Surgical Strategy for HIV Prevention in Africa", *New England Journal of Medicine* 359, n. 23 (4 de dezembro de 2008); também com base em entrevista do autor com Katz.

NOTAS

EPÍLOGO

193-197 Ver Stephen J. Dubner and Steven D. Levitt, "Monkey Business", *The New York Times Magazine,* 5 de junho de 2005; Venkat Lakshmi-narayan-an, M. Keith Chen, e Laurie R. Santos, "Endowment Effect in Capuchin Monkeys", *Philosophical Transactions of the Royal Society* 363 (outubro de 2008); e M. Keith Chen and Laurie Santos, "The Evolution of Rational and Irrational Economic Behavior: Evidence and Insight from a Non-Human Primate Species", capítulo de *Neuroeconomics: Decision Making and the Brain*, ed. Paul Glimcher, Colin Camerer, Ernst Fehr, e Russell Poldrack (Academic Press, Elsevier, 2009). / 194 **"Ninguém nunca viu um animal"**: ver Adam Smith, *An Inquiry into the Nature and Causes of the Wealth of Nations,* ed. Edwin Cannon (University of Chicago Press, 1976; publicado originalmente em 1776). / 196 **Day traders também são avessos ao risco**: ver Terrance Odean, "Are Investors Reluctant to Realize Their Losses?" *Journal of Finance* 53, n. 5 (October 1998).

SUPERFREAKONOMICS

ÍNDICE

Aab, Albert, 55
Abbot, Karen, 22
Abnegação, 159
"abordagem econômica", 12, 15
Aborto, 4-5
"acidificação dos oceanos", 168
Adams, John, 77
Afeganistão, 61, 80
Africa, HIV e AIDS, 190-191
Agricultura, e mudança climática, 152
Air bags, para automóveis, 137
Al-Ahd (The Juramento), newsletter, 58
Alavancagem, 176
Aleatoriedade acidental, 73
Alemanha, evasores da taxa de lixo, 126-127
Aliança para Proteção Climática (Alliance for Climate Protection), 156
Allgemeine Krankenhaus (Hospital Geral), Viena, 122-126, 185-186
Allie (prostituta), 44-51
Almond, Douglas, 53, 54-55
Al-Qaeda, 58
Altruísmo
 Anonimidade, 100, 108
 Brilho caloroso (warm-glow), 113-114
 Doações filantrópicas, 97-98
 Economia, 97, 97, 101, 115-120
 Experimento das trocas monetárias entre macacos, 197
 Experimentos de List sobre, 103-110, 111, 112-113, 114
 Externalidades climáticas, 158-159
 Impostos, 113
 Impuro, 113-114
 Inato, 101-102, 103
 Incentivos, 114, 120
 Manipulação, 114
Amalga, programa, 68-69
Ambrose, Stanley, 173
American Civil Liberties Union (ACLU), 93
American with Disabilites Act (ADA), 126-127

Andar, bêbado, 2-3, 11, 13, 88
Aneurisma, cirurgia, 164-165
Animais, emissões de, 152, 153-154
Apatia, e assassinato de Genovese, 91, 115-120
Apni Beti, Apna Dhan (Minha filha, meu orgulho), projeto, 5
Aquecimento/esfriamento global
 Ativismo referente a, 155-156, 182
 Conscientização do público sobre, 179
 E árvores, 170
 E Cobertor de Budyko, 176-182, 183
 E dióxido de enxofre, 173-174, 175-182, 183
 E emissões de carbono, 10-11, 152, 156, 158-159, 166-167, 168-169, 171-172, 175, 182, 185
 E erupções vulcânicas, 161-162, 172-174, 175
 E externalidades, 158
 E gases do efeito estufa, 152-154, 156, 166-167, 168-169, 172
 E inovação tecnológica, 10-11 E mídia, 10-11, 151
 E plano da chaminé, 183 E projeto das nuvens, 184
 Myhrvold, visões de, sobre, 185
 Trabalho da Intellectual Ventures sobre, 165-182
 Weitzman, visões de, sobre, 11, 12
 Ver também clima.
Arbogast, Jessie, 13, 14
Areias Oleosas do Athabasca (Alberta, Canadá), 178
Arquimedes, 176 Árvores, e clima, 170
Asilos de idosos, visitas, experimento referente a, 97
Assentos de segurança para crianças, 137-144
Assistência médica
 Gastos com, 74, 78-79
 Ver também médicos; medicina de urgência, hospitais, medicina
Atletas

Aniversários, 55
 Mulheres, 20
Automóveis
 Airbags, 137
 Cintos de segurança para, 135, 136-144
 Como substitutos do cavalo, 10
 Crianças, 137-144
 Dados sobre testes de choque, 140-142
 Roubados, 159-160
 Soluções simples e baratas, 133-144
Autópsias, 125-126, 128, 185
Auvert, Bertran, 190
Aversão a perdas, 196
Azyxxi, programa, 68
Baby-boom, e crime, 94
Baleias, 129-130
Bancos, e terrorismo, 83-88
Barcos de fibra de vidro movidos a vento, 184-185
Barres, Bem (também conhecida como Barbara Barres), 42-43
Basstiat, Frédéric, 28
Bateson, Melissa, 111
Becker, Gary, 12, 96, 97, 103, 113
Beisebol, testes de drogas em, 85
Bernheim, Douglas, 97
Berrebi, Claude, 58
Bertrand, Marianne, 40-42
BigDoggie.net, 46
Bishop, John, 40
Boias contra furacões, 146-149, 163, 176
Bolívar, Simon, 59
Bondes, 10
Budyko, Mikhail, 174
Buffett, Warren, 177
"butterfly girls" (garotas borboletas), 22
Cafetões, 33-34, 36-37, 51
Caldeira, Ken, 168, 169, 170, 175, 179, 183
Canadá, Areias Oleosas do Athabasca, 178
Câncer, 78-80, 85
"cap-and-trade" (limitar e comercializar), 171

ÍNDICE

Capitalismo, como "destruição criativa", 11
Carnegie Institution, 168
Carreiras/profissões
 E prostituição, 49-50
 E revolução feminista, 39-40
Carvão, 171, 173, 183
Cavalos, 7-10, 11-12
Cedars-Sinai Medical Center, 187-188
CEOs (chief executive officers)
Chamberlen, Peter, 128
"chaminé para o céu", 183
Chavez, Hugo, 181
Chen, Keith, 193-197
Chevrolet, 144
Chicago, Illinois, prostituição em, 20-23, 23-34, 36-38, 45-50, 65-66.
Chumaços de nuvens brancas, 184
Cinema, influência sobre o comportamento, 14
Cingapura, Lei de Sustento dos Pais, 97
Cintos de segurança, 135, 136-144
Circuncisão, 190-191
Civil Rights Act (Lei dos Direitos Civis), 1964, 39
Clinton, Bill, 91
Club (dispositivo antifurto de automóveis), 159-160
Cobertor de Budyko, 176-182, 183
Coleta de dados em tempo real, no lugar e na hora, 25-26, 65-66
Comissão do Vício, Chicago, 21, 23
Competição, para prostitutas, 27
Comportamento
 Coletivo, 185
 Dados para descrever, 12-13
 Dificuldade de mudança, 135-136, 158-159, 185-191
 Dos médicos, 185-190
 Influência do cinema sobre, 14
 Irracional, 196
 Para o próprio bem-estar, 190-191

Previsão, 16
Racional, 112, 195-196
Típico, 12-13, 14-15
Visão de Becker sobre, 12
Conferência sobre planejamento urbano, e problema do cavalo, 10
Confiança
 E altruísmo, 106, 107
 Experimento das figurinhas de futebol, 107
Congresso, EUA
 Leis sobre cintos de segurança, 136
 Leis sobre doação de órgãos, 103
Consequências não intencionais, lei das, 6-7, 11-12, 126-128
Contexto, dos experimentos, 112
Cooperação estratégica, 99
Cooperação, forçada, 113
Cornell University, acidentes automobilísticos
 Pesquisa, 133-135
Crianças
 Cintos de segurança para, 137-144
 Estudo sobre salários de MBAs, 40-42
Criminalidade
 Aumento da, 92-96
 Impacto da televisão sobre, 1-2-4
Crises financeiras, 15
Crutzen, Paul, 179-180, 183
Cultura popular e crime, 92
Dados
 Coleta no local, 25-26
 Má interpretação dos, 110
 Para descrever o comportamento humano, 12-13, 15
 Uso na Segunda Guerra Mundial, 133-134
 Ver também experimentos específicos
De May, Joseph Jr., 116-117, 118, 119-120
Departamento de Defesa, Estados Unidos, 14, 61
Departamento de Justiça, EUA, 21
Departamento de Saúde, Reino Unido, 189

Desastres naturais, 160-162
Dictator (jogo), 100-101, 102, 103, 105, 107, 108-110, 111-112, 113
Dilema do input, 171
Dilema do output, 171
Dilema do Prisioneiro (jogo), 99
Dióxido de enxofre, 173-174, 174, 175-182, 183-184. Ver também Cobertor de Budiko.
Direitos civis, 92
Discriminação
 Contra mulheres, 18-20, 40-41
 E trabalhadores inválidos, 126-127
 Gênero, 40-41
 Preço, 31
Doenças cardiovasculares, 80
Doenças do coração, 78
Dolin, Eric Jay, 129
Dr. Leonard's (catálogo de assistência médica), 31
Dr. Who (programa de televisão), 163
Drake, Edwin L., 130
Duração da vida, ampliação da, 76-80
Economia comportamentalista, 11-12, 103-113. Ver também pesquisadores ou experimentos específicos.
Economia
 Allie com o estudante de, 51
 Como campo de homens, 43
 Comportamental, 103-113
 E altruísmo, 97, 98-113
 Experimental, 97-113
 Macro-, 15-16, 193
 Micro-, 193
 Previsões, 15-16
"Efeito da idade relativa". 56
Efeito do espectador, 91
Efeitos da data do nascimento, 53-59
Egoísmo, e altruísmo, 100
Elefantes, 14
Embriaguez, 1-3, 11, 13, 61, 88
Emissões de carbono, 10-11, 152, 156, 158-159, 166-168, 169, 171-172, 175, 182, 185.

233

SUPERFREAKONOMICS

Endangered Species Act (e proteção das espécies ameaçadas), 126-127, 130,
Energia solar, 171-172
Entrega de produtos de papel, experiência de List com, 107
Epidemia de "Gripe Espanhola", 55
Equal Pay Act (de igualdade de remuneração), 39
ER One, programa, 62
Ericsson, K. Anders, 56
Eriksson, Leif, 172
Eros.com, 46
Erupções vulcânicas, 161-162, 172-174, 175
Escolas, como externalidades, 160
Escorts, 44-50
Escravidão branca, 21
Escrutínio, 111
Escudo antimicrobiano, 189
Escudos estratosféricos, 181
Esposas troféus, 47-48
Esterco de cavalo, 9, 11
Everleigh Club, 22, 23, 29, 30, 46
Everleigh, Ada, 22, 23
Everleigh, Minna, 22, 23
Exército Republicano Irlandês (IRA), 58
Expectativa de vida, 18
Experimento com mosquitos, 162, 165
Experimento do envelope cheio de dinheiro, 109-110
Experimentos
  Contexto dos, 112
  E má interpretação de dados, 110
  Escrutínio durante, 111
  Laboratório, 98-113
  Natural, 93
  Viés da seleção em, 111
  Ver também experimentos específicos
Experimentos de laboratório
  Artificialidade dos, 112
  E dados sobre testes de choque, 112
  Jogos como, 99-102
  Ver também pesquisador ou experimento específico.

Experimentos naturais, 93
Externalidades, 8, 10, 156-162, 185, 189
Falsos positivos, 84-85
Fatality Analysis Reporting System
(FARS), 139-140, 143.
Fazendas eólicas, 171
Febre puerperal, 121-126
Federal Communications Commision(FCC), 95
Feied Craig, 61-68, 70, 74, 75, 187,
189-190
Feynman, Richard, 98.
Figurinhas de jogadores de beisebol,
  experimentos sobre, 105-107
Fome, 128-129, 162
Força Aérea do Exército (Army Air
Force), EUA, 133
Fórceps, no parto, 128
Ford Motor Company, 132, 144
Ford, Henry II, 144
For-sale-by-owner market – FSBO
(vendas diretas, sem intermediários),35
Franklin, Benjamin, 172
Freakonomics, definição de, 12
Friedman, Milton, 129
Fumo, 82
Furacão Katrina, 145
Furacões, 144-149, 163, 176
Galileu Galilei, 98
Gandhi, Mahatma, 59
Gansberg, Martin, 115-116
Gases do efeito estufa, 152-154, 156,166-168, 169, 172.
  Ver também emissões de carbono.
Gates, Bill, 163, 165, 177
Gawande, Atul, 128
General Electric, 174
Genovese, Kitty, assassinato de, 89-91, 96-97, 98, 101, 115-120
Geoengenharia, 174-175, 180, 182, 183, 185, 185. Ver também Cobertor de Budyko
Gladwell, Malcolm, 91

Goldin, Claudia, 19, 40-42
Gore, Al, 103, 156, 159, 165, 168, 179, 181, 183, 185
"Grande demais para falir", 130
Grande Depressão, 15-16
Gravidez, de prostitutas, 30
"guerra contra as drogas", 23
Guerra do Iraque, 61, 80
Guerra do Vietnã, 133
Guevara, Che, 59
Hall da Fama do beisebol, e duração da vida, 76
Harvard, Universidade, diferenças de salários entre formados pela, 19
Hawking, Stephen, 163
Hipotecas subprime, 15, 16
Hispânicos, e prostituição, 31
HIV e AIDS, 32, 190-191
Ho Chi Minh, 59
Hoffman, Mike, 118-120
Homens-bomba, 58
Homens-bomba palestinos, 58
Homo altruisticus, 101-102
Homo economicus, 97, 101, 102, 103
Horsley, Ian, 82-83, 84, 85, 87, 87-88.
Hospitais
  Boletins de avaliação, 70
  Erros em, 63-64, 67, 186
  Ver também hospitais específicos
Hospital Geral de Viena (Áustria), 125-126, 185-186
Ichino, Andrea, 19-20
Ideia repugnante, 182-183
Imóveis
  Credenciamento de Allie como corretora, 50-51
  Residencial, 34-36
Imposto sobre herança, 77-78
Impostos
  E altruísmo, 113-114
  E consequências não intencionais, 126
  E doações filantrópicas, 113-114
  E mudança climática, 157-158
  Espólio, 77-78
  Lixo, 126-127
Incentivos

234

ÍNDICE

À mudança de comportamento, 185
E altruísmo, 114, 120
E comportamento dos médicos, 188
E consequências não intencionais, 126-127
E dirigir bêbado, 2
E mudança climática, 159, 185
E mulheres na Índia, 4
E previdência privada, 76
E previsão de comportamentos, 16
E prostituição, 17-18, 23, 37
E quimioterapia, 79
Salários como, 41-42

Índia
List na, 103
Mulheres na, 3-7, 13
Preservativos na, 5
Televisão na, 6-7, 11, 13, 15

Indian Council of Medical Research, 5
Informações médicas, 65-69
Insensibilidade ao preço, 49
Institute of Medicine, 187
Intellectual Ventures (IV), 162-185
Trabalho voluntário da, 181-182
Ver também pessoas ou projetos específicos

Intenções por trás de uma ação, 97-98
Interesse próprio, 92,159
Intergovernmental Panel on Climate Change, 168
International Kidney Exchange, Ltd., 103
Internet, 35-36, 46
Investidores no mercado de ações, 196
Irã, transplantes de órgãos no, 102, 113-114
Irlanda, taxa de lixo na, 126-127
Islândia, erupções vulcânicas na, 172
Jacobs, Barry, 103
Jefferson, Thomas, 77
Jensen, Robert, 6-7
Jogos
Sobre altruísmo, 99-102, 103-104, 105, 107, 108-110

Ver também jogos específicos
Johnson, Boris, 156
Jung, Edwards, 163
Justiça criminal, 93-94
Kahneman, Daniel, 105
Katz, Lawrence, 19, 40-42
Kay, Alan, 64
Kennedy, John F., 94
Kew Gardens (Cidade de Nova York).
Ver Genovese, Kitty, assassinato
Krueger, Alan, 58, 59
Lago Toba (Sumatra), erupção vulcânica no, 173
Lakshminrayanan, Venkat, 194
LaSheena (prostituta), 17-18, 24, 26, 49
Latham, John, 183, 184
Latham, Mike, 184
Lavagem de mãos, 185-190, 191
Leave It to Beaver (programa de televisão), 94
Lei das consequências não intencionais, 126-128
Lei de Sustento dos Pais, Cingapura, 97
LeMay, Curtis, 133
Lenin, Vladimir, 59
Levitt, Steven D., 16
List, John, 103-110, 111, 112-113, 114
Locavore, movimento, 152
LoJack (dispositivo antifurto de automóveis), 159-160
Londres, Inglaterra, terrorismo em, 85
Lorotas, em pesquisas, 7
Lovelock, James, 152, 156, 162
Lowell, Mike, 85
Macacos, trocas monetárias entre, 194-197
Maconha, 61
Macroeconomia, 15-16, 193
Madison, Wisconcin, dados sobre vendas de casas em, 35
Major League Baseball, aniversários entre jogadores, 57
Malária, experimento sobre, 162, 165, 165
"mangueira de jardim para o céu",

Ver Cobertor de Budyko
Manipulação, e altruísmo, 114
Mãos, imagens de, infestadas de bactérias, 188
Máquina de cortar cabelo, preços, 31
Marcha dos Tostões (March of Dimes), 132
Martinelli, César, 25
Masters, Will, 129
Mathews, H. Scott, 153
Mazumder, Bhashkar, 53, 54
MBA, estudo sobre salários, 40-42
McCloskey, Deirdre (também conhecido como Donald McCloskey), 43
McNamara, Robert S., 133-135, 136, 142, 144
Medicamentos
E postergação da morte, 78-80
E prostituição, 26, 32
E quimioterapia, 78-80
Soluções baratas e simples, 132-133
Teste dos, 85
Medicare, 79
Medicina
Emergência, 61-64, 65-76
Erros em, 63-64, 67, 186
Falsos positivos em, 85
Ver também médicos; medicamentos, hospitais; doenças específicas
Médicos
Arrogância dos, 187
Avaliação do desempenho dos, 69
Boletins de avaliação, 69-70, 72-73, 111
Déficit de percepção dos, 187
E febre puerperal, 122-126
Gravatas, 189
Greves, 75
Higiene das mãos, 185-190, 191
Mulheres como, 74-75
Oncologia, 79-80
Medo, dos pilotos na Segunda Guerra Mundial, 133-134
Meio ambiente. Ver também clima; aquecimento/esfriamento global; cavalos
Mendigos, 113

235

SUPERFREAKONOMICS

Metano, 156-172
México, programa Oportunidades, no, 25
Microeconomia, 193
Microsoft Corporation, 68-69, 163, 174
Mídia
  E altruísmo, 98
  E aquecimento global, 10, 151
  Histórias sobre tubarões, 13, 14
Milgram, Stanley, 112-113
Militares, mortes entre, 80
Monte Pinatubo (Filipinas), 160-162, 173-174, 179
Monte Tambora (Indonésia), 172
Moretti, Enrico, 19-20
Morris, Eric, 8, 10
Morte
  Como externalidade, 157-158
  Militares, 80
  Postergação, 76-80
  Seguro de vida, 183
  Trânsito, 61, 81
  Ver também terrorismo Mortes no trânsito, 61, 81
Moseley, Winston, 90, 115, 117, 119, 120
Mount St. Helens (Washington), 172-173
Mudança
  Comportamental, 135-136, 158-159, 185-191
  Doações filantrópicas, 97-98, 113
Mudança climática
  Análise de custo-benefício sobre, 154-155
  Cenários assustadores sobre 155, 184-185
  Cobertor de Budiko, 176-182, 183
  Controle da, 181
  E furacões, 144-149.
  E vulcões, 172-174
  Emissões de carbono, 152, 156, 158-159, 166-168, 168-169, 171-172, 175
  Falta de experimentos sobre, 154
  Incentivos referentes à, 185
  Manipulação da, 174
  Modelos preditivos, 165-170
  Ver também aquecimento/ esfriamento global

Mulheres
  Como CEOs, 40
  Como médicas, 74-75
  Como professoras, 39, 40
  Como prostitutas, 49-50.
  Como sexo dominante na prostituição, 21-23, 36
  Dificuldades das, 18-20
  Discriminação contra, 19-20, 40-41
  E revolução feminista, 39-40
  Homens em comparação com, 18-19
  Mudança no papel das, 39-40.
  Na Índia, 3-7, 13
  Nos esportes, 20
  Salários das, 19-20, 40, 40-42
Murphy, Michael Joseph, 115
Murthy, Rekha, 188
Myhrvold, Nathan
  Antecedentes pessoais e profissionais de, 144-145
  E aquecimento/resfriamento global, 165-172, 173, 174, 175, 176, 177, 178, 180, 181, 182
  E cenários climáticos assustadores, 184-185
  E Cobertor de Budyko, 180, 181, 182
  E fenômenos geofísicos, 172-173
  E furacões, 145-148, 149, 163
  E soluções baratas e simples, 164-165
Nash, John, 99
Nathan. Ver Myhrvold, Nathan
National Academy of Sciences (NAS),
relatório sobre mudança climática, 151, 173, 174
National Association of Realtors, 51
National Automobile Dealers Association, 133
National Foundation for Infant Paralysis, 144
National Highway Traffif Safety Administration (NHTSA), 138, 140
National Organ Transplant Act, 103

National Standardized Child Paassenger Safety Training Program, 138
Nazistas, obediência, 113
Neurobiologia, como área de atuação de homens, 42-43
Newsweek, revista, reportagem sobre mudança climática em, 151, 152
Nitrato de amônia, 129, 146
Nível do mar, aumento, 169-170
Nova York, Cidade
  Epidemia de pólio em, 131
  Terrorismo em, 152
  Ver também Genovese, Kitty, assassinato de
Novas idéias, como repugnantes, 182-183
Olmsted, Frederick Law, 38
Oncologistas, 79-80
11 de setembro de 2001, 14, 58, 59-60, 61, 62, 63, 81, 83, 184
Operações para mudança de sexo, 42-43
Oportunidades (programa social do México), 25
Orne, Martin, 112
Oshinsky, David M., 131, 132
Oster, Emily, 6-7
Oswald, Andrew, 76
Ozônio, 173, 179, 180
Pais
  E entrevistas sobre cintos de segurança, 142-143
  Experimento sobre visitas aos, 97
Papai-Noel, 38
Parker, Suzan W., 25
Parto
  Fórceps no, 128
  Soluções baratas e simples, 121-126, 162
Pasteur, Louis, 186
Perdão de dívidas, 127-128
Perigos do excesso de consumo, 156
Pesquisas
  Lorotas em, 7
  Tradicional, 25
Pilotos, Segunda Guerra Mundial, 133-134

ÍNDICE

"pimpact", 33, 36
Plano chaminé, 183-184
Polícia
   E aumento da criminalidade, 96
   E cafetões, 36-37
   E prostituição, 28, 37, 50
   E roubo de carros, 159, 160
   E terrorismo, 61
   Ver também Genovese, Kitty
Policy implications of Greenhouse Warming (Relatório da NAS), 174
Pólio, 130-132, 134, 144
Política, e prostituição, 23
População, e soluções baratas e simples, 128-129
Prática, deliberada, 57
Preço
   Aumento, 38
   Das prostitutas, 22, 26-27, 29-33, 38, 48-49, 50
   Ver também salários
Prêmio Nobel, 12, 55, 76, 105, 107, 168, 179, 181
Preservativos
   E prostituição, 32, 48
   Na índia, 5, 6
President's Council of Economic Advisors, 105
Pressão sanguínea, medidores descartáveis, 189
Previdência privada, 76
Previsões econômicas, 15, 16
Prisioneiros
   E experimento do guarda-prisioneiro, 112-113
   Libertação de, 92-94
Problema do agente principal, 37
Professores
   Mulheres como, 39, 40
   Salários, 40
Profissões. Ver carreiras/profissões; profissões específicas
Programação orientada para objetos, 64, 67
Programas sociais, dados sobre, 25
Prostitutas/prostituição
   Clientela das, xvi, 29, 31
   Como atividade com concentração geográfica, 28-29
   Como carreira, 49-50

Como esposas troféus, 47-48
Como Papai-Noel, 38
Como substitutos perfeitos, 33
Competição entre, 27
Dados sobre, 24-25
Demanda por, 39, 49, 50
E Alie, 44-50
E atos aberrantes, 30
E drogas, 26, 32
E escorts, 44-50
E Internet, 36, 46
E polícia, 28, 37, 50
E preservativos, 32, 48
E raça, 28-29, 31-32
E tipos de serviços, 29-31
E vendedores versus usuários, 23
E violência, 34
Em Chicago, 21-23, 23-34, 37-38, 45-50, 65-66
Estratégia de saída para, 50
Gravidez de, 30
Homens, 32
Incentivos para, 17-18, 23, 37
Lado negativo da, 26-27
Legalização da, 50
Macaco, 197
Mulheres, como gênero dominante nesse mercado, 21-23, 36
Necessidade de defensor apaixonado, 28
Part-time, 38
Preços, 21-22, 26-27, 29-33, 38, 48-49, 50
Prisão de, 28, 37
Problema do agente-principal, 37
Proteção para, 27
Rua, 32, 37-38, 47, 49, 66
Venkatesh, estudo de, 23-33, 34, 36-47, 65-66
Ver também cafetões
Protocolo de Kyoto, 105
Questões de gênero
   E discriminação, 18-20
   E expectativa de vida, 18
   E operações de mudança de sexo, 42-43
   E profissão, 42-43
   E salátios, 19-20, 40, 40-42
   E testes de matemática, 42
   Ver também mulheres
Quimioterapia, 78-80

Raça e prostituição, 28-29, 31-32
Ralo de Salk. Ver, boias, furacão
Ramadan, 53-54, 55
Reid, Richard, 60-61
Reino Unido
   Bancos no, 82-87
   Mudança climática no, 152
Rejeição, e altruísmo, 99, 100
Religião, 76-77
Reputação, e experimento das figurinhas de beisebol, 106
"retirada sustentável", e mudança climática, 155
Reuniões de família, e prostituição, 38 Revolução agrícola, 128-129
Revolução feminista, 39-40
Revolução Industrial, 129
Revolucionários, 59
"Rimpact", 35, 36
Ripken, Jr., Cal, 85
Robespierre, Maximilien, 59
Roosevelt, Franklin Delano, 131, 144
Rosenthal, A. M., 115-116
Ruminantes, 152, 153-154
Sabin, Albert, 132
Salários
   Como incentivos, 41-42
   E operações de mudança de sexo, 42-43.
   E questões de gênero, 19-20, 40, 40-42
   Professores e, 40
Salk, Jonas, 132
Salter, Stephen, 163, 184
"Salve o Ártico", plano, 178-179
"Salve o Planeta", plano, 178
Santos, Laurie, 194
Schilt, Kristen, 43
Schumpeter, Joseph, 11
"Seattle Stomp", 127
Segunda Guerra Mundial, uso de dados na, 133
Segurança das fronteiras, 61
Segurança Interna (Homeland Security), Departamento de, EUA, 149
Seguro de vida, 87, 183

SUPERFREAKONOMICS

Sem, Amartya, 4
Semmelweis, Ignatz, 122-126, 128, 128, 148, 185-186, 189
Sexo
 Casual, 27
 Oral, 29-30
 Pré-conjugal, 27
 Ver também prostitutas/prostituição
Shleifer, Andrei, 97
Silka, Paul, 187, 188
"síndrome do cinto de segurança", 142
Smile Train, 4
Smith, Adam, 194
Smith, Mark, 64, 65, 66, 67
Smith, Thomas, J., 78, 79, 80
Smith, Vernon, 104, 105
Solução do protetor de tela, 188-189
Soluções baratas e simples
 Baleias, 129-130
 Drogas, 132-133
 Febre puerperal, 121-126
 Furacões, 144-149, 163
 Inovação tecnológica, 10-11
 Lei das consequências não intencionais, 126-128
 Parto, 121-126
 Petróleo, 129-130
 Pólio, 130-132
 População, 128-129
 Revolução agrícola, 133-144
 Ver também Myhrvold, Nathan
ST James's Hospital (Dublin, Irlanda), 127
"Star Wars", sistema de defesa contra mísseis (EUA), 166
Stern, Nicholas, 155, 179
Stevenson, Betsey, 20
Substitutos perfeitos, 33
Summers, Lawrence, 97
"superdotadas", 57
Talento, 56-57
Taxas de coleta de lixo, 126-127
Televisão
 E aumento na criminalidade, 94-96
 Na Índia, 6-7, 11, 13, 15
 Nos Estados Unidos, 15
Teller, Edward, 165

Teoria dos germes, 126, 186
Terrorismo
 Bio-, 69
 Custos do, 60-61, 80-81
 Definições de, 59
 E bancos, 82-87
 Efeitos colaterais do, 61
 Eficácia do, 60
 Objetivos do, 59-60
 Prevenção do, 81-85
Terroristas
 Antecedentes biográficos dos, 58-59
 E perfis dos, 83-87
 E seguro de vida, 87
 Identificação de possíveis, 83-87
 Métodos usados pelos, 81-82
 Objetivos dos, 59
 Revolucionários, diferenças em relação aos, 59
 Ver também 11 de setembro, 2001
Teste de matemática e gênero, 42
Testes de choque, pesquisas, 133-135, 140-142
The Andy Griffith Show (TV), 96
The New York Times
Reportagem sobre assassinato de Genovese em, 82, 90, 115-116, 117
Reportagem sobre mudança climática em, 90, 115-116, 117
Thirty-Eight Witnesses (Rosenthal), 116
Tigres Tamis, 58
Time de futebol, aniversários dos jogadores, 55-56
Title IX, 19
"To Err is Human" (Errar é Humano), relatório do Institute of Medicine, 187
Tomada de decisões, 1
Transplante de órgãos, 102-103, 113-114, 182-183
Trapaça, 106-107, 111
Tratamentos com choques elétricos, 112-113
Trotsky, Leon, 59
Tubarão (filme), 14
Tubarões, 13-14

Uganda, bebês em, 53-54
Ultimatum (jogo), 99-100, 101, 103
Uma Verdade Inconveniente (documentário), 156, 165
União Europeia, segurança de crianças em automóveis na, 144
Universidade de Chicago
 Estudo de graduados em MBA pela, 40-42
 List na, 108
Usuários versus vendedores, 23
Variável X, 87
Vaux, Calvert, 38
Vendedores versus usuários, 23
Venkatesh, Sudhir, 24, 25, 26, 28-33, 34, 36-38, 65-66
Viagens aéreas, e terrorismo, 57-61
Viés da seleção, 69, 111
Violência e prostitutas, 34
Visas, 61
Voluntários, em experimentos, 111
Vonnegut, Bernard, 174
Vonnegut, Kurt, 174
Washington Hospital Center E
 11 de Setembro, 62, 63
 Unidade de emergência no, 62-68, 70-75
Washington, D.D., tiros em, 59-60, 61
Weber, Christopher, 153
Weitzman, Martin, 10, 11, 155
Wiswall, Matthew, 43
Women's National Basketball Association (WNBA), 20
Wood, Lowell, 165, 166, 168, 170, 175, 177, 180, 181-182
World Health Organization (WHO), 5
World Trade Center, 14
Yale-New Haven Hospital, experimento com macacos no, 194-197
Zelizer, Viviana, 182
Zimbardo, Philip, 113
Zyzmor, Albert, 55